智能网联汽车关键技术及应用丛书

智能网联汽车信息安全技术

吴新开 王朋成 著

人民交通出版社股份有限公司
北京

内 容 提 要

本书是"智能网联汽车关键技术及应用丛书"之一。主要内容包括绪论、智能网联汽车信息安全威胁分析、智能网联汽车信息安全基础理论、智能网联汽车信息安全风险评估技术、漏洞探测与渗透测试技术、车载 CAN 总线网络入侵检测技术、基于 OTA 空中下载升级修复的安全防护技术、网络攻击下车辆驾驶行为分析、智能网联汽车队列威胁信息传播机理、智能网联汽车信息安全控制技术共 10 章。

本书主要供智能网联汽车行业研究人员、信息安全技术研究人员和汽车行业从业者学习参考或自学用书。

图书在版编目(CIP)数据

智能网联汽车信息安全技术/吴新开,王朋成著
.—北京:人民交通出版社股份有限公司,2023.3(2024.12重印)
ISBN 978-7-114-18484-0

Ⅰ.①智… Ⅱ.①吴… ②王… Ⅲ.①汽车—智能通信网—信息安全 Ⅳ.①U463.67

中国版本图书馆 CIP 数据核字(2022)第 256685 号

Zhineng Wanglian Qiche Xinxi Anquan Jishu

书　名:	智能网联汽车信息安全技术
著 作 者:	吴新开　王朋成
责任编辑:	张越垚
责任校对:	席少楠　卢　弦
责任印制:	刘高彤
出版发行:	人民交通出版社股份有限公司
地　　址:	(100011)北京市朝阳区安定门外外馆斜街 3 号
网　　址:	http://www.ccpcl.com.cn
销售电话:	(010)85285911
总 经 销:	人民交通出版社股份有限公司发行部
经　　销:	各地新华书店
印　　刷:	北京虎彩文化传播有限公司
开　　本:	787×1092　1/16
印　　张:	11
字　　数:	267 千
版　　次:	2023 年 3 月　第 1 版
印　　次:	2024 年 12 月　第 3 次印刷
书　　号:	ISBN 978-7-114-18484-0
定　　价:	78.00 元

(有印刷、装订质量问题的图书,由本公司负责调换)

智能网联汽车关键技术及应用丛书

编审委员会

（按姓氏拼音排序）

丁能根（北京航空航天大学）

龚建伟（北京理工大学）

谷远利（北京交通大学）

胡旭东（合肥工业大学）

柯南极（国家新能源汽车技术创新中心）

李志恒（清华大学深圳国际研究生院）

廖亚萍（北京航空航天大学）

马育林（安徽工程大学）

潘定海（国家新能源汽车技术创新中心）

谈东奎（合肥工业大学）

王朋成（北京航空航天大学）

王章宇（北京航空航天大学）

吴新开（北京航空航天大学）

余冰雁（中国信息通信研究院）

余贵珍（北京航空航天大学）

张　凯（清华大学深圳国际研究生院）

张启超（中国科学院自动化研究所）

赵冬斌（中国科学院自动化研究所）

周　彬（北京航空航天大学）

朱　波（合肥工业大学）

朱海龙（北京邮电大学）

朱圆恒（中国科学院自动化研究所）

PREFACE 序 言

　　智能网联汽车是汽车产业与人工智能、物联网、高性能计算等新一代信息技术深度融合的产物,是当今汽车与交通出行领域智能化和网联化发展的主要方向。伴随着智能化、网联化水平的提升,车辆系统愈加复杂,面临的信息安全问题愈加突出,成为阻碍智能网联汽车规模化应用的拦路虎。

　　智能网联汽车信息安全整体呈现多学科融合、多节点交互、多漏洞威胁、多网络通信和多应用场景的特点。从技术层面讲,保障智能网联汽车信息安全是一项复杂的系统性难题,不仅涉及车辆无线通信的安全性,也涉及车载网络和车内组件的安全性。智能网联汽车引发的信息安全问题将对未来交通的安全管理和控制产生挑战。

　　这部由吴新开博士和王朋成博士合著的论著,立足于智能网联汽车信息安全技术需求,基于他们前期的科研成果,不仅详细梳理了智能网联汽车面临的网络攻击类型,还分别介绍了他们在汽车信息安全风险评估理论与方法、无线通信网络隐私保护关键技术、车载网络异常信息检测技术、网络攻击对车辆与交通的影响机理和控制策略方面取得的成果,形成了系统性的成果体系。这是一部有关智能网联汽车信息安全关键技术研究的原创性专著,对于交通工程、网络安全等学科的学生和研究人员,以及相关企业的工程技术人员都具有很好的参考价值。

　　吴新开博士主持了第一个"十三五"重点研发计划关于汽车信息安全技术的项目,并且在项目结题时获得了专家评委的一致优秀评价。两位著作者对汽车信息安全领域充满激情,积极参与了行业标准制定和指南的编写,也陆续获得了国家自然基金委面上项目和青年项目的支持。这部专著源于他们深耕多年的研究成果,我相信本书的内容将对智能网联汽车信息安全领域的研究提供坚实的理论与技术基础。

　　随着我国陆续发布的《智能汽车创新发展战略》《交通强国建设纲要》等一系列政策文件,智能网联汽车的市场份额将大幅增加,未来的道路交通也将以智能网联汽车为主。保障智能网联汽车信息安全刻不容缓,这部著作适时而出,将会对促进智能网联汽车的应用和普及起到强有力的支撑作用。此外，随着区块链、元宇宙等新概念和新技术的出现和发展，我殷切希望本书著作者在后续研究中能够与时俱进，继续迭代研究成果，取得更大的成绩，也期待他们的下一本著作尽早面世。

中国工程院院士

丛书前言

当今,在以智能化、网联化为重要特征的全球新一轮科技革命和产业变革的推动下,汽车产业已迈入工业4.0时代。智能网联汽车已成为全球汽车产业发展的战略方向。近年来,我国各部委及地方政府通过法规出台和标准制修订、开放道路测试、打造创新平台、鼓励示范应用等方式不断推动智能网联汽车行业创新发展。《交通强国建设纲要》《新能源汽车产业发展规划(2021—2035)》(国办发〔2020〕39号)、《智能汽车创新发展战略》(发改产业〔2020〕202号)、《车联网(智能网联汽车)产业发展行动计划》(工信部科〔2018〕283号)以及《节能与新能源汽车技术路线图2.0》等一系列顶层规划文件的发布,明确了我国智能网联汽车的发展方向和路径。智能网联汽车与交通系统、能源体系、城市运行和社会生活紧密结合,是一项集智慧城市、智慧交通和智能服务于一体的国家级重大系统工程,承载了我国经济战略转型、重点突破和构建未来创新型社会的重要使命。

为及时向科研界、产业界及社会公众传播最新的科研成果,进一步促进智能网联汽车行业创新发展,对智能网联汽车领域的前沿与关键技术进行系统性、高质量总结尤为必要。人民交通出版社股份有限公司作为以交通为特色的国家级科技图书出版机构,立足于"服务交通、服务社会"的宗旨,长期与两院院士以及交通和汽车行业知名学者、专家、教授在内的高素质作者队伍开展图书出版与知识服务合作,聚合了行业优质的作者资源,瞄准新一代信息通信技术、人工智能、智能制造等世界科技前沿,与国家新能源汽车技术创新中心合作,策划了本套"智能网联汽车关键技术及应用丛书",目前包括以下9个分册:

(1)《智能网联汽车环境感知技术》;
(2)《智能网联汽车车载网络技术》;
(3)《智能网联汽车无线通信技术》;
(4)《智能网联汽车高精度定位技术》;

(5)《智能网联汽车交通大数据处理与分析技术》；

(6)《智能网联汽车决策控制技术》；

(7)《智能网联汽车信息安全技术》；

(8)《智能网联汽车测试与评价技术》；

(9)《智能网联汽车高级别自动驾驶技术应用》。

本丛书依据智能网联汽车"三横两纵"技术架构[①]进行体系设计，涵盖了智能网联汽车领域一系列关键技术与应用，作为高端学术著作，将充分反映智能网联汽车领域的前沿技术和最新成果。另外，本丛书编审成员均为国内知名科研单位和高等院校的专家学者和一线科研人员，均具有较强的学术造诣和丰富的科研经验，并掌握大量的最新技术资料，将确保本丛书的高学术价值。

希望本丛书的出版能够助推新一代移动通信技术、互联网、大数据、云平台、人工智能等先进技术与汽车产业和交通行业深度融合，为我国相关企业、科研单位和高等院校智能网联汽车相关科研人员、工程技术人员提供强有力的智力支持，进而有效推动我国智能网联汽车产业的高质量发展，助力交通强国和汽车强国建设。

诚望广大读者对本丛书提出宝贵的改进意见和建议，随后我们将持续关注智能网联汽车相关技术的发展，不断修订和完善本丛书。

智能网联汽车关键技术及应用丛书编审委员会
2022 年 7 月

---

① 在智能网联汽车"三横两纵"技术架构中："三横"是指智能网联汽车主要涉及的车辆关键技术、信息交互关键技术和基础支撑关键技术；"两纵"是指支撑智能网联汽车发展的车载平台和基础设施。

FOREWORD 前 言

当今世界正经历百年未有之大变局,新一轮科技革命和产业变革方兴未艾。人工智能、区块链、5G通信等新一代信息技术日新月异,电动化、智能化、网联化、共享化正成为汽车产业升级的新方向。作为建设智慧交通的重要助推器,智能网联汽车承载了我国经济战略转型、技术重点突破和构建未来创新型社会的重要使命。伴随着汽车网联化水平的提升,封闭的车辆系统逐渐转变成了开放的系统。与其他联网的电子设备或计算机系统一样,开放的系统使得黑客攻击成为可能。近几年针对汽车的众多网络攻击事例表明,网络攻击不仅造成数据和隐私的泄露,还通过接管或控制车辆驾驶系统,给驾乘人员带来严重的生命和财产安全隐患。

网络安全视角下,智能网联汽车的通信方式主要分为车内通信和车外通信。车内通信涉及车载传感器、控制器、执行器等控制单元在总线网络中的信息传输;车外通信主要是利用车用无线通信技术(Vehicle to Everything,简称 V2X)实现车辆与人、车、路、云等的信息交互,实现更舒适、更安全、更便捷的协作驾驶。但是,每一个通信链接,包括产生的大量数据都可能成为风险点,为攻击者提供路径,加之各种通信安全防护水平参差不齐,也极大降低了攻击成本与难度。

本书是一部系统阐述智能网联汽车信息安全技术的专门书籍,是作者在科研和教学方面的长期研究积累,并结合国内外最新科研成果编写而成的。本书涉及智能网联汽车面临的网络攻击类别及其攻击原理、风险评估与影响分析、隐私保护、异常检测与防护策略等方面的内容,此外还讨论了汽车信息安全问题对网联交通的影响,基本涵盖了智能网联汽车信息安全的主要研究内容。全书共10章,绪论对智能网联汽车信息安全的概念、研究现状和发展趋势进行了介绍。第1~6章给出了智能网联汽车存在的信息安全问题及解决方案,其中,第1章介绍了智能网联汽车的系统架构、存在的威胁和潜在的攻击类型;第2章讨论了智能网联汽车信息安全保障的基本理论;第3章梳理了传统信息安全风险评估的模型和方法,并阐释了智能网联汽车信息安全的风险评估模型及评估流程;第4章介绍了智能网联汽车信息安全渗透测试技术和测试工具;第5章给出了针对车载 CAN 总线网络的入侵检测方法;第6章介绍了针对车载漏洞修复的空中升级(Over the Air,简称 OTA)技术的组成与实现。第7~9章分析了汽车信息安全问题对车辆行为与交通的影响机理和车辆的安全控制策略,其中,第7章讨论了网联攻击给车辆的驾驶行为造成的影响;第8章阐释了威胁信息在智能网联汽车队列中的传播机理;最后,第9章介绍了一种基于车辆动力学模型的智能网联汽车信息安全控制技术。

本书的部分内容来源于国家重点研发计划项目"智能电动汽车信息安全保障理论及防护方法"、国家自然科学基金项目"智能网联汽车信息安全防护与多目标控制方法"、国家自然科学基金青年项目"面向网联自动驾驶队列的威胁信息传播机理与信息安全控制研究"、北京市科技计划项目"智能网联汽车车载终端信息安全关键技术研究及示范应用"等。

在本书的撰写过程和相关研究中,北京航空航天大学王云鹏教授、余贵珍教授,清华大学王红副教授,北京邮电大学张琳教授和朱孔林副教授给予了很多指导和鼓励。研究生和博士后冀浩杰、王颖会、徐小雅、赵亚楠、张少伟、陈恒威、高鑫、黄磊、周云水、张骏等参与了本书部分研究内容和编排工作,谨在此向他们表示衷心的感谢。最后,真诚感谢所有直接或间接为本书做出贡献的同仁和编辑,也深深感谢所有被引文献的作者们。

由于智能网联汽车信息安全相关技术和标准工作还在研究和发展过程中,限于本书作者的水平和能力,书中难免有疏漏和不妥之处,敬请读者批评指正。

作　者

2021年11月

CONTENTS 目 录

绪论 ·· 001
- 0.1 智能网联汽车概述 ··· 001
- 0.2 智能网联汽车信息安全概述 ···································· 002
- 0.3 技术展望 ·· 009

第1章 智能网联汽车信息安全威胁分析 ·············· 012
- 1.1 智能网联汽车系统架构 ·· 012
- 1.2 威胁分析 ·· 014
- 1.3 攻击方式 ·· 017
- 1.4 典型攻击 ·· 018
- 1.5 攻击分类 ·· 021

第2章 智能网联汽车信息安全基础理论 ·············· 023
- 2.1 智能网联汽车安全需求 ·· 023
- 2.2 数据加密 ·· 024
- 2.3 数字签名 ·· 028
- 2.4 认证理论 ·· 030
- 2.5 隐私保护 ·· 033

第3章 智能网联汽车信息安全风险评估技术 ······· 040
- 3.1 概述 ··· 040
- 3.2 信息安全风险评估模型 ·· 045
- 3.3 信息安全风险评估应用 ·· 055

第4章 漏洞探测与渗透测试技术 ·························· 062
- 4.1 攻击方法通用要素 ··· 062

4.2　车载端通用渗透路径设计 …………………………………… 066
　　4.3　车载端渗透测试关键技术 …………………………………… 067
　　4.4　渗透测试相关工具 …………………………………………… 073
　　4.5　实车测试 ……………………………………………………… 077

第 5 章　车载 CAN 总线网络入侵检测技术 ………………………… 080

　　5.1　车载 CAN 总线网络信息安全威胁分析 …………………… 080
　　5.2　车载网络入侵检测技术研究现状 …………………………… 084
　　5.3　车载网络数据异常检测方法 ………………………………… 089

第 6 章　基于 OTA 空中下载升级修复的安全防护技术 …………… 099

　　6.1　云端系统架构设计 …………………………………………… 099
　　6.2　监管机构节点设计 …………………………………………… 100
　　6.3　OEM 节点设计 ……………………………………………… 101
　　6.4　软件提供商节点设计 ………………………………………… 102
　　6.5　OTA 系统车载端系统设计 ………………………………… 107
　　6.6　实验测试与评估 ……………………………………………… 111

第 7 章　网络攻击下车辆驾驶行为分析 ……………………………… 117

　　7.1　单跳单播威胁信息传播方式下车辆跟驰行为 ……………… 117
　　7.2　单跳广播威胁信息传播方式下车辆跟驰行为 ……………… 123
　　7.3　单跳单播威胁信息传播方式下车辆的异常换道行为 ……… 131

第 8 章　智能网联汽车队列威胁信息传播机理 ……………………… 136

　　8.1　病毒传播理论 ………………………………………………… 136
　　8.2　系统架构 ……………………………………………………… 137
　　8.3　基于病毒感染的威胁信息传播模型 ………………………… 141
　　8.4　实验分析 ……………………………………………………… 142

第 9 章　智能网联汽车信息安全控制技术 …………………………… 146

　　9.1　车辆动力学模型 ……………………………………………… 146
　　9.2　异常信息检测与修复机制 …………………………………… 149
　　9.3　仿真实验 ……………………………………………………… 153

附录　常用缩略语 ………………………………………………………… 157

参考文献 …………………………………………………………………… 160

绪 论

0.1 智能网联汽车概述

近年来,全球汽车产业向着电动化、智能化、网联化、共享化等方向快速发展,智能网联汽车融合了汽车制造、IT通信、出行服务等诸多产业,经济价值巨大,产业生态丰富,带动效应明显,成为全球新一轮产业竞争的制高点。根据中国汽车工程学会编制的《节能与新能源汽车技术路线图 2.0》描述,智能网联汽车(Intelligent and Connected Vehicle,简称 ICV)是指搭载先进的车载传感器、控制器、执行器等装置,并融合现代通信与网络技术,实现车与 X(车、路、人、云等)智能信息交换、共享,具备复杂环境感知、智能决策、协同控制等功能,可实现安全、高效、舒适、节能行驶,并最终实现替代人来操作的新一代汽车。智能网联汽车又被称为智能汽车、无人驾驶汽车、自动驾驶汽车等。

智能化、网联化是未来汽车产业发展的重要特征。智能化是指车辆能够自主获取和分析车内外信息,为驾驶者提供辅助决策或进行自主处理。网联化是指车辆可以通过网络通信与外界人、物、环境实现信息交互,进而使汽车成为智能交通网络系统中重要的功能结点。国际汽车工程学会提出的 J3016 标准《标准道路机动车驾驶自动化系统分类与定义》,将自动驾驶技术分为 L0~L5 共六个等级。L0 代表没有自动驾驶加入的传统人类驾驶,L1~L5 则随自动驾驶的技术配置和成熟程度进行了分级。L1~L5 分别为辅助驾驶、部分自动驾驶、条件自动驾驶、高度自动驾驶、完全自动驾驶。

广义上,智能网联汽车并不是特指某类或单个车辆,而是以车辆为主体和主要节点,由车辆、道路设施、交通控制系统以及数据存储与处理系统等共同构成的一个集成系统。智能网联汽车能够实现车与车、路、人、云等信息交换共享。与此同时,智能网联汽车可以对周边复杂环境进行感知并实时做出智能决策,进而协助驾驶人实现对智能网联汽车进行优化控制,最终达到"安全、高效、舒适、节能"的自动化驾驶的目的。

智能网联汽车具有感知、决策和控制的功能。感知系统以激光雷达、毫米波雷达、摄像头等传感器为主的车载环境感知技术,高精度定位技术,以及车用无线通信技术(Vehicle to Everything,简称 V2X),实现对车辆位置信息、车辆行驶数据、车辆周边道路环境的全方位感知与信息收集,为智能决策系统提供所需的各类数据。决策系统基于由智能汽车芯片、操作系统、算法等组成的计算平台,对环境感知系统输入的各类信息进行处理和分析,判断和决策车辆的驾驶模式和下一步要执行的操作,并将操作指令发送给控制执行系统。控制系统包括两个方面,一方面基于决策系统的指令,调动控制动系统完成对车辆的转向、制动、加速等控制,实现车辆安全行驶,另一方面通过人机交互系统向驾乘人员提供车辆信息、道路交通信息、安全信息以及信息娱乐服务,如图0-1所示。

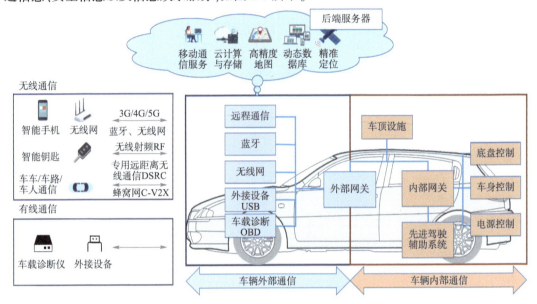

图0-1　智能网联汽车通信体系结构示意图

智能网联汽车是我国汽车产业转型升级、由大变强的重要突破口,是关联诸多重点领域、协同创新,构建新型交通运输体系的重要引擎,在塑造产业生态、推动国家创新、提高交通安全、实现节能减排等方面具有重大的示范意义。

0.2　智能网联汽车信息安全概述

智能化、网联化技术的应用使得汽车面临的网络安全风险不断增大。不同于传统的计算机网络信息安全问题,智能网联汽车信息安全问题不仅给用户带来个人隐私泄露、财产与经济损失,还有可能带来群死群伤的公共安全问题。具有标志性意义的事件是2015年7月两位白帽黑客查理·米勒以及克里斯·瓦拉塞克远程控制了一辆切诺基的案例,直接导致克莱斯勒公司召回约140万辆存在软件漏洞的汽车,这也是全球首例因黑客风险而召回汽车的事件。此后,汽车信息安全逐渐成为行业和科研机构关注的热点。近年来,汽车企业如宝马、丰田、特斯拉等均在其相关车型中发现了不同程度的车载网络信息安全漏洞,更是引发了行业和市场的高度关注。

0.2.1　汽车信息安全概念

信息安全是"为数据处理系统建立和采取的技术和管理的安全保护。保护计算机硬件、软件、数据不因偶然的或恶意的原因而受到破坏、更改、泄露,系统连续可靠正常地运行,使信息服务不中断"。对于信息安全的另一种定义,一般是指在信息采集、存储、处理、传播和运用过程中,信息的自由性、秘密性、完整性、共享性等都能得到良好保护的一种状态。这两种定义侧重点不同,但目标是一致的。从广义上讲,只要涉及信息的机密性、完整性、真实性、可用性、占有性和可控性的相关理论与技术都属于信息安全的研究领域。

参照信息安全定义,智能网联汽车信息安全指的是在智能网联汽车的应用场景下,依据特定的安全策略,对车辆信息及其系统实施防护、检测和恢复的科学。与传统信息安全相同的是,针对智能网联汽车的网络入侵攻击依然需要利用其自身的各个维度、层面的安全漏洞方可实施,这意味着封堵软件(各类智能网联汽车控制代码)、硬件(各类智能网联汽车构成物理组件)与生态系统等维度层面的安全漏洞是当前解决智能网联汽车信息安全的核心。然而典型的智能终端属性,使得对其防护不能直接采用传统的解决方案,需要依照智能网联汽车的系统架构特点,实施更具针对性的安全保护。从智能网联汽车的生命周期着手,既要深入到智能网联汽车内部的微生态环境当中,更需要结合其应用的场景。智能网联汽车拥有许多功能模块,需要考虑将这些模块按照功能属性进行分类,实施不同的防御策略。当智能网联汽车遭遇恶意攻击后,怎样应急响应以及如何升级防护也十分重要。

智能网联汽车由于智能性的极大提升,使得驾驶人能够享受更多便捷,但其复杂度也在变得更高。驾驶人对于智能网联汽车操控使用的正确与否,将直接关系到智能网联汽车信息安全问题。因此,"人"这个要素也需要考虑在车辆信息安全当中。

0.2.2 智能网联汽车信息安全目标

智能网联汽车信息安全的基本目标是要保证系统资源的保密性(Confidentiality)、完整性(Integrity)和可用性(Availability),即 CIA 目标。CIA 源自信息技术安全评估标准(Information Technology Security Evaluation Criteria,简称 ITSEC),它也是信息安全的基本要素和安全建设所应遵循的基本原则。除此之外还有不可抵赖性、可鉴别性、真实性、可靠性、可控性等。下面对各个性质作简要的探讨。

(1)保密性。

保密性是指确保信息不暴露给未授权的实体或进程,即信息的内容不会被未授权的第三方所知。这里所指的信息不但包括国家秘密,而且包括各种社会团体、企业组织的工作秘密及商业秘密,个人的秘密和私人信息(如浏览习惯、购物习惯)。防止信息失窃和泄露的保障技术称为保密技术。

(2)完整性。

完整性是指信息不被偶然或蓄意地删除、修改、伪造、乱序、重放、插入等的特性。只有得到允许的人才能修改实体或进程,并且能够判别出实体或进程是否已被篡改,即信息的内容不能被未授权的第三方修改。信息在存储或传输时不被修改、破坏,不出现信息包的丢失、乱序等。

(3)可用性。

可用性是指无论何时,只要用户需要,信息系统必须是可用的,也就是说任何时刻信息系统不能拒绝服务。网络最基本的功能是向用户提供所需的信息和通信服务,而用户的通信要求是随机的,多样的(语音、数据、文字和图像等),有时还要求时效性。网络必须随时满足用户的通信要求。攻击者常常采用占用资源的手段阻碍用户通信。防御者则常使用访问控制机制,阻止非授权用户进入网络,保证网络系统的可用性。

(4)可靠性。

可靠性是指系统在规定条件和时间内完成特定功能的概率。可靠性是安全最基本的要求之一。现阶段,对于可靠性的研究基本上偏重于硬件。研制高可靠性元器件设备,采取合理的冗余备份措施仍是最基本的可靠性对策,然而,许多故障和事故则与软件可靠性、人员可靠性和环境可靠性有关。

(5)不可抵赖性。

不可抵赖性也称作不可否认性,是指面向通信双方(人、实体或进程)信息真实统一的安全要求,它包括收发双方均具有不可抵赖性。一是源发证明,它是提供给信息接收者的证据,使发送者谎称未发送过这些信息或者否认它内容的企图不能得逞;二是交付证明,它是提供给信息发送者的证明,使接收者谎称未接收过这些信息或者否认它内容的企图不能得逞。

0.2.3 汽车信息安全典型事件

2015年2月,美国麻州参议员爱德华对智能网联技术的普及程度、车企现阶段的黑客安防措施、个人数据收集存储及管理、数据防恶意攻击安全措施等问题,调研了包括宝马、克莱斯勒、大众、本田、现代、奔驰、丰田等在内的16家车企。调研结果发现:大多数车企不能实时或主动应对安全入侵,车企收集的用户数据没有保护措施且用途不明。近年来,特斯拉、宝马、克莱斯勒等众多汽车品牌信息安全漏洞的问题曝光,这凸显了汽车行业安全防护能力不足的严峻问题。

2015年7月,被誉为"地球上技术最熟练的黑客之一"的查理·米勒和克里斯·瓦拉塞克利用了克莱斯勒公司Uconnect车载系统中存在的漏洞重新刷入了带有病毒的固件。以远程指令的形式发送给控制器局域网(Controller Area Network,简称CAN)总线,成功"劫持"了正在行驶当中的Jeep自由光。最终,克莱斯勒公司被迫召回约140万辆存在漏洞的汽车进行返厂升级。

2017年7月,荷兰Computest公司的安全研究人员通过研究发现,大众Golf GTE的车载信息娱乐(In-Vehicle Infotainment,简称IVI)系统中存在可被远程利用的漏洞。攻击者通过车载Wi-Fi设备将汽车连接到自己设置的Wi-Fi网络中,再利用车载信息娱乐系统的漏洞,向CAN总线随意发送报文信息以控制车内的扬声器、麦克风以及中控大屏等。如果IVI系统与汽车的加速和制动系统间接相连的话,攻击者可能会通过发送CAN信息来控制汽车的加速和制动系统等的关键安全部件。

2018年9月,特斯拉无钥匙进入和启动(Passive Keyless Entry and Start,简称PKES)系统被曝出通用漏洞披露(Common Vulnerabilities and Exposures,简称CVE),编号为CVE-2018-16806。比利时的鲁汶大学安全团队通过逆向分析特斯拉Model S车型的PKES系统,找到了DST40加密算法的设计缺陷。利用该漏洞,研究人员在数秒内成功复制了钥匙。由于该系统是由特斯拉公司外包给软件公司Pektron进行开发,因此,同样应用了Pektron公司的PKES系统的McLaren、Karma以及Triumph等品牌的车型也受到了影响。特斯拉Model S在经过Pektron公司的修复后,PKES系统中的加密算法更新为DST80算法,密钥长度从原来的40位增长到80位。从理论上看,破解难度较之前增长了一万亿倍。然而,鲁汶大学安全团队依旧发现安全算法存在的漏洞,只需要破解两次 40 位的 DST 密钥就可成功复制钥匙。

2019 年 11 月,360 SKY-GO 安全研究团队宣布,他们和梅赛德斯奔驰共同发现并修复了 19 个安全漏洞。涉及的安全漏洞有 CVE-2019-19556、CVE-2019-19557、CVE-2019-19560、CVE-2019-19561、CVE-2019-19562、CVE-2019-19563 等。通过这些漏洞,黑客能实现批量远程开启车门、启动发动机等控车操作,影响涉及奔驰已经售出的两百多万辆汽车,这也是迄今为止影响范围最广、涉及车辆最多的车联网漏洞挖掘事件。

荷兰某电子工业设计师在多款斯巴鲁汽车的钥匙系统中发现了一个严重的安全设计缺陷,该漏洞将会导致斯巴鲁汽车被劫持用户每用智能钥匙开启车门时都会生成一个含有滚动代码的数据包,攻击者在信号范围内通过获取数据包,推断出该车辆钥匙系统下一次生成的滚动代码,使用该预测码上锁或解锁车辆。

马自达车机系统漏洞最早是被 Mazda 3 Revolution 论坛用户发现的,用户在马自达车机系统中插入 U 盘,可复制系统信息脚本并进行篡改,以此在系统固件之上执行恶意代码,造成仪表显示故障或失灵。

上述汽车信息安全攻击事件产生的后果大致可以分为三类:①攻击者可以对汽车动力控制系统实施信息篡改或非法控制,影响车辆的正常驾驶,威胁驾驶人与乘客的人身安全,严重时甚至引起大规模交通拥堵和碰撞事故;②攻击者可以对车载娱乐系统、导航功能、车窗升降、车内空调等驾驶辅助控制单元进行攻击,影响驾乘体验;③攻击者通过通信监听、位置追踪等方式,窃取车主隐私,非法获取车主账户和账单支付信息,造成隐私泄露和财产损失。

0.2.4 国内外研究现状

从智能网联汽车的通信方式来看,可以分为车内通信和车外通信。车内通信主要指车载传感器、控制器、执行器等控制单元在总线网络中的信息传输;车外通信主要是利用无线通信技术实现车辆与人、车、路、云进行驾驶协作。通信中的每一个链接,包括产生的大量数据都可能成为风险点,为攻击者提供路径,如图 0-2 所示。通信安全防护水平参差不齐也极大降低了攻击成本与难度。

针对汽车信息安全带来的巨大威胁,很多研究主要集中在汽车信息安全开发流程、标准规范、车辆电子电气架构设计、入侵检测与安全防护算法、车内网与车外网通信加密认证机制,以及软硬件防护机制等方面。部分国内外学者尝试建立一整套包含端—管—云一体化的汽车信息安全防护体系,不过大部分研究只是针对单一车辆的信息安全防护。在面向大规模交通环境下不同攻击类型对交通行为产生的底层影响,特别是被入侵车辆如何影响交通效率与交通安全,相关研究尚处于起步阶段。

(1)车内网络信息安全。

车内网络信息安全的研究主要分为两类:一类是关于车辆面临的网络攻击种类的调研或综述,着重于探索潜在的攻击类型、攻击路径以及攻击原理;另外一类是关于车内网络数据异常检测与识别的技术,主要针对基于 CAN、FlexRay 等网络总线的数据异常识别技术与响应防护策略。

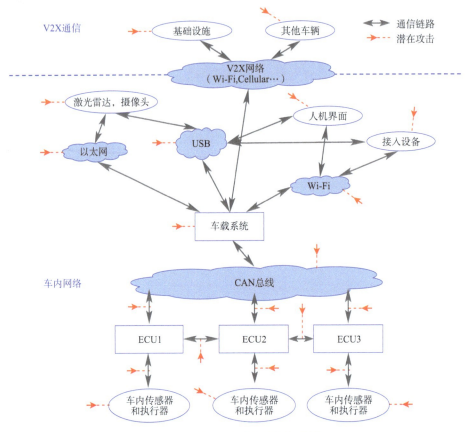

图 0-2　智能网联汽车潜在的攻击路径

针对智能网联汽车的攻击类型及攻击路径,相关学者开展了大量研究。英国诺丁汉大学的 He 等将智能网联汽车看作一种移动的电脑,将汽车面临的网络攻击分成了两类:被动型攻击和主动型攻击。前者指诸如窃听、监视流量等行为,攻击者不能修改信息传输内容;后者能够修改或破坏通信数据传输内容,诸如欺骗、篡改、重复和拒绝服务攻击等。博世公司的研究员 Wolf 等对各个车内总线网络系统的功能和脆弱性进行了归纳分析,指出车内网络系统通常包括 CAN, LIN(Local Interconnect Network), MOST(Media Oriented System Transport), FlexRay 和 Bluetooth 等,并对其可能面临的攻击以及攻击路径进行了详细的研究。得克萨斯大学圣安东尼奥分校的 Torre 等将智能网联汽车可能面临攻击的单元或系统分成四类:感知单元、定位系统、车载网络系统和视觉系统。他们对每一类单元或系统进行脆弱性分析,梳理了可能遭受的攻击,并提出一系列加解密等防护方法。新加坡科技设计大学 Cui 等揭示了智能网联汽车存在的潜在攻击点以及针对各种需求存在的攻击类型。具体而言,安全需求包括真实性、可用性、完整性和机密性。针对真实性的攻击包括女巫攻击、虚假信息、复制信息、导航欺骗和时序攻击;针对可用性的攻击包括干扰、洪泛、恶意软件、电子邮件、拒绝服务攻击(Denial of Service, 简称 DoS)和蠕虫攻击;针对完整性的攻击包括伪装、重放、数据篡改和地图数据库攻击;针对机密性的攻击有窃听和数据拦截等。

针对如何检测入侵威胁,并对车内系统的脆弱点进行安全防护,国内外研究学者同样展开了大量研究。例如,华盛顿大学 Ying 等研发了基于时钟偏斜模型的两种入侵检测系统

(Intrusion Detection System,简称 IDS),即带有时钟漂移的入侵检测系统和带有网络时间协议的入侵检测系统,并分别在原型样机和实车上进行测试,验证了两种 IDS 系统的有效性。北京航空航天大学 Ji 等通过采集实车数据,利用电子控制单元(Electronic Control Unit,简称 ECU)的时钟漂移机制,提出了基于 CAN 总线的入侵检测方法,可实现对注入、篡改、抑制和洪泛等四类攻击的有效检测。美国宾夕法尼亚大学 Choi 等根据不同的 ECU 产生不同的 CAN 信号的特征,提出了一种异常数据识别方法,能有效检测识别恶意的 ECU 节点,实验表明该方法只有 0.36% 的误检率。奔驰公司研究人员 Murvay 等通过实车试验验证了在 CAN 总线网络中根据信号特征识别信息发送节点的可行性,并推荐其作为一种检测 CAN 总线网络入侵的方法。博世公司研究人员 Kneib 和 Huth 提出了 Scission 系统,用 CAN 报文的物理特性来判断消息的合法性,进而识别攻击报文。韩国首尔大学 Kang 等首次利用深度神经网络对车内网络数据包的恶意攻击进行异常入侵检测,实验表明这种方法能够对攻击提供实时的响应。

(2)车外通信信息安全。

从通信对象的角度来看,车外通信通常分为车车通信(Vehicle to Vehicle,简称 V2V)、车路通信(Vehicle to Infrastructure,简称 V2I)和车云通信(Vehicle to Cloud,简称 V2C)。国内外学者大多针对这三个方面进行分析,车联网专家学者通常是从车载自组网(Vehicular Ad Hoc Networks,简称 VANETs)的角度分析 V2X 面临的网络安全威胁以及通信安全保护机制。车外通信的信息安全主要偏向于研究 V2X 可能面临的安全威胁,以及针对不同的威胁类别,提出相应的通信安全防护方案,如身份认证、加密、基于信任机制的密钥管理等,设计安全的通信协议来减少车辆所受到的攻击。

加拿大滑铁卢大学 Lin 等分析了 VANETs 常见的攻击种类,如虚假信息、重放攻击、信息篡改、假冒攻击、DoS 等,提出了一个基于组签名和基于身份的签名方法,通过理论分析和实验证明,该方法能够在多种应用场景中实现有效的安全防护。英国杜伦大学 Alnasser 总结了 V2X 通信所需要的安全需求和潜在的攻击类型。安全需求包括 5 个部分:可用性、数据完整性、可信性、真实性和不可否认性,并且系统阐述了每一种安全需求可能存在的安全威胁,最后总结了一系列可行的安全方案,如基于加密或基于信任的管理方案等。英国格林威治大学 Loukas 等研究了不同类型、不同网络架构的车辆所面临的网络安全威胁,提出了可能适用于不同类型车辆的入侵检测方法,并指出了该方法存在的优势和不足。法国巴黎大学 Mejri 和 Ben-Othman 研究了针对车载自组网的贪婪攻击,提出了相应的攻击检测方法,该方法包括质疑和检测,能较准确地识别出网络通信中是否存在贪婪行为。

西安电子科技大学 Li 等分析了汽车的远程服务提供商(Telematics Service Provider,简称 TSP)面临的安全威胁,包括资源耗尽、信息泄露、账户与流量劫持、滥用特权、不安全的系统接口与配置以及不充分的预防,并对可能发生的具体攻击和可用的安全防护策略进行了详细的阐述。华东师范大学 Zhou 等针对车载自组网的安全问题,提出了带有阈值的基于信用的激励机制和隐私保护协议,保证了云端和交通管理中心的数据存储安全。南京理工大学钱焕延等从车域网、车载自组网和车载移动互联网三个方面分析了网联汽车面临的安全威胁问题,分别从数字签名、身份认证、数据验证、可信计算四个方面对车联网安全提出了相应的解决方案。

(3)车辆信息安全控制。

智能网联汽车运行的安全控制,本质上是消除或减缓攻击对车辆动力学信息的影响,从而保证车辆在道路交通中保持稳定性和安全性。在威胁信息攻击环境下,车辆的动力学信息有可能被篡改,对此,国内外学者提出了一系列检测机制和防护策略。

加州大学戴维斯分校 Amoozadeh 等研究了网络攻击对智能网联汽车车队的影响,并对常见的攻击如伪造信息、窃取信息、无线干扰和篡改攻击进行了简单分析,最后提出了一些可能的抵制策略。美国东北大学 Jagielski 等从车辆动力学角度提出了针对车辆行为的四种攻击,即分别针对加速度、速度、位移以及同时针对速度和位移的攻击,分析受到攻击后车辆行为的变化,最后提出了两种检测车辆异常行为的机制,即基于物理行为以及基于隐马尔可夫链的检测方法。美国犹他州立大学 Dadras 等提出了利用分数阶微分方程实现网络攻击环境下的队列安全控制。法国兰斯大学 Ayaida 等依据交通流理论提出了一种分布式方法实现对 Sybil 攻击的检测。克莱姆森大学 Zoleikha 等提出了一种实时检测与评估拒绝服务攻击机制。该机制由一组观测器组成,利用滑模和自适应估计理论进行设计,并采用了李亚普诺夫稳定性理论分析了观测器的数学收敛性。最后,通过仿真验证了该方法的有效性和在多种不确定条件下的鲁棒性。

此外,佐治亚理工大学 Jin 等提出了一种自适应控制算法,用于解决智能网联车队的安全问题。澳大利亚格林菲斯大学 Mousavinejad 等提出了一种分布式的攻击检测方法,并且建立车辆队列控制的恢复机制。Asuquo 等研究了在车辆网络中基于位置服务的安全性和隐私需求,并对隐私增强技术和加密方法进行了全面阐述。Eman 等提出了一种网络攻击检测算法,该算法能够检测违反测量和控制命令数据的攻击。西安邮电大学 Chen 等提出了一种基于信任的动态组合策略的分布式卡尔曼滤波技术,以提高网络攻击的弹性,并通过仿真错误数据的注入、重放攻击来验证所提方法的有效性。

(4)政策标准方面。

传统汽车强国已经纷纷布局汽车信息安全防护技术建设。2016 年 1 月,美国汽车工程学会发布了第一部汽车信息安全指南 J3061,对汽车信息安全管理规范给出了较为明确的指导建议;同年 10 月,美国国家公路交通安全管理局发布了《现代汽车信息安全最佳实践》,针对快速发展的智能网联及隐私保护等问题,提出了最佳实践框架结构。与此同时,美国在 2016 年 9 月、2017 年 9 月、2018 年 10 月以及 2020 年 1 月,陆续发布了四版《自动驾驶系统指南》,从开始的建议性信息安全要求到提出了强制性信息安全要求。2020 年 3 月,美国交通部发布《智能交通系统(ITS)战略规划 2020—2025》明确将网络安全作为智能交通普及应用的关键技术之一。2021 年 9 月 22 日,美国网络安全与基础设施安全局(Cybersecurity & Infrastructure Security Agency,CISA)发布了自动驾驶车辆安全指南《Autonomous Ground Vehicle Security Guide》,希望为交通系统部门的合作伙伴提供一套全面框架,用于了解地面车辆的网络/物理威胁。这份指南详细介绍了企业应如何根据特定攻击活动的相关向量、目标、后果与结果,准确识别出自动驾驶车辆风险。

欧洲早在 2006 年就开始推动了一系列项目来提供车载网络安全系统架构模型以及安全通信解决方案。其中,英国于 2017 年 6 月制定发布了《联网和自动驾驶汽车网络安全关键原则》,提出了防护网络安全威胁的 8 项基本指导原则。2021 年 3 月,欧洲数据保护委员会(European Data Protection Board,简称 EDPB)通过了《车联网个人数据保护指南》,阐释了车联网各类场景下的隐私和数据风险及应对措施,旨在指导相关行业参与者有效保护数据安全。

日本方面,日本信息处理推进机构(IPA)于 2013 年 8 月提出了汽车信息安全防护的建议性指南,包括构建基于车辆固有单元-外接车载设备-远程通信系统的 IPA-car 模型,以及建立基于汽车全生命周期的信息安全防护策略。日本国土交通省和经济产业省于 2018 年 3 月联合发布了《实现自动驾驶行动计划 2.0》,指出汽车信息安全防护的必要性。随后当年又分别发布了《日本自动驾驶汽车安全技术指南》以及《自动驾驶系统信息安全防护策略》,加速推进汽车信息安全防护技术的落地实现。2020 年 5 月,日本自动驾驶商业化研究会发布了《实现自动驾驶的相关报告和方案》4.0 版,该方案制定了符合日本高速公路交通环境的一系列驾驶场景,同时考虑普通道路的驾驶场景,并与各国合作将其提出为 ISO 国际标准。

相比之下,国内的汽车信息安全研究虽然起步较晚,但已经积极投入了与汽车信息安全相关的研究,并制定了一些相关指南和标准。2015 年 10 月,在国务院发布的《中国制造 2025》,首次提及建立智能网联汽车信息安全技术;2017 年 4 月,由工信部、科技部和发改委联合发布的《汽车产业中长期规划》确立了智能网联汽车以功能安全、信息安全为重点的发展方向;2018 年 6 月,工信部和国家标准委联合发布的《国家车联网产业标准体系建设指南》确定了 2020 年要基本完成智能网联汽车信息安全标准体系建设;同年 12 月,工信部发布的《车联网(智能网联汽车)产业发展行动计划》,提出要加快信息安全相关标准的制定和关键技术的突破。2020 年 2 月,11 部委联合发布《智能汽车创新发展战略》,提出构建全面高效的智能汽车网络安全体系。2021 年 9 月,工信部发布《关于加强车联网网络安全和数据安全工作的通知》,进一步强化对汽车网络安全和数据安全的指导。

综合以上信息,从学术上来看,各国学者分别从车内网和车外网进行汽车信息安全的研究,具体从漏洞分析、入侵检测、通信安全到交通影响与控制等维度开展研究。从各国政策上来看,当前各国均在不遗余力突破汽车信息安全技术,争相占领汽车信息安全标准和专利技术的制高点,以期增加未来在汽车产业领域的话语权。

0.3 技术展望

本书从智能网联汽车信息安全的威胁分析、风险评估、入侵检测、远程升级防护,及其对网联交通的影响入手,试图涵盖智能网联汽车车端信息安全检测与防护技术,以及探讨网络攻击对车辆交通的影响机理和安全控制策略,但是由于章节篇幅和作者水平有限尚不能完全概括智能网联汽车信息安全的最新发展技术。下面将讨论本书未能涵盖并且可能是未来研究热点的方向。

(1)智能网联汽车数据安全防护。

智能网联汽车依靠人工智能、视觉与雷达感知、全球定位系统以及车路协同技术,使汽车具有环境感知、路径规划和自主控制的能力,其功能实现依赖于海量多维异构的数据。大量的数据为智能网联汽车决策提供依据,如有偏差将会对人身安全构成巨大威胁,事实上,智能网联汽车信息安全的本质就是保证数据安全。从数据安全角度来看,可以从数据采集、通信数据交互、云平台数据处理与应用等维度进行探究,进一步研究各个维度的数据特征、面临的威胁、用途及可能造成的影响等,尽可能在各个数据维度提出和制定安全防护策略。从目前的一些研究来看,主要的数据安全防护方法涉及物理上的安全存储、采集、加固,通信传输上的加密认证技术等。

潜在的数据安全风险有待进一步细化,完善防护策略。例如,感知类数据通过传感器采集车速信息、加速、制动、车窗、刮水器等各种有用数据信息,攻击者可通过干扰、欺骗攻击等手段造成传感器设备失灵,如对传感器的干扰易造成感知数据的识别错误或在采集的样本数据中增加特定的攻击样本,也会造成感知数据污染,使得算法无法识别或识别出现错误。车外通信网络传输数据,会面临数据在通信链路上被窃听或遭受中间人攻击的风险。海量数据的处理也会面临数据滥用、权限不明、数据存储不利于分类隔离和分级防护等问题。

(2)区块链在汽车信息安全领域的应用。

区块链是把加密数据(区块)按照时间顺序进行叠加(链)生成的永久、不可逆向修改的记录。某种意义上说,区块链技术是互联网时代一种新的"信息传递"技术。由于区块链技术具有安全、不可篡改及可快速交易的特性,其与汽车相连时,通过授权访问车辆中的特定数据,可大幅提高自动支付、无钥匙访问、汽车共享、按需服务、优化保护以及自动驾驶等场景过程中的数据安全。例如,利用智能合约技术建立了网络数据加密平台,确保用户个人信息及车辆运行数据安全,利用智能合约建立自动执行的合约程序,对车辆运行过程产生的数据进行信息上链,建立智能合约匿名系统,确保数据可信等。

区块链为分布式存储和安全管理提供了一种新型的解决方案,但是,区块链技术的引入增加了车联网的存储负担和维护数据一致性的困难。而且,区块链本身并非绝对安全,由于区块链的公开性和透明性,存储的数据可以被网络中的每一个参与者查看,高级的攻击者可以通过分析链路中车辆的历史行为追溯到其真实身份。随着5G大宽带、大流量的逐渐应用以及具有超大宽带流量的6G技术的研发,探究区块链技术与加密认证技术相结合的机制可能会给未来大规模智能网联汽车安全运行提供技术支撑。

(3)端-管-云-路一体化的威胁入侵动态检测与主动防护。

汽车信息安全的威胁主要来源于车内网络、无线通信系统以及云端服务系统。信息安全防护需要针对这三个威胁来源提出系统的借鉴方案。现阶段的研究过于零散,大部分仅仅针对某一架构或者具体的功能单元提出单一的策略,如通信加密、认证,车载通信终端加固等,未能充分考虑端-管-云作为一个整体的保障理论与基本防护技术体系。

考虑到智能网联汽车所处的威胁环境动态性、持续变化性及应用场景的复杂性,需要建立一套能够针对智能网联汽车不同层(包括车载端多域、通信端多网、云端多类、路端多车)威胁入侵的动态检测并提出主动防护方法。这是一种主动安全防护技术,提供对内部攻击、外部攻击及误操作的实时保护,在汽车受到危害之前进行有效拦截。不仅要对车载端、网端、云端进行更广泛的数据异常特征分析,提出可靠的入侵检测技术,还要结合大规模车辆行为特点,构建面向交通网络的信息安全态势感知模型,突破车辆异常行为识别方法,实现对车载数据、通信数据以及车辆交通行为数据的监控和有效识别。

(4)基于多目标优化的汽车信息安全控制。

不同于单目标控制,多目标控制是同时控制两个或多个子目标变量,使系统性能达到最优。但是,不同子目标之间往往具有一定的冲突,要想提高某一目标的性能,其他目标的性能可能就会降低。因此,多目标控制的目的在于寻求这些相互冲突的子目标之间的平衡,最终实现在满足所有子目标的条件下达到系统最优。多目标控制的理论已经发展多年,但在交通管理及车辆安全方面的应用,特别是针对汽车信息安全的直接应用还比较有限。

现阶段的纵深防御体系和威胁入侵检测技术虽然是两种常见的防护思想,但其强调的主要是保障个体汽车信息安全的单目标行为,并没有在整个大系统层面上综合考虑车内网络、通信网络及交通网络协同下的系统信息安全。为实现智能网联汽车系统层面上的信息安全,需要建立车内网-通信网-交通网多网协同的多目标优化控制理论,综合考虑系统安全、系统效率及资源分配。同时考虑到整个智能网联汽车系统对实时性信息的需求,需要进一步在线优化协调众多的防护技术与检测方法,实现有限资源下的多目标实时优化控制。

第1章
智能网联汽车信息安全威胁分析

1.1 智能网联汽车系统架构

20世纪80年代,汽车逐渐电子化,新兴的电子技术逐步取代汽车原来的机电液操纵控制系统。比如,逐步由电子控制的燃油喷射、点火、排放、防抱死制动、驱动力防滑、灯光、故障诊断及报警系统等。到20世纪90年代,陆续出现了智能化的发动机控制、自动变速、动力转向、电子稳定程序、主动悬架、座椅记忆、空调、刮水器、安全带、安全气囊、防碰撞、防盗、全球定位系统等自动控制系统,以及车载音频、视频、数字多媒体娱乐系统,无线网络和智能交通等车辆辅助信息系统。ECU的大量应用,使人们对模块间相互通信的传输速率、可靠性、便利性和经济性提出了更高的要求,由此带来了汽车网络架构的巨大变革。从采用简单的扁平分布式架构,到逐步发展为基于域架构的新型网络拓扑,以及为应对将来自动驾驶汽车的中央集中式架构,汽车车载网络正在演化成一个类似局域网的、更复杂的汽车网络。

智能网联汽车继承了复杂的网络架构,拥有更多微型电子设备,大大增加了体系结构的复杂度。如图1-1所示,智能网联汽车的整体架构由车载网络架构、车载通信技术以及以通信服务提供商为核心的云端基础设施组成。

智能网联汽车通信系统通常分为两部分,一部分是车载网络内部通信,另一部分则是与车相关的智能设备(路侧单元、汽车)之间的通信。

车内通信最为关键的载体是CAN总线协议,旨在为车辆中的所有电子元件及设备提供通信服务。CAN总线将每个ECU与IVI系统相连,与此同时还提供了车载诊断系统(On-Board Diagnostic,简称OBD)。此外,CAN的接口还有车载通信终端(Telematics Box,简称T-Box),以便开发人员对车内数据进行采集。这些设备共同组成了一个完整的车内网络环境。CAN总线工作原理如图1-2所示。

V2X通信技术是为了解决复杂的交通与驾驶场景而提出的一种汽车外部通信方式,其包含了车辆与外界进行的各种通信。现有的主流V2X通信标准有两种,一是专用短距离通信(Dedicated Short Range Communications,简称DSRC),另一种是基于长期演进(Long Term Evolution,简称LTE)的V2X通信。DSRC在本世纪初由电气电子工程师协会(Institute of Electrical and Electronics Engineers,简称IEEE)制定,受到了主流汽车生产商的支持,已应用到一些现实场景当中。LTE-V则是由第三代合作搭档工程(the 3rd Generation Partner Project,简称3GPP)拓展LTE得到。以LTE为主的4G无线通信技术已相当成熟。在2004年,IEEE在无线局域网(Wireless Local Area Networks,简称WLAN)的基础上起草并制定了IEEE 802.11p链路层车载通信标准。之后,又制定了链路层上层协议1609.x无线通信标准。2017年,3GPP又发布了基于蜂窝网的V2X在物理层上的通信协议LTE-V。

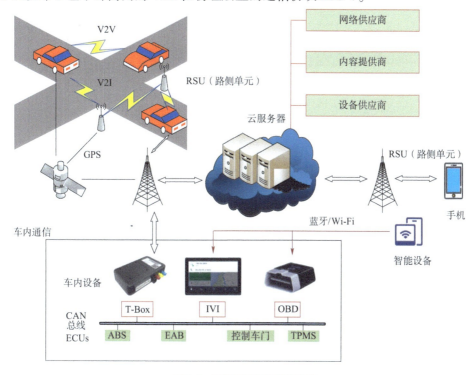

图1-1 智能网联汽车系统架构

随着5G在全球范围的大规模商业化,6G的研究和探索也逐渐被关注。在数学、物理等基础学科的创新研究助力下,5G与大数据分析、人工智能等深度融合,实现通信和感知、计算等的深度耦合。智能网联汽车能借助5G通信技术,完成对目标物体的检测、定位和识别等感知功能,无线通信系统则能获取周边的路况及环境信息,获取及生成超高分辨率的图像,实现厘米级甚至毫米级的定位,完成对交通参与实体的更加准确的识别。

汽车远程服务提供商(Telematics Service Provider,简称TSP)是电信服务的核心组件,其在智能网联汽车外部远程通信中属于中心地位,连接着车载设备供应商、汽车厂商。内容和网络供应商为用户提供强大的娱乐通信服务,进一步整合V2X通信技术,提高安全能力。狭义上的TSP为用户提供远程控制,第三方服务和各种信息用来改善驾驶体验。例如,丰田普锐斯的TSP可以提供包括紧急救援服务和防盗的服务。广义上的TSP包括各种车到云端和云到客户端的通信设备。许多厂商都配备自己的车联网TSP解决方案,大大提高了车到云到端连接的安全性、稳定性和可靠性。

TSP主要由设备供应商、网络供应商和内容提供商组成。设备供应商为智能网联汽车提供服务器等网络设备,这些硬件设施能够使得TSP更好地发挥作用;网络供应商为智能网联汽车提供网络服务,汽车可以通过电信、联通或移动运营商接入互联网,连接云端,以便将一些重要数据存放在数据中心;内容提供商主要提供一些软件层面上的服务,如导航和电子地图。用户可以使用蓝牙和Wi-Fi近距离接入车载终端,便于和IVI系统进行通信,车载终端又通过 T-Box 连接到基站,前提是由网络运营商作为技术支撑,最后用户又可以使用自己的移动终端设备通过接入 TSP 对智能网联汽车进行远程控制。

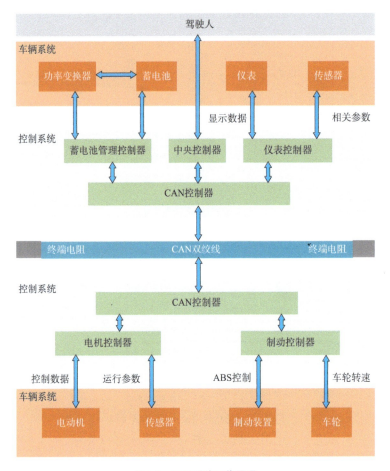

图 1-2　CAN 总线工作原理

1.2　威胁分析

智能网联汽车系统架构复杂,内部包含数量众多的 ECU,融合了现代通信与网络技术,使得车辆存在较多的脆弱点和潜在的攻击路径。

1.2.1　T-Box

T-Box 主要用于车与车联网服务平台之间通信。一方面,T-Box 可与 CAN 总线通信,实现指令和信息的传递;另一方面,其内置调制解调器,可通过数据网络、语音、短信等与车联网服务平台交互,是车内外信息交互的纽带。T-Box 主要面临如下的安全威胁:①固件逆向,攻击者通过逆向分析 T-Box 固件,获取加密算法和密钥,解密通信协议,用于窃听或伪造指令;②信息窃取,攻击者通过 T-Box 预留调试接口读取内部数据用于攻击分析,或者通过对通信端口的数据抓包,获取用户通信数据。

1.2.2 CAN 总线

CAN 总线是由博世公司研发,遵循 ISO 11898 及 ISO 11519,已成为汽车控制系统标准总线。CAN 总线相当于汽车的神经网络,连接车内各控制系统,其通信采用广播机制,各连接部件均可收发控制消息,通信效率高,可确保通信实时性。CAN 总线的安全风险在于:①通信缺乏加密和访问控制机制,可被攻击者逆向总线通信协议,分析出汽车控制指令,用于攻击指令伪造;②通信缺乏认证及消息校验机制,不能对攻击者伪造、篡改的异常消息进行识别和预警。鉴于 CAN 总线的特性,攻击者可通过物理侵入或远程侵入的方式实施消息伪造、拒绝服务、重放等攻击,需要通过安全隔离来确保智能网联汽车内部 CAN 网络不被非法入侵。

1.2.3 OBD 接口

OBD 接口连接汽车内外,外接设备成为攻击来源。OBD 是车载诊断系统接口,是智能网联汽车外部设备接入 CAN 总线的重要接口,可下发诊断指令与总线进行交互,进行车辆故障诊断、控制指令收发。OBD 和 CAN 存在三种安全级别的交互模式:①OBD 接口设备对 CAN 总线数据可读可写,此类安全风险最大;②OBD 接口设备对 CAN 总线可读不可写;③OBD接口设备对 CAN 总线可读,但读取时需遵循特定协议规范且无法修改 ECU 数据,如商用车遵循 CAN 总线 SAE J1939 协议,后两者安全风险较小。

OBD 接口面临的安全风险有三类:①攻击者可借助 OBD 接口,破解总线控制协议,解析 ECU 控制指令,为后续攻击提供帮助;②OBD 接口接入的外接设备可能存在攻击代码,接入后容易将安全风险引入到汽车总线网络中,对汽车总线控制带来威胁;③OBD 接口没有鉴权与认证机制,无法识别恶意消息和攻击报文。较多接触式攻击均通过 OBD 接口实施,2016 年 BlackHat 大会上,查理·米勒和克里斯·瓦拉塞克演示了通过 OBD 接口设备,攻击汽车 CAN 总线,干扰汽车驾驶。此外,OBD 设备还可采集总线数据、伪造 ECU 控制信息,造成自动变速箱控制单元(Transmission Control Unit,简称 TCU)等系统故障。

1.2.4 ECU

ECU 事关车辆行驶安全,芯片漏洞及固件漏洞是主要隐患,ECU 和普通的电脑一样,由微处理器、存储器等部件组成。ECU 的微处理器芯片是最主要的运算单元,其核心技术掌握在英飞凌、飞思卡尔、恩智浦、瑞萨等外资企业手中,技术架构存在一定差异。汽车 ECU 数量众多,可达几十至上百个,类型包括发动机管理系统、自动变速器控制单元、车身控制模块、车身电子稳定系统、蓄电池管理系统、轮胎压力监测系统等。随着汽车技术的发展和功能的增加,汽车 ECU 的数量逐年增加。

ECU 作为微处理器,主要面临如下安全威胁:①ECU 芯片本身可能存在设计漏洞,可能存在认证、鉴权风险,如第一代 iPhone 3GS 就曾经存在硬件漏洞,可用于越狱提权且无法进行软件修复;②ECU 固件应用程序可能存在安全漏洞,可能导致代码执行或拒绝服务,如 2015 年通用汽车 TCU 软件模块就爆出过 memcpy 缓冲区溢出漏洞;③ECU 更新程序可能缺乏签名和校验机制,导致系统固件被改写,修改系统逻辑或预留系统后门,例如美国发生过攻击者利用 ECU 调试权限修改固件程序,解锁盗窃车辆的案例。

1.2.5 车载操作系统

车载操作系统是管理和控制车载硬件与车载软件资源的程序系统,主要有 WinCE、QNX、Linux、Android 等。其中 QNX 是第一个符合 ISO 26262 ASILD 规范的类 Unix 实时操作系统,占据较大市场份额。

车载操作系统面临如下传统网络安全威胁:①继承传统操作系统,代码迁移中可能附带移植已知漏洞,例如 WinCE、Unix、Linux、Android 等均已出现过内核提权、缓冲区溢出等漏洞,由于现有车载操作系统升级较少,也存在类似系统漏洞风险;②系统存在被攻击者安装恶意应用的风险,可能影响系统功能,窃取用户数据;③车载操作系统组件及应用可能存在安全漏洞,例如库文件、Web 程序、FTP 程序可能存在代码执行漏洞,导致车载操作系统遭到连带攻击。

1.2.6 IVI 系统

IVI 系统是采用车载芯片,基于车身总线系统和互联网形成的车载综合信息处理系统,通常具备辅助驾驶、故障检测、车辆信息采集、车身控制、移动办公、无线通信等功能,并与车联网服务平台交互。IVI 附属功能众多,常包括蓝牙、Wi-Fi 热点、USB 等功能,攻击面大、风险多。

IVI 系统面临的主要威胁包括软件和硬件攻击两方面:①攻击者可通过软件升级的方式,在升级期间获得访问权限进入目标系统;②攻击者可拆解 IVI 系统的众多硬件接口,包括内部总线、无线访问模块、其他适配接口(如 USB)等,通过对车载电路进行窃听、逆向等获取 IVI 系统内信息,进而采取更多攻击。

1.2.7 OTA

远程升级(Over The Air,简称 OTA)指通过云端升级技术,为具有联网功能的设备以按需、易扩展的方式获取系统升级包,并通过 OTA 进行云端升级,完成系统修复和优化的功能。OTA 有助于整车厂商快速修复安全漏洞和软件故障,成为车联网必备功能。其面临的主要威胁有:①攻击者可能利用固件校验、签名漏洞,刷入篡改固件,例如 2015 年,查理·米勒和克里斯·瓦拉塞克攻击 JeepCherokee 车联网系统时,就利用了瑞萨 V850ES 芯片固件更新没有签名的漏洞,刷入自制固件,进而控制汽车;②攻击者可能阻断远程更新获取,阻止厂商用于修复安全漏洞。

1.2.8 车载传感器

车载传感器采集周边环境数据,并进行计算分析,为汽车自动驾驶、紧急制动等功能服务。传感器主要包括超声波雷达、毫米波雷达和摄像头等信息采集设备中所用到传感器。其中,超声波雷达频率低,主要对近距离干扰源进行探测;毫米波雷达探测距离可达 50～150m。从安全风险来看,对于超声波雷达,存在外来信源欺骗攻击,易受到相同波长的信号干扰导致识别出不存在的障碍物,干扰或直接影响行车安全;对于毫米波雷达,可能面临噪声攻击而导致无法检测障碍物,使传感器停止工作;对于高清摄像头,存在强光或红外线照射致盲的风险,进而影响行车安全或干扰智能网联汽车的整车控制。北京奇虎科技有限公司(简称奇虎360)已多次在安全大会上演示通过信号干扰、强光致盲等手段干扰雷达和摄像头工作,进而影响特斯拉汽车的正常行驶。

1.2.9 车钥匙

车钥匙大多采用无线信号和蓝牙技术,面临的威胁有:①攻击者通过信号中继或者信号重放的方式,窃取用户无线钥匙信号,并发送给智能汽车,进而欺骗车辆开锁,例如新西兰奥克兰发生过攻击者通过使用黑客工具 RollJam 截取车主钥匙信号,盗窃车辆;②寻找汽车钥匙解决方案漏洞,进行攻击,例如 HCS 滚码芯片和 keelop 算法曾爆出安全漏洞,对于满足特定条件的信号,汽车会永久判断成功并开锁。

1.2.10 移动 App

市场上大多数智能网联汽车远程控制 App 甚至连最基础的软件防护和安全保障都不具备。黑客只需对那些没有进行保护的 App 进行逆向分析挖掘,就可以直接看到 TSP 的接口、参数等信息。即使某辆汽车远程控制 App 采取了一定安全防护措施,但由于安全强度不够,黑客只需具备一定的技术功底,仍然可以轻松发现 App 内的核心内容,包括存放在 App 中的核心内容,如密钥、重要控制接口等。

从整体趋势来看,车载终端类型和数量的不断增多,导致车载终端所面临的安全威胁类型也在不断增多,终端的节点层、车内的传输层、终端架构层的安全风险将持续增大。车载终端的信息安全问题必须得到足够重视。以智能网联汽车信息安全方法论为指导,系统分析漏洞与威胁风险,实施有针对性的安全防护策略,并部署相关安全解决方案,才能保证整体安全防护的有效性以及科学执行。与此同时,智能网联汽车在移动终端、通信网络、移动接入管理和业务平台之间的网络传输风险也需引起足够重视,尤其是智能网联汽车与网络中心的双向数据传输威胁。

未来随着智能网联汽车的持续发展,越来越多的 App 或充电桩等外部生态组件开始频繁地接入汽车,而每个接入点都表示着新风险点的引入。考虑到智能网联汽车外联设备组件获取成本低以及安全防护能力不足的特性,其必将成为黑客的攻击重点。

1.3 攻击方式

车辆通过移动通信、蓝牙等连接方式与外部网络进行数据交互,浏览网页、售后服务、加油站服务等,造成互联网上的安全漏洞和威胁渗透到车辆上,如木马、恶意插件、缓冲区溢出攻击等。另外,汽车的信息技术日趋成熟,汽车的对外接口越来越多,因此,攻击行为更加复杂。本节根据通信距离把攻击方式分为物理接触攻击、近距离攻击和远距离攻击这三个部分。

1.3.1 物理接触攻击

物理接触攻击是最普遍的攻击方式,最为常见的车内攻击主要集中在 USB、CAN 总线接口和OBD-Ⅱ端口。

OBD-Ⅱ端口是OBD系统的对外诊断接口,可通过接口为汽车提供故障诊断、维护和管理功能,攻击者也可以通过这个接口直接获取车辆内部CAN总线上部分ECU的数据,甚至能够对ECU重新编程并造成威胁。同时有些OBD设备可通过4G网络与服务器通信或利用蓝牙、Wi-Fi等技术与手机通信进而将数据上传服务器。这些链路如果被攻击同样会使攻击者获得OBD权限,进而对汽车发起攻击;IVI一般都包含光盘、USB和音乐播放器,允许用户使用IVI播放个人的音频文件。恶意攻击者可以把恶意软件伪装成音频文件,诱使用户使用车载娱乐系统播放此音频文件,使汽车的IVI被攻击者控制或者破坏。

1.3.2 近距离攻击

智能网联汽车的近距离攻击面包括蓝牙、Wi-Fi、遥控门禁系统、射频识别、胎压管理系统等。攻击者可以在网联汽车周围利用相关设备进行数据的收集或发送,进而发动攻击。

蓝牙作为车载终端设备之一,已成为现代汽车的标配,但是传输距离较短。有研究表明,攻击者可以通过增加传输距离的方式(如定向天线、信号放大器等)来利用蓝牙漏洞对车辆发起攻击。大多数的遥控门禁系统通过433Hz、125Hz、315Hz的无线频段实现遥控与认证,并利用HCS滚码芯片和Keelop加密算法双重认证的方式,确保车钥匙发送的信号中包含特定的标识码和信号被加密后的同步数据。攻击者可以利用被泄露的遥控密钥、破解ECU找到密钥或利用信号验证代码漏洞进行渗透等方式对车辆造成不同程度的损害。胎压管理系统将采集到的数据通过短距离信道传递给胎压监测ECU,但是大多数信号并没有进行加密安全处理,可被篡改或者伪造进而影响胎压监测ECU解析代码,造成对车辆的损害。此外,由于胎压监测使用的无线信号是专用的,攻击者可以对通信协议进行逆向分析来发动攻击。

1.3.3 远距离攻击

智能网联汽车上的远程攻击包括全球定位系统(Global Positioning System,简称GPS)、卫星、数字广播等公用的通信链路,也包括蜂窝网络、远程协助系统及远程控制系统等专用通信链路。

GPS是车辆导航不可缺少的组成部分,在无人驾驶的情况下,GPS作为汽车的大脑,为汽车提供最佳的驾驶路线。但是,使用便携式GPS欺骗器可以篡改车辆的行驶路径,严重威胁车辆的安全,通过错误导航劫持车辆。无线通信网络具有开放性,攻击者可以在任何地方发起攻击,因此,这些远距离攻击对汽车的威胁是最大的。如黑洞攻击是一种典型的网络层DoS攻击方式,由已经被授权的网络内部恶意节点发起的一种攻击方式,利用路由协议中的设计缺陷形成专门吸收数据的黑洞,从而使网络中重要的数据丢失;女巫攻击(Sybil)也存在于智能汽车通信中的典型攻击方式,通过伪造车辆身份标识来创建错误的目的地址,从而使原本合法车辆标识失去真实性,达到破坏路由算法机制、改变数据整合结果的目的。

1.4 典型攻击

由于车辆无线网络通信具有开放性、脆弱性、快速变化的拓扑结构特征,因此导致车辆容易受到各种威胁信息攻击。常见的攻击类型包括 DoS 攻击、欺骗攻击、女巫攻击、中间人攻击和重放攻击等。本节给出了各种攻击的详细说明。

1.4.1　DoS 攻击

DoS 攻击主要是向主机发送大量信息,试图使其过载,从而有效地阻止其接收或处理来自合法用户的信息。DoS 攻击的目的是摧毁车辆操作系统部分或全部进程,或者非法抢占车辆操作系统的计算资源,导致系统进程或功能不能正常运行,从而使车辆不能为合法用户提供服务。抵御 DoS 攻击的最简单方法是拦截攻击者的 IP 地址。现阶段最具破坏力的是分布式拒绝服务攻击(Distributed Denial of Service,简称 DDoS)。所谓 DDoS 是指处于不同位置的多个攻击者同时向一个或数个目标发动攻击,或者一个攻击者控制了位于不同位置的多辆车并利用这些车辆对受攻击车辆同时实施攻击,如图 1-3 所示。这种情况下,简单地拦截单个 IP 地址变得毫无用处。

1.4.2　黑洞攻击

黑洞攻击是一种典型的网络层 DoS 攻击方式,由已经被授权的网络内部恶意节点发起的一种攻击方式,利用路由协议中的设计缺陷形成专门吸收数据的黑洞,从而使网络中重要的数据丢失甚至造成篡改。

1.4.3　欺骗攻击

欺骗攻击通常指伪装成另一辆车来伪造数据,如图 1-4 所示。在欺骗过程中,攻击者需要车辆自带的安全措施,用欺骗设备替换真正的组件或模块,或者欺骗车载信号,以便在车辆运行期间伪造控制信号和数据包。对车内信号欺骗的防御包括抗重放攻击技术和模块指纹识别,例如,利用模块独特但微妙的时钟偏差来区分真实模块和欺骗模块。在智能网联汽车中最为常见的是 GPS 欺骗攻击。攻击者可以利用 GPS 模拟器向其他车辆注入虚假信息,例如,在受害车辆位于 GPS 信号较弱的地区时(隧道或车辆拥挤的地区),需要等待 GPS 信号,这时 GPS 模拟器可以生成比原始 GPS 信号更强的信号来让受害车辆接收。

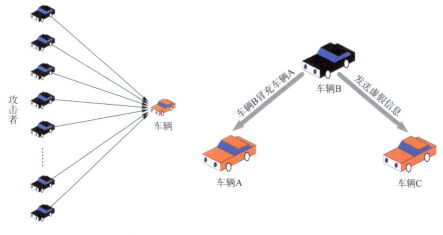

图 1-3　分布式拒绝服务攻击示意图　　　　图 1-4　欺骗攻击示意图

1.4.4 女巫攻击

女巫攻击是智能网联汽车中最危险的攻击之一,其原理是攻击者通过创建大量的假名身份以对网络产生更大的影响。女巫攻击可在车载网络中用于路由特定方向的流量,例如,当攻击者在某一位置创建大量假名身份时,造成该地点出现严重挤塞的假象,诱导其他车辆改变行车路线,以避开挤塞地区。此外,在车载网络中,当女巫攻击在 GPS 系统欺骗攻击的协助下可以使得车辆的位置出现在真实位置以外的地区,从而确保攻击者拥有一条无挤塞的路由。

女巫攻击的另一种攻击方式为节点模拟攻击。在车载网络中,每个车辆都具备一个独一无二的身份标识,用于与网络中的其他车辆进行通信。然而,如果一辆车在路侧单元(Road Side Unit,简称 RSU)不知道的情况下改变了自身的身份标识,就可以伪装成另一辆车。例如,发生交通事故的车辆可以更改其身份,以伪装成正常行驶的车辆。这种情况下,网络中的其他车辆会将这辆车视为与事故中涉及的车辆不同的车辆,以逃避责任。

1.4.5 中间人攻击

中间人攻击是一种针对通信链路的间接攻击方式,其主要原理是攻击者与通信两端分别建立相对独立的连接并进行数据的交换,使得通信双方认为他们是与对方直接进行通话,从而窃取信息,如图 1-5 所示。在车辆攻击中,攻击者通常将自身置于 TSP 与 T-Box 之间,之后以中间人的身份与通信双方建立正常连接,从而实现对通信双方的数据欺骗。

1.4.6 重放攻击

重放攻击是中间人攻击的变体,在该攻击中,有效的传输数据被重复或延迟,如图 1-6 所示。在车载网络中,重放攻击通常以车辆和 RSU 之间的通信为目标。如果攻击者截获 RSU 和车辆之间包含加密密钥或密码的消息,那么就能够进行自我认证。中间人和重放攻击很难被有效抵御,因为车辆或 RSU 无法获知它何时将受到攻击。在大多数情况下,攻击者具有很高的移动性,不会以任何方式更改数据包。

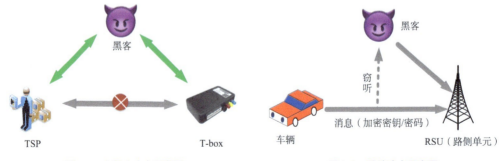

图 1-5　中间人攻击示意图　　　　图 1-6　重放攻击示意图

1.4.7 侧信道攻击

侧信道攻击是基于目标设备的物理信息(电流、电压、电磁辐射、执行时间、温度等)与保密信息之间的依赖关系,实现对保密信息的获取。这种攻击方式对加密设备造成了严重威胁,如攻击者在确定公共和私有 IP 地址之间的相关性后创建与受害者共享相同的虚拟机,从而实现跨虚拟机的侧信道攻击,成功提取同一目标的数据信息。

1.4.8 洪泛攻击

洪泛攻击会产生流量,以耗尽带宽、电源或其他类似方式的网络资源。洪泛攻击可以分为两类:数据洪泛和路由控制包洪泛。每种攻击类型的结果都是网络中的资源对合法用户不可用。在数据洪泛攻击中,攻击者可能创建无用的数据包,并将其通过相邻车辆发送给所有节点,但是,攻击者需要首先设置网络中所有可能节点的路由。在路由请求洪泛攻击中,攻击者将路由请求控制数据包广播到网络中不存在的节点。

1.5 攻击分类

根据攻击的目标、方式及其影响等因素,可以将众多的攻击分成不同的类别,有助于理论建模和后期防护方法的提出。关于攻击分类的研究,现有的文献已经开展了很多相关的研究。如 Mejri 等根据加密理论进行分类,其将攻击分为五类:针对可用性的攻击、针对真实性和身份认证的攻击、针对机密性的攻击、针对完整性和数据信任的攻击,以及针对不可抵赖性的攻击。Cui 等基于车辆的安全要求,将攻击分为四类:针对真实性的攻击、针对可用性的攻击、针对数据完整性与数据信任的攻击,以及针对机密性与隐私的攻击。Zeadally 等从广义上将攻击分为三大类:针对可用性的攻击、针对真实性和针对机密性的攻击。Qu 等根据车辆自组网的网络安全特征,将攻击分为伪造信息、拒绝服务、冒充、窃听、消息暂停和硬件篡改等六类。Amoozadeh 等根据网络攻击的潜在影响,将对车辆的信息安全攻击分为针对应用层的攻击、针对网络层的攻击、针对系统级别和针对隐私泄漏的攻击等四类。在每一类别中,又分别包含了多种具体的攻击,如在应用层中包括伪造、欺骗、重放等;网络层包括 DoS、无线电干扰等;系统层包括软硬件更改、传感器读数修改等;隐私泄露层主要包括窃听、监听等。可见,出于不同的研究目的,不同学者对攻击类型的划分也是不同,本节将简要介绍三种类型。

1.5.1 基于安全需求的分类

安全需求包括真实性、可用性、机密性、完整性等,根据攻击破坏不同的安全需求,对各类攻击进行分类。

真实性是车载网络中最为基本的安全需求,其可以确保网络内的合法实体免受多种攻击,如欺骗攻击和重放攻击等。GPS 欺骗攻击是典型的针对真实性的攻击,攻击者可以通过复制信号并提供错误的位置信息来执行攻击,其目的是扭曲智能网联汽车的位置信息。影响真实性的攻击还有女巫攻击、延时攻击、虚假实体攻击、复制攻击等。

可用性的要求是强制性的,以确保相关驾驶人与车辆的安全。由于对网络资源会产生重大影响,DoS 攻击被认为是对车辆相关系统可用性威胁最严重的攻击。其他影响可用性的攻击还有干扰攻击、洪泛攻击、恶意软件攻击、蠕虫攻击等。

数据的完整性是指数据在其整个生命周期中必须保持完整且没有改变。攻击者很容易通过篡改数据或创建虚假数据来破坏数据的完整性。针对数据完整性的攻击有伪装攻击、重放攻击、数据更改攻击、数据篡改攻击等。

针对机密性的攻击有窃听攻击和拦截攻击。窃听攻击是试图通过侦听网络通信来窃取如位置、用户身份等隐私信息。拦截攻击包括侦听网络一段时间后尝试分析数据以提取有用的信息。

1.5.2 基于攻击方式的分类

根据攻击的作用范围、攻击方式、攻击意图等,可以划分多种攻击类型。

内部与外部:内部攻击者是网络中可以与其他成员通信的经过身份验证的成员;外部攻击者被网络成员视为入侵者,因此在攻击的多样性方面受到限制,但其可以窃听通信。

恶意与理性:恶意攻击者不会从攻击中谋取个人利益,其目的是损害成员或网络功能,因此其可以使用任何手段,而不考虑相应的成本和后果。相反,理性的攻击者追求个人利益,因此在攻击手段和攻击目标上更具可预测性。

主动与被动:主动攻击者可以生成数据包或信号来执行攻击,而被动攻击者仅在通信信道(即无线或车载有线网络)上窃听。

本地与扩展:攻击者可以在范围上受到限制,即使其控制了几个实体(车辆或基站),这使其成为本地攻击;扩展攻击者控制分散在网络上的多个实体,从而扩展其攻击范围。

有意与无意:有意攻击者故意生成攻击;无意攻击是可能由有故障的传感器或设备生成的网络事件。

1.5.3 基于攻击后果的分类

根据攻击可能造成的后果,将常见的攻击归纳为三类:虚假消息攻击、重放攻击和共谋攻击。这种分类有助于简化各类攻击的复杂特征,便于分析攻击对车辆驾驶行为的影响。

虚假信息攻击:这类攻击可能通过伪装合法车辆、篡改消息等不同的方式,其结果都是向车辆传输虚假消息,例如错误的速度或位置,包括如 GPS 欺骗、传感器欺骗、虚假信息、女巫攻击、中间人攻击等。

重放攻击:攻击者通过重复过时信息、抑制信息发送、切断信息传播通道等方式,目的都是阻止车辆接收到实时的信息,导致车辆接收到延误信息或过时的信息。这类攻击包括 DoS 攻击、黑洞攻击、虫洞攻击、抑制攻击等。

共谋攻击:实施攻击的车辆包括两辆或更多的车辆通过合作方式对受害者车辆发动攻击,这类攻击可以包括共谋攻击、DDoS、女巫攻击等。

第 2 章
智能网联汽车信息安全基础理论

信息安全的兴起是出于保护那些重要系统和其中包含的信息的需要。作为保障智能网联汽车正常运行的前提，信息安全在智能网联车辆中发挥着重要作用，如保护系统、设备、组件和通信，以防止恶意攻击、未经授权的访问、损坏或其他任何可能干扰安全功能的因素，从而保证系统的信息安全和隐私保护。传统的信息安全理论包括数字签名、认证、加密、访问控制等安全算法和协议。由于车辆快速移动导致行驶过程中通信网络频繁切换，使得传统的信息安全方案并不能完全适应智能网联汽车的安全需求。关于智能网联汽车通信的安全保障技术体系尚未完善，本章将对智能网联汽车信息安全的基础理论进行介绍。

2.1 智能网联汽车安全需求

在保护智能网联汽车环境下的信息安全时，应考虑以下几个安全需求。

认证：车辆网络安全的基本和首要要求是认证。认证对于验证车辆身份和消息的真实性至关重要。认证意味着验证车辆的身份，并将合法车辆与未经授权的车辆区分开来以确定消息是否由有效成员发送。与身份认证一样，消息认证可以防止消息被传送到网络中。在智能网联汽车运行环境中，消息认证是关键，车辆必须检查消息的真实性，并且确保传输的消息来自真实车辆，而不是不存在的节点，因为恶意消息的传输可能导致严重后果，如人身伤害、交通中断，在极端情况下甚至可能导致人员死亡。除此之外，身份验证通常包括消息完整性和发送方验证。

隐私性：智能网联汽车环境中，系统或接收方必须保护发送方的隐私。因为攻击者可能利用授权车辆的真实身份来传输恶意信息并泄露授权车辆的隐私信息。另外，攻击者可能试图利用车辆的路线或导航信息获得车辆的位置，并发起攻击。因此，在智能网联汽车运行环境下必须确保其用户的身份隐私和位置隐私。

完整性：无线信道容易受到主动攻击，例如数据修改。完整性是确保消息不会受到这些攻击，并且所有发送的消息都不会被修改。因此，完整性保护是车辆通信的基本要求。

可用性：可用性确保了即使攻击者在网络中执行攻击，网络的硬件或软件也能正常运行。网络的组成部分在任何威胁下都必须可用，并保持其性能，以确保其在传输过程中不被破坏或修改。

不可否认性：不可否认性确保发送者不会否认消息的所有权。当由于在网络中传输欺诈性信息而发生失误或事故时，就需要这一属性。因此，发件人必须对其在旅行中传输的信息负责。

保密性：保密性确保所传输的安全信息或资料以原始格式传递给其相应的收件人或成员。只有指定的成员才有权查看或阅读信息的内容。违反这一属性会泄露发送者或接收者的秘密信息。

不可伪造性：不可伪造性确保攻击者不会伪造网络中有效成员传输的正确信息的签名。攻击者可以重放或重复使用正确的信息，并创建一个重复的签名。

可扩展性：可扩展性确保即使注册成员的数量不断变化，网络的效率和生产力也不会降低。在 VANETs 中的车辆定期旅行，因此车辆密度可能突然增加或减少。可扩展性确保这种突然的变化不会影响车辆、RSU 或当局的性能。

不可链接性：不可链接性确保攻击者不会将给定的签名或信息与相应的车辆驾驶人或其真实身份联系起来。这一特性有助于 VANET 保持车辆的秘密信息的隐蔽性，即使消息、内容或签名被截获。

可追踪性和成员撤销：这一特性确保了追踪管理者或受信任的权威机构可以在需要时发现或披露恶意车辆的真实身份。即使车辆的真实身份必须得到保护，但有时需要找到相同的身份来维持网络的秩序，且必须能够在恶意车辆对网络造成损害之前将其从 VANET 中删除。撤销成员是至关重要的，这样恶意车辆就不会影响网络和其余车辆的正常运行。

2.2 数据加密

2.2.1 概述

加密算法的起源可以追溯到公元前 400 年，古希腊人发明了置换密码，即通过一定规则改变字符的顺序来实现加密。由于加密算法具有独特的战略地位，被广泛用于军事活动中，如公元前 405 年的伯罗奔尼撒战争期间雅典间谍所携带的"斯巴达"密码棒，二战期间德军所使用的"恩尼格玛"密码机。加密技术能为数据或通信信息流提供机密性，同时对其他安全机制的实现起主导作用或辅助作用。加密算法是对消息的一种编码规则，这种规则的编码与译码依赖于成为密钥（Key）的参数。用户使用编码规则在密钥控制下把明文消息变换成密文，也可以使用译码规则在密钥控制下把密文还原成明文消息。通常编码和译码也称为加密和解密，没有正确的密钥无法实现加密/解密操作，从而使非授权用户（没有密钥）无法还原机密信息，通过这样的途径来达到保护数据不被非授权用户窃取、阅读的目的，如图 2-1 所示。加密算法通常分为两类：对称密码和非对称加密算法。

对称密码指发送方和接收方在加解密时使用同一把密钥，其特征是可以从加密密钥导出解密密钥，反之，可以从解密密钥导出加密密钥，一般情况下两个密钥相等。算法的使用要求加密者和解密者相互信赖。主流方法包括数据加密标准（Data Encryption Standard，简称 DES）、三重数据加密算法（Triple Data Encryption Algorithm，简称 3DES）、Blowfish、国际数据加密算法（International Data Encryption Algorithm，简称 IDEA）、RC4、RC5、RC6 和高级加密标准（Advanced Encryption Standard，简称 AES）等。

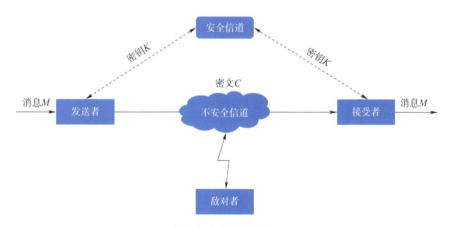

图 2-1　加密系统示意图

非对称加密包含两把密钥,公开密钥(公钥)和私有密钥(私钥),一个用于加密,另一个用于解密,其特征是从加密密钥无法推算出解密密钥,或者从解密密钥无法推算出加密密钥,因此,公开其中之一不会影响到另外一个的保密性。通常把公开的那个密钥称为公开密钥或公钥,而自己保存的密钥称为私有密钥或私钥。这种密码体制不要求加解密双方的相互依赖。主流方法包括 RSA、椭圆曲线密码学(Elliptic Curve Cryptography,简称 ECC)、Diffie-Hellman、El Gamal 等。本章中,与数据加密相关的术语有以下几种。

明文:原始的未加密的数据,作为加密算法的输入。

密文:加密算法的输出信息,被用于数据的储存或传输。

密钥:控制加密、解密过程的字符串,通常由数字,字母或特殊符号组成。

加密:利用密钥将明文转化为密文的过程。

解密:对密文施加加密的逆变换,获得明文的过程。

2.2.2　对称加密

2.2.2.1　DES 加密算法

DES 加密算法是一种非常经典的对称加密算法。典型的 DES 每次处理固定长度的数据段,称之为分组,故 DES 也是一种分组加密算法。原始明文的分组长度为 64 位,输出的密文为 64 位,所用密钥 K 有效长度为 56 位,加上校验位共 64 位。DES 加密算法大致分为 4 个步骤:初始置换,生成子密钥,迭代过程,逆置换,如图 2-2 所示。输入的 64 位明文,先经初始 IP 变换,形成 64 位数据,64 数据被分成两部分,记为 L 部分和 R 部分;两部分分别经过 16 次迭代,形成新的 64 位数据;新的 64 位数据再经初始逆变换,输出 64 位明文。

2.2.2.2　3DES 加密算法

3DES 是 DES 加密算法的一种模式,它使用 3 条 56 位的密钥对数据进行三次加密,如图 2-3 所示。数据加密标准(DES)是美国的一种由来已久的加密标准,它使用对称密钥加密法,并于 1981 年被 ANSI 组织规范为 ANSI X.3.92。DES 使用 56 位密钥和密码块的方法,而在密码块的方法中,文本被分成 64 位大小的文本块然后再进行加密。比起最初的 DES,3DES 更为安全。3DES 是 DES 向 AES 过渡的加密算法。

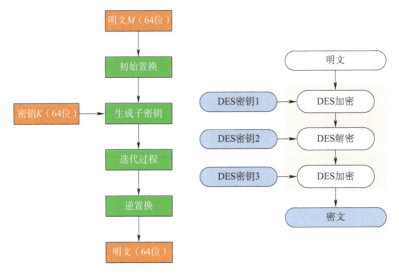

图 2-2　DES 加密算法流程　　　　图 2-3　3DES 加密算法流程图

2.2.2.3　AES 加密

由于 DES 的加密方法不能满足人们对安全性的需要,2001 年美国国家标准与技术研究院正式确认使用 AES 取代 DES。在美国国家标准与技术研究院征集到符合 AES 的算法当中,来源于两位比利时密码学家设计的 Rijndael 算法经过安全性分析、软硬件性能评估等步骤后取得胜利。AES 与 DES 相同,均为分组密码,但 AES 的分组长度只能为 128 位,密钥的长度可以根据需求选择 128 位、192 位或 256 位,相应的推荐加密轮数也会根据密钥的长度发生变化,128 位的推荐轮数为 10 轮,192 位的推荐轮数为 12 轮,256 位的推荐轮数为 14 轮。AES 的明文输入为 128 位(16 字节)的分组数据,这个分组被描述为按列排列的 4×4 的字节方阵。同理 M 字节的密钥经过密钥扩展生成每轮加密的子密钥。AES 算法如图 2-4 所示。

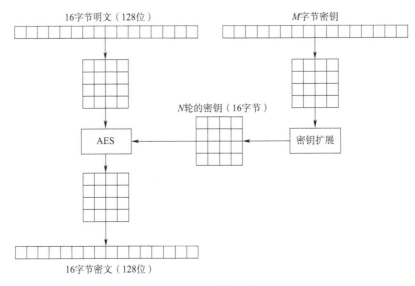

图 2-4　AES 算法示意图

2.2.3 非对称加密

2.2.3.1 RSA 加密

RSA 公钥加密算法是 1977 年由 Ron Rivest、Adi Shamirh 和 LenAdleman 在美国麻省理工学院开发的。RSA 取名来自开发他们三者的名字。RSA 是最有影响力的公钥加密算法,它能够抵抗到目前为止已知的所有密码攻击,已被 ISO 推荐为公钥数据加密标准。RSA 原理是利用了正向求解单向函数容易,但反向求解难的特点进行加密,其效率比 AES 低很多,因此 RSA 并不是为了取代 AES。RSA 算法基于一个十分简单的数论事实:将两个大素数相乘十分容易,但想要对其乘积进行因式分解却极其困难,因此可以将乘积公开作为加密密钥。RSA 的计算核心利用了两个正整数之间的互质关系。RSA 加密的具体流程如下:

① 随意选择两个互不相同的大质数 p 和 q。
② 计算两者乘积 $N = p \times q$。
③ 根据欧拉函数,计算 $\phi(N) = (p-1) \times (q-1)$。
④ 选择一个小于 $\phi(N)$ 且与 $\phi(N)$ 互质的整数 e。
⑤ 计算 e 对于 $\phi(N)$ 的模反元素 d,即 $e \times d \equiv 1 (\bmod \phi(N))$。

在 RSA 加密算法中,用 N 和 e 组成公钥进行加密,用 N 和 d 组成私钥进行解密。发送方将原文 f 通过式(2-1)得到 c 发送给接收方,接收方根据式(2-2)得到原文 f。

$$f^e \bmod N = c \tag{2-1}$$

$$c^d \bmod N = f \tag{2-2}$$

2.2.3.2 ECC 加密

ECC 是一种基于椭圆曲线理论来实现加密的非对称加密算法,相比 RSA,ECC 优势是可以使用更短的密钥,来实现与 RSA 相当或更高的安全保护。具有带宽要求低、存储空间小、计算速度快、安全性高等优点,其安全性主要基于椭圆曲线上离散对数的难解性。椭圆曲线在定义域上是连续的,要适应加密的需要,就要把椭圆曲线变为离散的点,把椭圆曲线定义在一个有限域上。

给定素数 p,选择椭圆曲线 $E(F_p): y^2 = x^3 + a \cdot x + b \bmod p$,其中 $a, b \in F_p$。方程 $y^2 = x^3 + a \cdot x + b \bmod p$ 称为椭圆曲线的 Weierstrass 标准形式,限定条件 $\Delta = 4a^3 + 27b^2 \neq 0 \bmod p$ 是为了保证椭圆曲线不包含奇点。椭圆曲线 E 上的所有点和无穷远点 O 组成阶为 q 的加法交换群 G。给定 G 的生成元 P,定义点乘运算如下: $n \cdot P = P + P + \cdots + P(n 次)$,其中 $n \in Z_p$ 是一个正整数。

ECC 密码算法原理如下:

用户 A 选择可用于加密的椭圆曲线 $E_p(a,b)$,在 $E_p(a,b)$ 上选取一个基点 P。
用户 A 选取一个私钥 x,并生成对应的公钥 $X = x \cdot P$。
用户 A 将椭圆曲线 $E_p(a,b)$ 和点 X, P 发送给用户 B。
用户 B 获取 $\{E_p(a,b), X, P\}$,然后将明文消息编码到 $E_p(a,b)$ 上的一点 M,并选择一个随机整数 $k(k < n)$。
用户 B 计算 $W_1 = M + k \cdot X, W_2 = k \cdot P$。
用户 B 将 W_1, W_2 发送给用户 A。

用户 A 收到信息后，计算 $W_1 - xW_2 = M + k \cdot X - x \cdot k \cdot P = M + k \cdot x \cdot p - x \cdot k \cdot P = M$，进行解码就得到明文消息。

2.3 数字签名

2.3.1 概述

数字签名技术最先是由 Diffie 和 Hellman 于 1976 年提出的，在端到端的通信中，发送数据的真实性与不可否认性可通过数字签名技术实现。数字签名是基于加密技术的，它不像数据加密对数据的安全性负责，它的作用是确定发送用户的真实性。数字签名应用最多的领域是电子邮件，即当用户收到一封电子邮件时，邮件上面都会标有发信人的姓名和信箱地址，现实生活中我们会想当然地认为发信人就是邮件上显示上的那个人，但即使对于一个普通人来说，伪造一封电子邮件也是非常容易的。对于这种情况，就采用数字签名来确认发信人身份的真实性。

数字签名算法一般基于 RSA、ECC 等非对称加密算法实现，与加密不同，签名保障了消息来源者即消息发送方的数据的真实性。发送方会用自己的私钥对明文进行签名，任何接收方都可以用公钥对密文进行验证。这种方法可以用于解决恶意节点的篡改攻击，同时可以保证信息发送方不可抵赖。数字签名算法分为签名算法和验证算法两个部分，其过程如下：

(1) 信息发送方先对明文进行哈希（Hash）运算得到散列值，简称为"摘要"。
(2) 发送方用自己的私钥对摘要进行签名。
(3) 将签名附在明文后面一起发送给接收方。
(4) 接收方用和发送方相同的 Hash 函数对明文生成摘要。
(5) 接收方用公钥对数字签名进行解签，如果两个摘要相同则验证成功。

数字签名流程如图 2-5 所示。

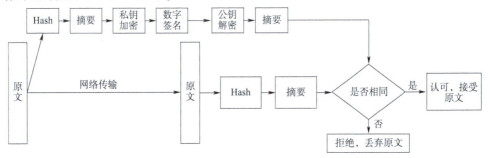

图 2-5 数字签名流程示意图

简单来说，数字签名通过算法对原文 Hash 值进行签名，并附上原文的数据，目的是验证数据的来源和数据完整性，如果要保证数据的安全性，还可以进一步通过加密算法用公钥进行加密。

2.3.2 数字签名算法

定义数字签名方案是一个满足下列条件的五元组 (M, A, K, s, v)，其中：

M 是由所有可能的消息组成的一个有限集合,称为消息空间。

A 是由所有可能的签名值组成的一个有限集合,称为标签空间。

K 是由所有可能的密钥组成的一个有限集合,称为密钥空间,每个密钥 $k \in K$ 由私钥 k_s 和公钥 k_v 两部分组成 $k = (k_s, k_v)$。

s 是一个签名算法,对给定的 k_s,有

$$S(k_s, \_) : M \to A \tag{2-3}$$

$$m \mapsto s(k_s, m) \tag{2-4}$$

v 是一个签名算法,对给定的 k_v,有

$$v(k_v, \_) : M \times A \to \{Y, N\} \tag{2-5}$$

$$(m, a) \mid Y \text{ or } N \tag{2-6}$$

如果 $(k_s, k_v) \in K$,则它们满足下列条件:对于所有 $m \in M$ 都有

$$v(k_v, m, s(k_s, m)) = Y \tag{2-7}$$

而当 $a' \neq s(k_s, m)$ 时有

$$v(k_v, m, a') = N \tag{2-8}$$

上述条件是说对于合法的签名值来说验证总是通过的,对于非法的签名值来说验证不通过。

实用的数字签名系统在技术角度还需要满足下列三个要求。

(1)签名/验证函数 s、v 对所有密钥 k 都有效,不应出现无法计算的情形。

(2)系统应易于实现。对任意给定的密钥 k,有高效的签名/验证计算方法。

(3)数字签名系统的安全性仅依赖于签名密钥 k_s 的保密,而不依赖于算法 s 和 v 的保密。

数字签名是一种能够提供抗假冒、抗抵赖的密码算法。它的典型使用情形是,签名方 Alice 对消息 m 进行了签名得到 (m, a),Bob 收到 (m, a) 后可以验证该消息一定是 Alice 发送的,而且除了 Alice 之外没有人能够实现这样的签名。应用环境中有一个成为敌对者的窃听者或破坏者 Oscar,他试图通过分析一切可得到的信息,用一个假消息 m' 来欺骗 Bob,试图使 Bob 相信 m' 及签名是由 Alice 发出的,如图 2-6 所示。

图 2-6 数字签名基本原理示例图

图中,敌对者 Oscar 可能进行窃听、伪造攻击,这对数字签名算法提出了强度上的要求。容易看出,如果 Oscar 拥有了签名密钥,他可以实现任何想进行的攻击。Oscar 像所有人一样可以得到验证公钥,所以安全的签名系统最基本的要求是从公钥计算出私钥是一个困难步

骤。好的签名算法要求在抵抗攻击强度、运算效率、系统开销、功能特点等方面都好才行。

数字签名实现的基本原理简化为图2-6中所示，信息的发送方首先将信息通过Hash算法生成一个散列值，然后用自己的私钥对这个摘要进行加密来形成自己的数字签名，最后将数字签名和原文信息一起通过网络传输到接收方。信息的接收方一方面将接收的信息通过同样的Hash算法计算出一个摘要，另一方面用发送方的公钥对数字签名信息进行解密得到摘要，然后比较两个摘要是否已知来决定是否接收原文信息。若比较发现两个摘要是相同的，接收方就认可接收原文信息，否则就拒绝并丢弃原文信息。

2.4 认证理论

车联网作为物联网的一部分，为城市中车辆的高效有序运行，乘客及财产安全提供了保障。每一辆汽车作为一个节点，不断地同其他的车辆及路侧单元端进行信息传输。在信息交互过程中，每一个车辆节点都可以发送信息请求。由于这些信息传输都以网络为载体，所以也充满了脆弱性和安全问题。恶意的信息攻击会严重干扰车联网中的其他节点，并造成用户利益损失和信息安全威胁，甚至瘫痪交通运行。而身份认证作为保证车联网安全的重要技术，可以约束和规范各个成员的行为，保证每辆汽车身份的合法性。

身份认证系统往往由三部分组成。第一部分是认证服务器，在服务器中，存储了所有用户的私有密钥、认证方式等信息，用以完成发起请求用户的身份认证过程。第二部分是认证客户端，其需要与认证服务器协作的认证协议。第三部分是认证设备，用于在身份认证过程中进行计算。常见的身份认证方案主要有基于共享密钥的身份认证、基于生物学特征的身份认证和基于公开密钥加密算法的身份认证。基于共享密钥的身份认证，用户和服务器共享一个或一组密码。当用户身份验证时，通过存储密码的设备来提交密码。服务器端接收到密码后，与服务器端所存储的密码进行核对，若一致则认证用户为合法用户，否则不予认证通过。基于生物学特征的身份认证，通过提取指纹、虹膜、掌纹等独特的身体特征，通过数理统计分析等来进行用户认证。基于公开密钥加密算法的身份认证，通信双方各自持有公开密钥和私有密钥，其中一方使用私有密钥来对数据进行加密，另一方使用公开密钥完成解密，如果解密成功，则认证用户为合法用户，否则不予认证通过。

车辆节点的身份认证，是车联网安全中十分重要的一个环节，关乎人身安全、财产安全、公共安全等，因此需要健全追责机制，以保证提供安全的访问。车联网用户节点在通过认证之后，由服务器对该用户节点进行操作授权，并由审计部分记录该用户节点的使用情况，如图2-7所示。

图2-7　身份认证流程图

2.4.1　基于对称密码学的认证方案

在智能网联汽车环境中，基于对称密钥的密码方案，其中对称密钥主要用于提供安全性。发送方和接收方都可以有效地计算对称密钥，并在通信过程中使用它来实现隐私。此外,在这些方案中,还使用消息认证码(Message Authentication Code,简称MAC)对消息进行认证。对于每条消息,发送方使用共享密钥生成MAC。具有相同密钥的网络成员可以验证随消息一起接收的MAC。这些方案在智能网联汽车环境中使用,因为它们具有较少的计算和通信成本,并且可以快速执行验证。消息认证是一种确认完整性并进行认证的一种技术,其流程如图2-8所示。

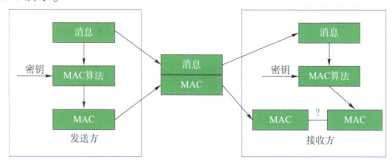

图2-8 消息认证流程图

具体流程为:
(1)发送方与接收方计算对称密钥。
(2)发送方利用消息来计算得到MAC数值。
(3)发送方将消息和MAC一起发送给接收方。
(4)接收方利用收到的消息来计算出MAC。
(5)接收方将自己计算得到的MAC同发送方发出的MAC进行比较。
(6)如果MAC一致,则接收方可以认定消息来自于发送方,认证成功,否则认证失败。

在该过程中,发送方和接收方共享密钥,而这个密钥不能被其他人得到,否则第三方很容易进行信息攻击。

2.4.2 基于公钥密码体制的方案

基于公钥密码体制(Public Key Cryptography,简称PKC)的方案,其中信任中心负责公钥-私钥对的组成,并将其分发给有效成员,以用于保证通信安全的目的。此基础结构包含车辆的公钥和信任中心的数字签名以进行身份验证,其可追溯性是通过信任中心颁发的数字证书实现的。数字证书是公开密钥的一种密钥管理媒介,其可以在网络中验证身份。车联网中的信息服务平台可以便捷地获取各种车辆、道路信息,这增加了数据滥用的可能,因而要保证双方合作真实可靠。数字证书作为公钥密码技术中确认对方公钥身份的重要手段,在车联网安全问题上有着十分重要的发挥。

为了在智能网联汽车环境中实现广播认证,通常采用公钥基础设施(Public Key Infrastructure,简称PKI)。PKI使用公钥和私钥对保护网络中的交换数据。但是,传统的PKI不能满足智能网联汽车环境下的安全要求,因为它不能保护参与者的条件隐私,并且验证时间太长。数字签名是增强基于PKI的身份认证安全性的常用方法。数字签名方案旨在提供手写签名的电子副本,以确保消息的原始真实性、完整性和不可否认性。数字签名易于传输,无法模仿,并且可以自动加盖时间戳。数字签名方案通常包含三个功能:①生成公钥和私钥对;②通过加密和解密消息确保机密性;③通过创建和验证签名确保真实性。然而,一个数字签名方案本身并不能满足 VANET 中的所有要求,例如验证时间短、计算开销小。

数字证书是由权威认证机构(Certificate Authority,简称 CA)签名发放的,含有公钥所有者及公钥相关信息的一种电子文件。一个证书中含有三部分:证书内容、散列算法、加密密文。证书内容会被散列算法计算出哈希值,然后使用 CA 机构提供的私钥进行签名。数字证书签发流程如图 2-9 所示。

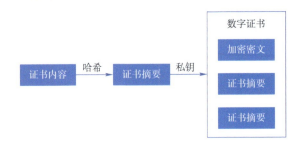

图 2-9　数字证书签发流程图

客户端发起请求时,服务器将该数字证书发送给客户端,客户端通过 CA 机构提供的公钥对证书进行验证获得散列值(数字签名),同时将证书内容使用相同的散列算法进行哈希得到另一个散列值,比对两个散列值,如果两者相等则说明证书没问题。数字证书发送对比流程如图 2-10 所示。

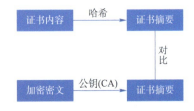

图 2-10　数字证书发送对比流程示意图

在智能网联汽车的车辆通信中,认证、隐私和其他安全要求在 V2V 和 V2I 通信中提供信任的建立,以识别和保护未经授权的实体、假消息和抵御许多不同类型的攻击。数字签名可以通过各种算法实现。

2.4.3　基于区块链的身份认证方案

传统身份认证方式面临的第一个问题是用户数据与隐私的泄露。在身份认证的过程中,由于需要不同程度地收集用户数据,会在一定程度上造成用户数据与用户隐私的泄露。基于区块链的认证方案可以将用户真实身份信息与认证凭据隔离,避免验证过程中产生的数据泄露。基于区块链的身份认证方案更加的高效,身份特质更加全面,其最显著的优点是分散和透明。

一般来说,车联网的系统模型由车辆、路侧设施和信任中心组成,如图 2-11 所示。在基于区块链的身份验证和撤销框架中,CA 授权机构将伪身份或证书分配给存储在区块链中的车辆。添加到区块链的信息是不可变的,即一旦保存到区块链中,任何人都不能修改它。此外,CA 不受证书吊销列表(Certificate Revocation List,简称 CRL)管理和分发负载的影响。接收方使用分布式身份验证过程来验证发送方的身份。

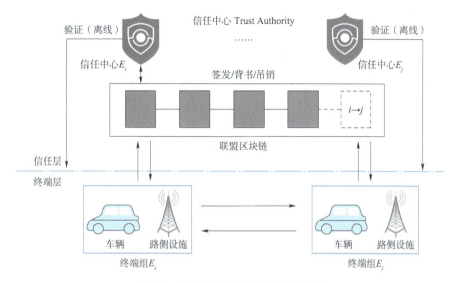

图 2-11　基于区块链的车联网系统架构图

2.5　隐私保护

智能网联汽车进行无线通信,其安全应用要求机动车中的无线设备发送和接收安全相关的信息,其中包含有关车辆位置、航向、速度以及更多与车辆状态和预测路径有关的信息。在这个互联通信过程中所产生的大量数据,可以为多个创新应用提供数据基础,从而改善交通环境,提高通信效率,规避交通安全隐患。因此,保护交通参与者的隐私和促进这一重要方向的发展可以进一步推动智能网联汽车应用的部署。

智能网联汽车的隐私保护方法可以主要分为三个部分:物理控制、技术控制、政策控制。其中物理控制包括设备周围的物理保护,如防破坏、篡改的外壳。技术控制旨在保护数据的技术,如防火墙、访问管理和加密。行政控制是指针对未经授权广播与特定个人或车辆相关的数据的法律和法规的发布。

2.5.1　隐私类型

在智能网联汽车部署推广的过程中,互联网和蜂窝网络的大规模和频繁应用使得隐私保护成为智能网联汽车发展好坏的决定性因素之一。智能网联汽车所面临的隐私威胁主要分为身份隐私、位置隐私和数据隐私三种类型。

2.5.1.1　身份隐私

身份隐私包括车辆用户的一些敏感信息,例如驾驶证编号、车辆号牌、姓名、车辆保险单号等,这些信息一旦被泄露,攻击者可以根据这些信息结合数据挖掘技术来得到用户的行为习惯、活动轨迹等,以此来发起更加严重的攻击行为,甚至会对用户的人身安全产生威胁。在智能网联汽车环境下,任何节点都不能获得关于源节点和目的节点的真实身份信息。同时,源节点和目的地节点也没有关于中间转发节点的真实身份的信息。针对身份隐私问题的解决方案研究主要有:假名身份、基于假名的数字证书、基于群组通信的群签名隐私增强方案、网络划分等。

2.5.1.2 位置隐私

位置隐私是智能网联汽车环境下最重要的隐私模型之一。为了使交通系统更加智能化，大量第三方机构为车辆提供了基于位置的服务（Location Based Service，简称LBS），以便用户可以在有需求的时候能够快速查询到周围的商店、停车场和加油站等。因此设备（移动电话或车辆）的位置可以与所有者联系起来。然而位置信息如果长期泄露，例如，任何车辆的位置跟踪都可以访问车辆的过去和当前位置，累积记录历史消息，攻击者就可以通过将这些数据与其他信息结合起来推断驾驶人的个人信息，从而导致犯罪，并给用户的自身安全带来威胁。现有的保护用户位置隐私的解决方案在计算和通信要求之间进行了权衡。其中主要的三种位置隐私保护方法包含假名、空间隐匿（比如k-匿名和l-多样性）、同态加密，其中假名是使用最广泛的方法。

2.5.1.3 数据隐私

数据隐私有时也被称为信息隐私，是数据保护的一个领域，涉及敏感数据的适当处理，以满足监管要求，以及保护数据的保密性和不可更改性。数据类型主要包括基础属性类数据（如身份鉴权信息、车架号、VIN 等），车辆工况类数据（运行工况类数据和静态工况类数据）、外部环境感知数据、车况数据、应用服务类数据等。数据保护包含传统的数据保护（如备份和恢复副本）、数据安全和数据隐私。采用的数据安全技术，包括数据分级分类动态防护策略、数据库审计、数据库防火墙、数据库脱敏等。对于敏感数据的隐私保护以及防泄漏还可以采用身份认证、日志分析、安全审计、动态识别、动态加密、访问阻断等技术。

从上述隐私类型的防护技术可以看出匿名性是无线通信的一个重要安全方面，因为它不仅可以保护用户、车辆的隐私，还可以减少针对于车辆的冒名顶替的攻击。另外，不可追踪性是一个与匿名性密不可分的问题，因为如果一个用户是可追踪的，其隐藏的身份可以通过对用户活动的分析而被发现。现在大多数的匿名方案都使用PKI。为了达到匿名性和隐私保护目的，主要实现方法包含了：差分隐私、k-匿名、l-多样性、t-接近、匿名性增强技术（匿名性测量和匿名性增强）、以环签名为基础的多级匿名的协议、基于伪身份和匿名证书、基于加密技术的隐私保护、基于匿名的假名认证方案（假名认证、证书更新的匿名认证、基于重新签名技术的证书更新）等。

2.5.2 隐私需求

各个国家对于智能网联汽车的隐私需求有不同的处理方式。一些国家强制执行驾驶人的身份识别机制，以防止犯罪，另一些国家则是制定强制性隐私保护政策。对隐私的保护是推动智能网联汽车发展的重要因素之一。在这种情况下，面向智能网联汽车的隐私保护应考虑几个隐私要求。

2.5.2.1 匿名性

智能网联汽车的隐私保护需要为发送者/驾驶人提供匿名性。在理论上，不应将信息内容与真实发送信息的个人信息联系起来。匿名性旨在能够在数据发布环境下防止用户敏感数据被泄露，同时又能保证发布数据的真实性。在一些情况下会造成问责制和匿名性之间的冲突，如存在恶意行为车辆。因此，需要提供有条件的匿名性，以实现安全和隐私的要求。

2.5.2.2 有条件的隐私性

智能网联车辆可以通过无线通信从其他相邻车辆获取自动发送的交通相关信息,从而为驾驶人提供辅助决策。这些自动发送的广播信息通常包括发件人的身份信息,如车辆的身份信息、地理位置信息(位置和方向等)、驾驶信息(速度、加速度等)。显然交通参与者并不愿意将这些私人信息暴露给第三方。一方面,隐私保护机制应该防止未经授权的参与者知道真实身份和其他私人信息,另一方面,信任机构(如警察、交通管理机构等)有权在发生犯罪行为时透露车辆的身份。因此,有条件的隐私保护在智能网联汽车环境下是至关重要的。

2.5.2.3 保密性

保密性是指不将有用信息泄漏给非授权用户的特性,确保数据信息只能被授权者看到。可以防止向未经授权的实体披露信息内容,以维护用户的隐私。

2.5.2.4 不可链接性

在智能网联汽车隐私保护条件下,不可链接性指对同一角色或身份的两个或多个行为、两个或多个用于特征识别的特性(假名身份),无法互相链接或者链接到信息主体。比如外部车辆无法区分两次会话中消息是否源自同一角色,通信参与者无法确认两个假名身份是否源于同一车辆。

2.5.2.5 分布式解析

在机构间分发身份解析过程是一项重要的隐私要求,其中机构需要合作将凭证链接到特定实体。此属性对于在保持用户隐私的同时保持条件匿名性至关重要。

2.5.2.6 前向保密

解析用户的身份或凭据时,不应泄露任何允许未来消息链接到该用户的信息。

2.5.3 隐私保护方法

虽然信息技术通常被视为隐私问题的原因,但也有几种方法可以让信息技术帮助解决这些问题。有一些规则及技术方案可用于设计保护隐私的系统,包括从前期安全防护的设计方法到使用加密来保护个人信息不被非法使用。这里针对智能网联汽车环境下的三种隐私数据:身份隐私、位置隐私、数据隐私的保护技术进行介绍。

2.5.3.1 身份隐私保护方法

(1)基于假名机制的隐私保护技术。

该方案采用假名掩盖了车辆的真实身份。即使对等车辆无法识别特定消息的发送者,它仍然能够对发送者进行身份验证。通过在通信过程中频繁更新假名,保护合法车辆不受位置跟踪和用户分析的影响,如图2-12所示。假名认证方案是通过受信任的机构给每个车辆首先签发许多假名证书。在智能网联汽车的通信环境下,车辆在某个时间随机选择其中一个假名证书作为其身份的证明并结合数字签名技术保证发布数据的真实性、完整性、可信性。出于对车辆隐私考虑,车辆只使用包含假名身份的假名证书而非真实身份。通过这种方式,每辆车的临时身份会随着时间的推移而变化,恶意攻击者很难跟踪特定的车辆,可以保证车辆的匿名性和不可回溯性。在变换假名证书后,任何信息接收者都将无法将信息发送者的新证书与旧证书链接,从而实现了不可链接性。然而,这种方法仍然存在一些问题,如撤销成本高。例如,当车辆证书被吊销时,需要添加到 CRL 中的假名证书数量可能太多,其中 CRL 的大小随着网络大小的增加而迅速增加。

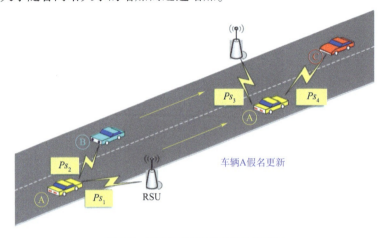

图 2-12 基于假名证书机制的通信过程

(2)基于群签名的隐私保护技术。

群签名的方案允许每个群组的参与者在不透露其真实身份的情况下,利用群密钥对其发布的消息生成签名,而其他组成员可以验证消息的真实性、完整性、可信性。此签名方案有两个组件:群管理员和群成员。群管理员负责密钥分发、添加群成员、检测和撤销行为不当的群成员。首先,群组管理员为每个群成员颁发其不同的群私钥,然后向所有群成员颁发群公钥。每个群成员在群组通信过程中都使用管理员颁发的群密钥在消息上签名,而其他成员使用群公钥验证消息的真实性和完整性且无法识别发件人的真实身份。同时,只有群管理员知道每个群成员的真实身份,因此它可以检测和撤销群成员。基于群签名的安全防护方案,目前已经在车联网环境中被广泛提及群组成员加入和离开过程如图 2-13 和图 2-14 所示。

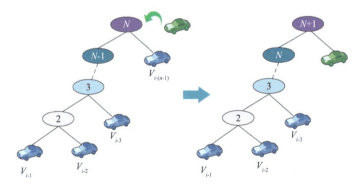

图 2-13 基于群签名的安全方案车辆群组成员加入过程

2.5.3.2 位置隐私保护方法

随着智能手机和移动互联网的发展,LBS 变得流行起来,移动用户可以通过移动应用程序分享或获取不同兴趣点(Point of Interest,简称 POI)中的各种信息。在移动用户和 LBS 服务器之间发生的这种查询或共享行为通常需要移动用户向 LBS 服务器提交包括位置和 POI 等个人信息。如果这些服务器不值得信赖,他们可以收集这些个人信息并将其用于跟踪,或者将这些隐私信息与其他第三方服务共享,从而使用户的隐私遭到泄露。LBS 服务导致的隐私泄露已经成为了一个关键的问题。为了保护用户的隐私,许多已有的研究将关注点放在防止 LBS 服务器遭到恶意用户盗窃或者 LBS 恶意泄露用户信息这两个方面。不仅 LBS 服务器是不可信的,网络中涉及的大部分节点同样是不可信的,当用户向他们发送查询时,他们收集用户隐私信息。他们可以使用收集的隐私信息来执行推理攻击,以推断和学习用户的位置信息。为了解决隐私保护问题,研究人员引入了量化、虚拟位置、差分隐私、加密和缓存等方法,如图 2-15 所示。

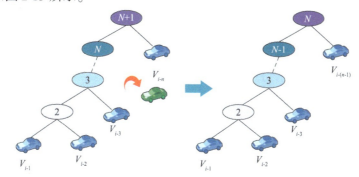

图 2-14 基于群签名的安全方案车辆群组成员离开过程

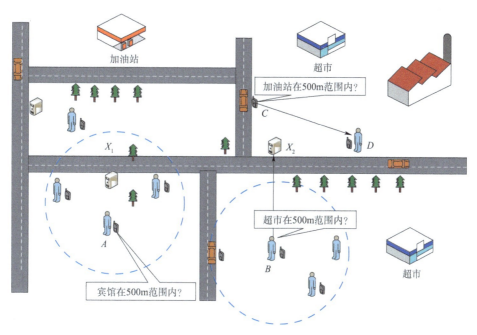

图 2-15 LBS 中的隐私保护机制

其中,基于加密技术的隐私保护技术指的是通过使用加密技术使用户的位置查询对服务器完全不可见,从而达到隐私保护的目的。加密的方法包括传统加密、同态加密、混合加密等。这类技术在确保服务质量的情况下,不会泄露任何用户的位置信息,实现了更严格的隐私保护。同态加密允许在加密之后的密文上直接进行计算,且解密后的计算结果与基于明文的计算结果一致。根据支持密文运算的程度,同态加密方案可以分为部分同态加密方案和全同态加密方案两类。部分同态加密方案只能支持有限的密文计算。部分同态加密适用于一些运算并不复杂的场景中。鉴于智能网联汽车的复杂场景,全同态加密方案对密文上的计算深度没有限制,理论上可以支持任意的密文计算。全同态加密技术可以在不解密用户查询的情况下返回正确的查询结果。混合加密技术的位置隐私保护面向静态数据和动态数据,静态位置数据的加解密性能已经获得了很好的解决,在考虑动态数据加解密性能时,使用混合加密技术的优化位置隐私保护中动态位置数据的隐私泄露问题。

2.5.3.3 数据隐私保护方法

智能网联汽车环境下,数据在流动中发挥价值,数据应用生态环境日益复杂,数据生命周期各环节都面临新的安全保障需求,数据的采集和溯源成为突出的安全风险点,跨组织数据合作的广泛开展触发了多源汇聚计算的机密性保障和隐私保护的需求。在前面智能网联汽车环境下的隐私类型介绍中提到,数据隐私是数据保护的一个领域。

智能网联汽车中的数据类型主要包括基础属性类数据(如身份鉴权信息、车架号、VIN等)、车辆工况类数据(运行工况类数据和静态工况类数据)、外部环境感知数据、车况数据、应用服务类数据。其中基础属性类数据是指车联网信息服务相关主体的基础属性数据,可细分为车辆基础属性数据、车联网移动终端应用软件基础属性数据和车联网服务平台基础属性数据等。

数据的生命周期过程包括数据采集、数据传输、数据存储、数据使用、数据共享、数据销毁及数据备份与恢复。针对数据生命周期的每个阶段都需要进行隐私保护,从而保障智能网联汽车的数据隐私安全。在数据共享的过程中需要对共享方案可行性评估与风险评估,确定制定数据共享风险控制措施。数据销毁除了采用脱敏技术对敏感、隐私数据进行脱敏外,还需要采用技术手段禁止被销毁数据的恢复。数据备份与恢复的过程中采用身份认证等安全认证措施来保证数据的安全和隐私保护。

针对智能网联汽车环境下的大量动态数据共享的隐私保护问题,联邦学习是一个非常值得关注的解决方案。联邦学习的优势是提供了一种具有隐私保护特性的分布式机器学习框架,并且能够以分布式的方式协同大量的参与者针对某个特定机器学习模型进行迭代训练。在联邦学习过程中训练数据仍然保存在参与者本地,这种机制既能实现对各参与者训练数据的共享,又能保护数据隐私价值,整个学习训练过程,没有传输任何原始数据,用来保护数据隐私安全。

联邦学习在保护隐私方面最重要的三大技术分别是:差分隐私(Differential Privacy)、同态加密(Homomorphic Encryption)和隐私保护集合交集(Private Set Intersection)。差分隐私和同态加密技术与保护用户位置隐私的技术相似。

差分隐私是用户数据加密后上传到平台服务器后,平台可以用这些加密后的数据计算出用户群体的相关特征,但无法解析某个个体的信息。通常采用的做法是给数据加入噪声,且加入噪声是有一定要求的,如图2-16所示。假设数据集D,现在加入噪声M等到数据集D',将数据集D中随意拿到一个记录,再加入噪声M得到D'',对D'和D''的数据计算结果要一致的才能达到保护且数据不失真的效果。

同态加密属于密码学领域,同态加密是一种加密形式,它允许人们对密文进行特定形式的代数运算得到仍然是加密的结果,将其解密所得到的结果与对明文进行同样的运算结果一样,从数据的角度如图 2-17 所示。

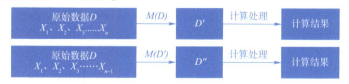

图 2-16　基于差分隐私的数据隐私保护

图 2-17　基于同态加密的数据隐私保护

隐私保护集合交集属于安全多方计算领域的特定应用问题,安全多方计算是解决分布式环境下多个参与者在计算过程中的隐私保护技术之一,保护隐私的集合运算是安全多方计算的一个重要研究分支。隐私保护集合交集允许双方私下加入他们的集合并发现他们共有的标识符,一般使用一个不经意问题的变种协议,它只标记加密的标识符而不学习任何标识符。在数据由不同管理者持有的条件下,通过稳定度指标(Population Stability Index,简称PSI)计算达到保护隐私与信息共享的双赢局面。

联邦学习框架下的隐私保护模型存在的风险包括:恶意参与者上传不正确的模型更新以达到破坏全局模型的目的、信息泄露给不可信的服务器或者其他恶意用户、在不可信的云服务器和恶意参与者的合谋攻击。所以针对智能网联汽车环境,还需要结合多种技术进行数据隐私的保护,才能真正地达到安全性和隐私性的需求。

第3章
智能网联汽车信息安全风险评估技术

信息安全建设目的是控制安全风险,其基本原则必须从实际出发,坚持分级防护、突出重点。风险评估是分级防护和突出重点原则的具体体现。从理论上讲,不存在绝对的安全,实践中也不可能做到绝对安全,风险总是客观存在的,安全是风险与防护成本的综合平衡。盲目追求安全和回避风险是不现实的,也不是分级防护原则所要求的。只有在正确、全面地了解和理解安全风险后,才能决定如何处理安全风险,从而在信息安全的投资、措施的选择、保障体系的建设等问题中作出合理的决策。

3.1 概述

信息安全风险是指人为或自然的威胁利用信息系统及其管理体系中存在的脆弱性导致安全事件的发生(安全属性的损害)及其造成的影响。信息安全风险评估是发现、纠正和预防安全问题的持续过程。依据相关的信息安全技术与管理标准,对被评估的信息对象及其所涉及的信息的安全属性进行综合分析。识别资产面临的潜在威胁,评估威胁利用脆弱性导致安全事件发生的可能性,并结合其资产价值评估安全事件发生后所造成的影响。风险评估作为风险管理流程的一个组成部分,旨在为信息系统提供适当级别的安全性,帮助组织确定可接受的风险水平以及由此产生的每个系统的安全性要求。

3.1.1 信息安全风险的基本要素

在信息安全管理指南(ISO 13335)中给出的风险要素关系模型以风险为"中心",分析资产、威胁、脆弱性等对风险的影响。资产是指对组织具有价值的信息或资源,是安全策略保护的对象。资产能够以多种形式存在,包括有形的或者无形的、硬件或软件、文档或代码,以及服务或形象等诸多表现形式。威胁是指可能对组织或资产造成损害的潜在原因,即威胁有可能导致不期望发生的安全事件发生,从而对组织、系统、资产造成损害。脆弱性是指可能被威胁所利用的资产或若干资产的薄弱环节,如操作系统存在漏洞、对数据库的访问没有访问控制机制等。资产的脆弱性具有隐秘性,有些脆弱性只在一定条件和环境下才能显现。不正确、起不到应有作用的或没有正确实施的安全控制措施本身就可能是一种脆弱性。威胁总是要利用资产的脆弱性来产生危害。

资产具有资产价值,资产价值越大,相应的风险越大;威胁利用脆弱性导致风险,潜在威胁越多,风险也就越大;脆弱性暴露资产,脆弱性越多,风险也越大。通过评估风险来推导相应的安全需求,安全需求通过安全措施来实现,安全措施通过对抗威胁来降低风险,风险要素关系模型如图3-1所示。

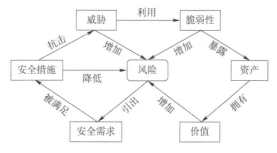

图3-1　ISO 13335 风险要素关系图

3.1.2　信息安全风险评估模型概述

3.1.2.1　CIA 模型

CIA 模型是描述系统安全重要的基础。对特定资产的威胁可能导致资产安全属性的损害,通过 CIA 模型可以推导出与资产、威胁和安全属性相对应的安全需求。CIA 模型以资产为中心,可以根据每个已识别的资产确定威胁和安全属性。每个资产可能与多个威胁关联,每个威胁可能与多个安全属性关联。CIA 模型为我们提供了一个基础,可以在此基础上进行扩展,从而创建一个更详细的威胁模型。

3.1.2.2　STRIDE 模型

STRIDE(Spoofing,Tampering,Repudiation,Information disclosure,Denial of service,Elevation of privilege)模型是微软提出的一种威胁建模方法,将威胁根据攻击的目标和目的进行分类,通过使用这些威胁类别,可以为特定系统创建安全策略,以便对威胁或攻击进行有计划的响应和缓解。STRIDE 模型中将威胁分为仿冒(Spoofing)、篡改(Tampering)、否认(Repudiation)、信息泄露(Information disclosure)、拒绝服务(Denial of service)、提升特权(Elevation of privilege)六个类型。

(1)仿冒:攻击者冒充某人或某事。
(2)篡改:攻击者改变传输过程或是存储的数据,也可以改变功能(通过软件、固件或是硬件实现的功能)。
(3)否认:攻击者执行的操作不能被追溯。
(4)信息泄露:攻击者可以访问传输或存储的数据。
(5)拒绝服务:攻击者中断系统的合法操作。
(6)提升特权:攻击者执行未被授权的行为。

STRIDE 模型是以威胁或攻击者为中心,其优点是将重点从识别每个特定的攻击转移到关注可能攻击的最终结果,通过将威胁与安全属性关联起来,对原始 CIA 模型进行了扩展。

3.1.2.3　CVSS 模型

通用漏洞评分系统(Common Vulnerability Scoring System,简称 CVSS)是针对漏洞的严重程度进行评估的行业公开标准,评价指数包括基本评价、时间评价、环境评价三部分。其中,基本评价表示随着时间和用户环境的变化而保持不变的漏洞特征;时间评价表示漏洞随时间的特征,但不涉及用户环境;环境评价表示与用户特定环境相关的和/或唯一的漏洞特征。基于3个评级指数的测量结果进行统计来计算 CVSS 分值。

3.1.2.4 OWASP 模型

开放式 Web 应用程序安全项目(Open Web Application Security Project,简称 OWASP)模型公式为:风险=可能性×后果,即风险为安全事件发生的可能性与安全事件造成的后果的乘积。判断某个安全漏洞的严重程度包括识别风险、考虑影响可能性的因素、考虑影响后果的因素三个步骤。

(1)识别风险。

风险评估首先需要确定相关的安全威胁、攻击方式、脆弱性和可能产生的后果。可能存在各种攻击方法和后果,一般选取其中最坏的选择,以客观的方式得到最终的风险评级。

(2)可能性因素。

威胁代理:技能水平、动机、机会、规模;

脆弱性:发现的难易程度、利用的难易程度、专业知识、入侵检测。

(3)后果因素。

技术影响:机密性损失、完整性损失、可用性损失、可审核性损失;

商业影响:财产损害、声誉损害、违反法律、隐私侵犯。

3.1.2.5 EVITA 模型

电子安全车辆入侵防护应用(E-Safety Vehicle Intrusion Protected Applications,简称 EVITA)是由欧盟委员会资助的一个项目,始于2008年,起初该项目的参与者都是欧洲的整车厂和汽车电子产业相关的厂商,比如宝马、博世、大陆、ESCRYPT、富士通和英飞凌等。该项目的主要目标是为汽车车载网络设计、验证和原型架构提供参考,依据和参考 ISO/IEC 15408 和 ISO/DIS 26262 相关标准,保护重要电控单元免受篡改,并且也会保护其敏感数据免受损害。EVITA 模型考虑功能安全、财产、操作性及隐私四个方面的安全目标,功能安全是指确保车辆使用者和道路其他人员的人身安全;财产是指防止欺骗性的经济损失和车辆盗窃问题;操作性是指维护车辆功能所期望的操作性能;隐私是指保护车辆使用者、整车厂等在偏好信息、知识产权等方面的私密性。EVITA 模型主要包括威胁识别、威胁分类以及风险分析三个组成部分。

EVITA 综合考虑攻击树中的各个资产攻击的可能性来进行攻击可行性的计算,特定资产的攻击具有相应的攻击可能性,结合攻击目标评估攻击后果的严重性。根据资产攻击的"与"和"或"的关系计算其整体的攻击可能性,并结合攻击的严重性,确定每一个攻击方法的风险等级,此外还引入了可控性因素。

3.1.2.6 HEAVENS 安全模型

修复漏洞以增强软件安全性(HEAling Vulnerabilities to ENhance Software Security and Safety project,简称 HEAVENS)是针对汽车电子电气系统威胁分析和风险评估的方法,同时也提供了完整的评估流程,其目标是提出一种系统方法,以便可以获得汽车电子电气系统的信息安全需求。HEAVENS 安全模型评估流程包括威胁分析、风险评估和安全需求三个步骤,如图3-2所示。

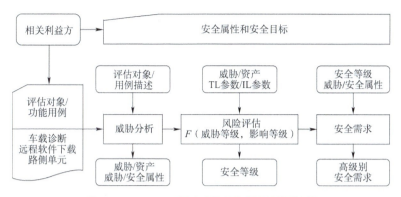

图 3-2　HEAVENS 威胁分析和风险评估流程框架图

（1）威胁分析。

威胁分析是指识别与评估资产相关威胁以及威胁与安全属性的映射，运用微软的 STRIDE 模型对威胁进行分析。在该步骤中需要明确评估对象或功能典型应用场景，并且将这些场景与威胁和安全属性形成对应关系，为后续风险评估阶段做准备。

（2）风险评估。

在基于 STRIDE 模型识别出特定资产和威胁之后，需要对风险进行评估，即对威胁进行排序，导出每个威胁和资产对应的安全等级。安全等级用于衡量安全相关资产满足特定安全级别所需的安全机制强度，通过威胁等级（风险的"可能性"）和影响等级（风险的"影响"程度）两个方面共同确定。威胁等级主要通过四个参数进行分值评估，评估参数包括经验、评估对象的知识、所需设备和机会窗口。影响等级主要是指确保车辆乘客、道路和基础设施等安全的要求，评估参数由功能安全、财产、操作和隐私及法规四部分构成。

（3）安全需求。

对资产、威胁、安全属性和安全等级进行评估的列表，根据列表中的安全等级，确定开发优先级，有可能存在一个资产存在多个威胁，因此这个资产也会有多个安全等级。

3.1.3　信息安全风险评估方法概述

信息安全风险评估是基于一定的技术手段与评估模型，信息安全风险评估方法的选择对评估过程的各个环节甚至是评估结果都会产生一定的影响。因此，在进行信息安全风险评估时应根据评估对象的具体情况，选择一个合适的信息安全风险评估方法。下面对几种比较常见的风险评估方法进行介绍，并总结了这些评估方法的优缺点，见表 3-1。

表 3-1　五种典型风险评估方法的对比

方法名称	优点	缺点
蒙特卡洛模拟法	用概率分布的形式表示结果，可以减少多个因素非线性、波动较大的不确定性，使用面较广，结果较精确	精确度依赖于数据模型的精确性和数据概率分布估计的准确性，未考虑输入因素间的相关性
层次分析法	分析过程具有条理性，需要量化的数据相对较少，能够比较清晰地分析所涉及的影响因素以及因素之间的关系	存在一定程度的主观性，定量数据较少，定性成分多

续上表

方法名称	优 点	缺 点
模糊综合评价法	将定性评价转化为定量评价,便于解决模糊、难以量化等非确定问题	因素集权重确定主观性较强,因素集较大时,会出现超模糊现象
人工神经网络法	计算比较简便,具有较强的容错、自学习等能力,减少了主观性的影响	评估结果很大程度上依赖于网络结构的选择;不能体现单个风险因素的重要程
风险矩阵法	使用简单快捷,综合考虑安全事件发生的可能性和影响后果	一般需要历史评估数据,并且容易存在风险结的问题

3.1.3.1 蒙特卡洛模拟法

蒙特卡洛模拟法,又称随机模拟方法或统计模拟方法,它是以统计抽样理论为基础,利用随机数,经过对随机变量已有数据的统计进行抽样实验或随机模拟,以求得统计量的某个数字特征并将其作为待解决问题的数值解。其基本原理为:假定随机变量 X_1、X_2、X_3……X_n、Y,其中 X_1、X_2、X_3……X_n 的概率分布已知,且 X_1、X_2、X_3……X_n、Y 有函数关系:$Y = F(X_1、X_2、X_3……X_n)$,求得随机变量 Y 的近似分布情况及数字特征。通过抽取符合其概率分布的随机数列 X_1、X_2、X_3……X_n 带入其函数关系式计算获得 Y 的值。当模拟的次数足够多的时候,就可以得到与实际情况相近的函数 Y 的概率分布和数字特征。

在风险评估过程中,在数据模型里表示各个风险评价指标和风险变量,风险变量利用概率分布进行描述,由计算机产生随机数,然后统计随机数在各个风险变量的概率分布,将概率分布值作为风险评价指标值。其基本思路是考虑多种随机因素的影响,利用随机数发生器产生与各输入变量具有相同概率分布的数值,输入仿真计算模型,从而模拟计算出实际中可能发生的种种情况,并由此得出其概率分布。蒙特卡洛模拟法比较全面地反映了客观的随机因素,尽量增加试验次数,可提高模拟的真实性。蒙特卡洛模拟法是对未来情况的情景分析和模拟,其精度与有效性取决于数学模型的精度和各输入量概率分布估计的准确度。

3.1.3.2 层次分析法

层次分析法是由著名运筹学家 Satty 提出,主要包括 3 个步骤:①根据问题和要实现的目标,构造多层次的分析结构模型;②根据各个元素相对重要性进行判断矩阵的构造;③用一定的数学方法(如特征根法)计算各因素的相对权重,并确定对上一层次的影响。

3.1.3.3 模糊综合评价法

模糊综合评价法引用了模糊集的概念,主要包括①明确评价指标,构建评价因素集 U;②根据可能的评估结果构建备选集 V;③构建模糊关系矩阵 R,并进行单因素评价;④给 U 中的指标赋予相应的权重,构建相应的权重集;⑤进行模糊综合评价,并进行归一化处理。

3.1.3.4 人工神经网络法

人工神经网络的第一个数学模型是由心理学家 MeCulloeh W. S. 和数学逻辑学家 Pitts W. 提出来的。在利用人工神经网络进行风险分析时,应根据问题构建合适的神经网络模型,然后选择比较合适的算法进行样本训练,最终将风险因素评估数据输入训练好的模型中进行风险值的计算。

3.1.3.5 风险矩阵法

风险矩阵法针对安全事件发生的概率和影响后果两个因素进行等级评分,将安全事件发生的概率和影响后果估计值进行相乘或其他方式的运算得到风险值,最后依据安全事件的风险值在矩阵中所处的位置进行风险等级确定。

目前已有的大多数信息安全风险评估方法仅对风险的影响后果进行了评价,没有考虑安全事件的发生概率这一因素。风险矩阵法综合考虑了安全事件发生的可能性和影响后果两个因素,由专家依据安全事件发生的可能性和影响后果的严重性划分等级,从而进行较为直观的等级量化。但风险矩阵法中的安全事件发生的可能性和影响后果的严重性的等级划分属于估计值,最终的评估结果不够精准。此外,风险矩阵中的等级数量较少,风险因素较多时将会存在多个风险因素均处于同一风险等级的情况。但从总体来看,风险矩阵法充分考虑了风险发生概率和风险影响后果两个因素,常被应用于定量分析,辅助完成定量分析的过程。从结构划分,风险矩阵可分为 $m \times n$ 矩阵和 n 阶方阵。风险矩阵法一般分为定性分析、半定量分析、定量分析三种。

(1) 定性分析。

定性分析常用"归纳、演绎、分析"等方法来分析事物的特征、发展规律;定性分析的过程与结论常用文字来表达,如"好""很好""差""一般""轻微""严重""灾难""不可能""可能""很可能"等。

(2) 半定量分析。

半定量分析是把定性分析数据化,用数据来表示,但半定量分析中没有准确的数值,因此,不能像定量分析那样精确。

(3) 定量分析。

定量分析是对事物"量"的方面进行分析与研究。定性分析是进行定量分析的基本前提,没有定性研究作为基础就采用定量研究,可能很难找到研究的重点。风险矩阵法的定量分析包括无量纲定量准则和有量纲定量准则两个方面,以后果准则为例如下:

① 无量纲定量后果准则。无量纲定量后果准则虽然与半定量后果准则类似,但是在半定量后果准则中,各后果等级只能用自然数来表示,不能出现小数。半定量风险准则在风险矩阵图中对应矩阵的单元格(Cell),并按矩阵的单元格进行阶梯式跳跃,而不能连续、平滑地变化。

在无量纲后果准则中,数据是连续的,在确定区间内可以对应坐标图中的任何一个点,而不是一个单元格。如果用风险矩阵表示,其单元格只表示纯数学坐标网格,不再表示风险等级。无量纲定量后果准则没有阶梯状分级,而是把风险后果的影响程度界定在 0 和某个正整数 N 之间(如 $N=5$、6、8),有无数个连续的等级,可称之为"无级变速"准则。

② 有量纲定量后果准则。有量纲的定量后果准则对应有量纲的风险后果,且该量纲与风险后果的形态一致,如财产损失或收益可用货币金额来表示,工程进度可用天数、周数来表示,生命安全可用人数来表示。

3.2 信息安全风险评估模型

根据前文描述,智能网联汽车信息安全风险评估模型包含资产识别、威胁场景识别、脆弱性分析、攻击路径分析、影响评估、攻击可行性评估、风险评估等 7 个模块,如图 3-3 所示。

从识别资产和通过损害场景分析这些资产的威胁开始,确定相关威胁场景对道路使用者(或其他利益相关方)的影响,然后进行脆弱性分析,并通过分析潜在的攻击路径来确定相关的攻击可行性。智能网联汽车信息安全风险定义为相关损害场景的影响等级与特定攻击路径的攻击可行性等级的函数,智能网联汽车信息安全风险评估结果可以用于指导选择适当的安全防护策略。

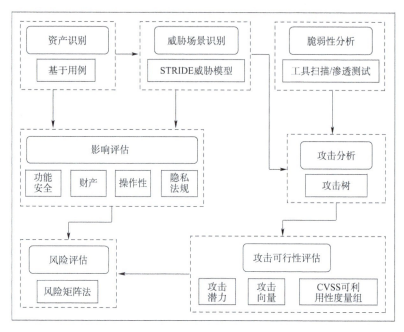

图 3-3　智能网联信息安全风险评估模型

3.2.1　资产识别

资产是具有价值的信息或资源,威胁、脆弱性以及风险等都是针对资产而存在的。已有的资产识别方法一般是采用基于资产表现形式的分类方法,该分类方法具有较强的逻辑性,但实际操作中资产过多过细,且某些资产之间存在较大的依存关系,资产在某些安全属性上将会存在一定的重叠,严重影响评估结果的准确度。

智能网联汽车网络架构复杂,内部包含数量众多的 ECU,融合了现代通信与网络技术,资产之间联系十分紧密。在智能网联汽车进行信息安全风险评估时,应采用更系统更完善的方式进行资产识别。智能网联汽车资产类别及数量较多、相互之间依存关系较大,可以在动力系统、信息娱乐系统等子系统划分的基础上,基于功能用例进行资产识别。需要根据功能用例的描述进行数据流图的创建,包含实体、进程(处理过程)、数据流、数据存储、信任边界等元素。数据流图也称为数据流程图(Date Flow Diagram,简称 DFD)是一种便于用户理解和分析系统数据流程的图形工具,是数据流、数据存储区和数据源与目标之间关系的图形化表示,见表 3-2。

以 OBD 诊断为例构建数据流图,包括 OBD 诊断进程、受影响 ECU 实体、数据流、数据存储等元素,如图 3-4 所示。

数据流图元素 表3-2

元 素	数据流图元素类型	描 述	备 注
 ○	过程/进程	一个过程执行一个单一任务时的逻辑表示,也可以使用圆角矩形来表示进程	信息处理单元,可以是任何软硬件模块。复杂过程可以被拆分更为细粒度的数据流图
 ◎	复杂过程/进程	一个过程在进行多个不同操作时的逻辑表示,如一次服务或者 Deamon、一次 Assembly、一个调用动态链接库的可执行文件	
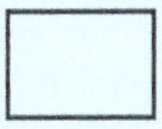 □	交互方(外部实体)	推动应用但却无法控制的某人或事物。例如系统用户、实体、异步事件和外部过程	人、设备或在评估对象控制范围外的代码或系统
═	数据存储	如文件和数据库类的永久数据存储,也可能包含缓冲信息	—
→	数据流	数据在系统中的移动,如网络通信、共享内存以及函数调用等	过程间或过程与外部实体、数据存储之间的交互
----	特权边界(信任边界)	威胁建模过程中,特权边界界定了数据从低信任区域向高信任区域移动,反之亦然。如机器间的边界、过程边界以及内核态与用户态应用二者之间的分界线	安全边界是封闭的,只有数据流可以跨越安全边界

智能网联汽车电气系统所实现的电气功能可以划分为不同的级别,单个电气零件实现零件级电气功能,两个以上的零件级电气功能互相协作可以实现子系统级电气功能或整车级电气功能。用例描述一般基于子系统级电气功能或整车级电气功能,基于识别出的特定用例绘制数据流图进行资产识别。基于子系统划分和用例的资产识别方法,既可以降低智能网联汽车评估的复杂性,同时又可以体现出特定系统资产之间的关联属性。

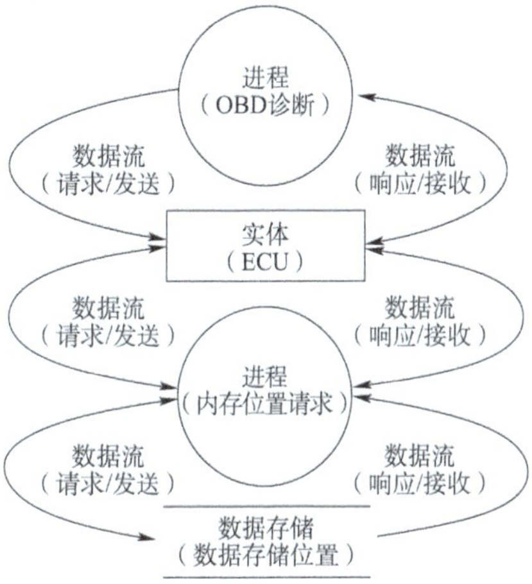

图3-4 功能用例(OBD 诊断)数据流图

3.2.2 威胁场景识别

威胁是指可能导致系统损害或不希望事故的潜在起因,威胁是客观存在的,任何信息系统都存在一定的威胁。威胁建模主要包括三种方式:以资产为中心、以攻击为中心、以威胁为中心。每个资产可能与多个威胁关联,每个威胁可能与多个安全属性关联,集中讨论资产并不能促进威胁建模过程。其次,攻击是动态、实际发生的,智能网联汽车可能面临的攻击和攻击技术存在多样性。因此,本节采用以威胁为中心的 STRIDE 模型进行威胁分析,从攻击者试图实现的目标的角度来考虑威胁,将重点从识别每个特定的攻击转移到关注可能攻击的最终结果，而不是考虑特定攻击和攻击技术的无穷无尽的变化。此外，根据欧洲等地区围绕智能网联汽车信息安全开展的 EVITA 等项目的研究成果来看，STRIDE 模型中的假冒、篡改、信息泄露等通用威胁涵盖了 EVITA 和 PRESERVE 项目中提出的与汽车不同资产相关的大量具体威胁，见表 3-3。

EVITA 和 PRESERVE 中的具体威胁与 STRIDE 威胁的对应关系　　表 3-3

STRIDE 威胁	EVITA 和 PRESERVE 威胁示例
仿冒	虚假消息
篡改	损坏的数据或代码、恶意软件闪存、改变、注入、操纵、配置更改
否认	重放、虚假消息、消息传输和接收的否认
信息泄露	监听、拦截、窃取、非法收购
拒绝服务	禁用、拒绝服务、干扰
特权提升	非法收购（钥匙、证书、后端数据库）、获得根访问

针对每一项资产从仿冒、篡改、否认、信息泄露、拒绝服务和提升特权 6 个方面考虑可能的信息安全威胁，并与资产受到影响的安全属性相对应，见表 3-4，以便进一步评估针对特定资产的影响等级。

STRIDE 威胁与安全属性的对应关系　　表 3-4

威　　胁	含　　义	安全属性
仿冒	攻击者冒充某人或某事	真实性
篡改	攻击者改变传输过程或是存储的数据，也可以改变功能	完整性
否认	攻击者执行的操作不能被追溯	不可否认性
信息泄露	攻击者可以访问传输或存储的数据	机密性/隐私
拒绝服务	攻击者中断系统的合法操作	可用性
权限提升	攻击者执行未被授权的行为	授权

微软提出的 STRIDE 威胁建模过程包括资产识别、创建架构概述、分解应用程序、威胁识别、记录威胁以及评估威胁 6 个步骤。在分析特定功能用例过程中，由于整个智能网联汽车车载系统建立威胁模型任务太多，并且所分析的用例是基于高级别上的通用功能，因此，在进行威胁分析的过程中省略了微软威胁建模的架构概述以及分解应用程序的步骤，且 STRIDE 威胁建模中的资产识别在前面已经完成，因此，进行威胁分析时只需要利用 STRIDE 模型针对前面已经识别出的资产进行威胁枚举，并且评估威胁这一步骤将在后续的攻击可行性评估中进行体现。

在智能网联汽车信息安全风险评估工作中，需全面、准确地了解信息系统所面临的各种威胁，系统地识别被分析资产安全属性的威胁场景（如动力系统 ECU 的 CAN 消息欺骗导致的 CAN 消息的完整性的损失，导致无法控制车辆的加速度、乘客安全损害，造成车辆用户身体上的伤害），为后续信息安全风险评估阶段做准备。

3.2.3　影响评估

影响是针对利益相关方而言的（如道路使用者），如果损害场景真实发生，可能会遭受人身伤害、隐私侵犯等损失;其他利益相关方,如企业也可能在声誉、财务、知识产权等方面遭受损失。影响评估是指评估资产的安全属性受到损害(相关损害场景)而造成的损害或人身损害的程度。

影响评估参数主要由功能安全(Safety)、财产损失(Financial)、操作(Operation)、隐私(Privacy)/法规四部分(S、F、O、P)构成。影响评估相对比较复杂,既涉及功能安全,又涉及信息安全隐私,甚至还需要和法规有关系,因此,该部分参考的标准较多,除了 ISO 26262 外,还会参考英国标准协会(British Standards Institution,简称 BSI)的相关标准。

影响因素包括功能安全、财产、操作、隐私及法律四个类别。其中,功能安全借鉴 ISO 26262-3 概念阶段中危害分析和风险评估(Hazard Analysis and Risk Assessment,简称 HARA)的评估参数,即严重性。财产类别考虑所有直接或间接的财务损失或损害,直接的经济损失可能包括产品责任问题(如处罚和召回)、产品特性(如由于非法激活可销售特性而造成的业务损失)等;间接的经济损失可能包括原始设备生产商(Original Equipment Manufacturer,简称 OEM)声誉受损、知识产权侵权等。此外,功能安全问题也可能会造成经济损失。例如,整车厂因各种功能安全问题的汽车召回事件,对每一家整车厂都产生了财产影响。财产损失是 OEM 的直接和间接成本之和,其根本原因可能来自于任何利益相关者。操作类别包括不希望和非预期事件造成的操作损害,例如舒适/娱乐(如 CD 播放器、空调)等功能的丧失,在某些情况下,操作损害可能会造成功能安全和财产损失。例如,以丧失与安全有关的主要车辆功能为形式的操作损害可能影响乘客和道路使用者的安全。因此,就功能安全和财产类别而言,操作类别对总体的影响相对较低。隐私及法律类别包括因侵犯利益相关者的隐私(例如车队所有者、车主、驾驶人)及/或违反法律、法规(例如环保、驾驶)而造成的损害。因为隐私可以通过法律来强制执行,而且存在与隐私无关的法律,可以将隐私和法律合并为一个参数。通常,这种损害不具有直接的功能安全、财产和操作方面的影响。但在某些情况下,侵犯隐私和违反法律可能会给相关利益者带来财产损失(例如罚款、失去进入某些市场的机会)和操作损害,隐私和法律类别影响相较于功能安全和财务类别相对较低。

因此,需要为不同的影响参数分配不同的权重,功能安全和财产参数的影响可能会给相关利益者带来最严重的后果(如车辆使用者可能无法生存,企业可能破产),在评估总体影响水平时,功能安全和财产参数具有相同的权重,操作、隐私及法律参数对整体的影响相对较低,将相应因素减少一个量级。功能安全(S)评估借鉴 ISO 26262 中"严重性"的内容,等级划分见表 3-5。

功能安全(S)等级   表 3-5

功能安全等级描述	影响	分值
无伤害	无影响	0
轻度及中度伤害	低	10
严重或威胁生命的伤害(可能生还)	中	100
威胁生命的伤害(不确定是否生还),致命的伤害	高	1000

财务损失主要指相关利益方,比如车辆的拥有者、整车厂的财产损失,财产损失评估借鉴 BSI-100-4 中的内容,财产等级划分见表 3-6。

财产(F)等级   表3-6

财产等级		BSI标准
影响	分值	损失分类
无影响	0	低
低	10	中
中	100	高
高	1000	非常高

操作性主要是通过车辆缺陷程度对其进行评估,可以借鉴功能安全中的失效模式与效应分析(Failure Mode and Effects Analysis,简称FMEA)方法来实现,操作性等级划分见表3-7。

操作性(O)等级   表3-7

操作性等级		FMEA	
影响	分值	严重等级	影响程度描述
无影响	0	1	无影响
低	1	2	轻微损坏
		3	
中	10	4	中度损坏
		5	
		6	
		7	中度损坏
高	100	8	致命损坏
		9	
		10	未满足功能安全要求或法规

隐私是指针对车主、车辆运营方和驾驶人等的不公开的信息;法规指车主、车辆运营方和驾驶人等因为驾驶违背了相关法律法规,比如环境和交通法规等。隐私和法规的等级划分见表3-8,该部分评估内容主要与BSI中的"隐私影响评估指南"保持一致。

隐私和法规(P)等级   表3-8

影响	分值	影响	分值
无影响	0	中	10
低	1	高	100

经过上面的功能安全、财产、操作性和隐私及法规四个影响参数的评估,可以计算资产相应损害场景的影响等级,见表3-9。具体公式如下:

$$l_i = S_i + F_i + O_i + P_i \tag{3-1}$$

式中:I_i——某一资产损害场景i的影响参数分值总和;

S_i——某一资产损害场景i的功能安全分值;

F_i——某一资产损害场景i的财产损失分值;

O_i——某一资产损害场景 i 的操作损害分值;

P_i——某一资产损害场景 i 的隐私及法规损害分值。

影 响 等 级 I   表3-9

影响参数总和	影响等级I	I 分 值
0	没影响	0
1~19	低	1
20~99	中	2
100~999	高	3
≥1000	严重	4

3.2.4 脆弱性分析

脆弱性是资产自身存在的,若未被潜在威胁利用,脆弱性本身不会对资产造成任何损害;如果系统足够健壮,威胁也难以利用资产的脆弱性造成损害。因此,一般通过尽可能消减资产的脆弱性,来阻止或消减威胁造成的影响,脆弱性分析是信息安全风险评估最重要的一个环节。

脆弱性分析是检查分析目标中的缺陷或弱点,并评估是否可以利用某个特定的缺陷或弱点发起攻击的活动。弱点可能是分析目标固有的,也可能是分析目标设计和开发过程中人为错误造成的。如缓冲区溢出可能是底层架构的固有性质(程序设计缺陷),也可能是不同层次的软件设计和代码编写中的人为错误,例如缺少需求或规范;架构和设计的弱点和缺陷。

在实施智能网联汽车信息安全风险评估时,可以用于脆弱性分析的方式主要包括工具扫描、安全审计、策略分析等。另外,渗透测试可以描述各个脆弱性之间的联系以及威胁利用脆弱性后产生的影响范围和损害程度。

3.2.5 攻击路径分析

攻击路径分析是识别和连接潜在攻击路径到威胁场景的过程,攻击路径是评估攻击可行性的基础。攻击路径分析方法包括攻击树、攻击图、基于分类法助记符的方法等。在产品开发的早期阶段,攻击路径通常是不完整的或不精确的,因为具体的实现还没有足够的细节来识别特定的脆弱性。在生命周期中,当更多的信息可用时,可以使用额外的细节更新攻击路径。攻击路径描述示例如下。

(1)威胁场景。

对制动 ECU 发送的 CAN 报文进行欺骗,导致车辆无法控制任意制动,导致乘客安全损失,对车辆使用者造成人身伤害。

(2)攻击路径。

利用远程处理 ECU 中连接到 Internet 和车辆 CAN 的远程代码执行漏洞注入代码,发送任意恶意 CAN 消息。CAN 消息未经身份验证,使攻击者能够通过 CAN 总线发送制动命令。

结合STRIDE威胁建模及脆弱性分析过程,运用攻击树进行攻击路径的构建。攻击树采用树型结构对系统的攻击行为进行描述,根节点表示攻击者想要实现的攻击目标,叶节点表示攻击者可能采取的各种攻击方式,中间节点表示攻击目标实现过程中必须要完成的一些中间步骤。攻击树的每一条分支为实现攻击目标的一次完整的攻击过程,即攻击路径,攻击树结构如图3-5所示。

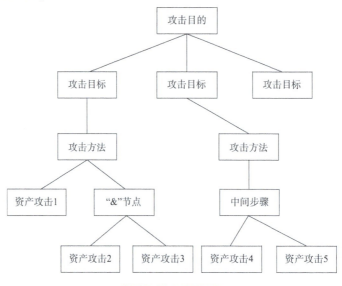

图3-5 攻击树示意图

3.2.6 攻击可行性评估

攻击可行性评估是指评估已识别的攻击路径是否容易被利用,能够在攻击可行性评估期间处理不同抽象级别的信息。每条攻击路径都应确定攻击可行性等级,本节采用的评估方法主要包括基于攻击潜力的方法、基于攻击向量的方法以及基于CVSS可利用性度量组的方法。

3.2.6.1 基于攻击潜力的方法

根据攻击路径可被利用的难易程度(攻击潜力)对攻击路径的可行性进行评估,包括攻击潜力的经验(专业知识)、评估对象的知识、所需设备和机会窗口四个参数的确定,见表3-10。

攻击潜力因素等级 P 表3-10

攻击潜力因素	参　　数	分值	描　　述
经验/专业知识（Expertise）	外行	0	相较于专家和熟手,不具备关于评估对象的特别的专业知识
	精通/熟手	1	对信息安全领域有一定了解并且是从业者
	专家	2	熟悉底层算法、协议、硬件、架构、安全行为,并且可以定义并开发新的攻击技术和工具
	多领域专家/专家团队	3	需要不同的专业领域来进行不同的攻击步骤

续上表

攻击潜力因素	参 数	分值	描 述
评估对象的知识 （Knowledge about target of evaluation）	公开的	0	通过互联网、书店以及不需要非公开协议的共享信息所获得的知识
	受限的	1	由开发者组织所控制的及与其他组织共享的知识
	敏感的	2	例如在开发部门内某几个团队之间共享的知识，并且对其的访问仅限于指定团队成员
	重要/关键的	3	仅被少数个体所知道的知识，对这些知识的访问受到严格控制并需要承担个体责任
所需设备 （Equipment）	标准	0	该设备可以是评估对象本身的一部分或可容易获得
	特殊	1	例如购买一些专用设备或编写攻击脚本或程序，比较容易获得
	定制	2	设备不容易为公众所用，因为它可能需要专门的生产，或者因为设备非常专业以至于其受控销售，其价格非常贵
	多种定制	3	使用不同的定制设备实现不同的攻击步骤
机会窗口 （Window of Opportunity）	非常高/关键	0	通过公共网络可实现访问和攻击，且不受任何限制
	高	1	可实现远程访问和攻击（评估对象可被利用的机会大但时间有限）
	中	2	在不使用特殊工具的情况下，很难对评估对象进行物理接触式的访问和攻击
	低	3	评估对象非常难以拆卸，也无法通过物理接触式的方式实现对评估对象的攻击

通过使用这些参数对评估对象的攻击潜力进行评估，然后针对参数值进行求和，并进行等级划分。采用无、低、中、高和极高五个等级，同时得出攻击可行性的具体分值，见表3-11。

基于攻击潜力的攻击可行性等级　　　　　　　　　　　表3-11

攻击潜力参数的取值范围	攻击可行性等级	攻击可行性值
>9	无	0
7～9	低	1
4～6	中	2
2～3	高	3
0～1	极高	4

3.2.6.2　基于攻击向量的方法

在产品开发的早期阶段，当没有足够的详细信息来确定特定的攻击路径时，可以定性地估计攻击的可行性，这个度量反映了攻击路径利用的上下文。攻击者为了利用攻击路径所处的位置越远（逻辑上和物理上），攻击的可行性等级就越高，即可以使用互联网利用漏洞的潜在攻击者的数量大于可以利用需要物理访问该项目的攻击路径的潜在攻击者的数量,见表 3-12。

基于攻击向量的攻击可行性等级 表 3-12

攻击可行性等级	攻击可行性值	依 据 标 准
低	1	物理:威胁代理需要物理访问来实现攻击路径
中	2	本地:潜在的攻击路径不绑定到网络堆栈,而威胁代理需要直接访问项目来实现攻击路径,例如 USB 大容量存储设备、SD 卡
高	3	邻近网络:潜在的攻击路径被绑定到网络堆栈,但是连接在物理或逻辑上受到限制,如蓝牙、VPN 连接
极高	4	远程网络:潜在的攻击路径被绑定到网络堆栈,没有任何限制,潜在的攻击面是蜂窝网络连接

3.2.6.3 基于 CVSS 可利用性度量组的方法

基于 CVSS 的攻击可行性方法应该基于基本度量的可利用性度量组来确定,包括攻击向量、攻击复杂性、所需的特权和用户交互。在 CVSS 基本度量组中,CVSS 中的可利用性度量可用于评估威胁和攻击的可行性,CVSS 指标的评估根据预先定义的范围为每个指标生成数值。

根据 CVSS 可利用性分值将攻击可行性分为低、中、高、极高 4 个等级。可利用性度量指标包括:攻击向量、攻击复杂度、特权要求、用户交互,可利用性值计算公式:

$$8.22 \times [攻击向量] \times [攻击复杂度] \times [特权要求] \times [用户交互] \quad (3-2)$$

其中,攻击向量取值范围:0.2~0.85;攻击复杂度取值范围:0.44~0.77;特权要求取值范围:0.27~0.85;用户交互取值范围:0.62~0.85。CVSS 可利用性值到攻击可行性的定性映射见表 3-13。

基于 CVSS 的攻击可行性等级 表 3-13

可利用性值	攻击可行性值等级	攻击可行性值
0.12~1.05	低	1
1.06~1.99	中	2
2.00~2.95	高	3
2.96~3.89	极高	4

3.2.7 风险评估

智能网联汽车信息安全风险水平定义为相关损害场景的影响等级以及相应的攻击路径的攻击可行性等级的函数,其函数关系为:

$$R = F(I, P) \quad (3-3)$$

式中,函数 F 采用矩阵形式表示,I 表示为影响等级,P 表示攻击可行性等级,以要素 $I(I_1, I_2, \cdots, I_m)$ 和要素 $P(P_1, P_2, \cdots, P_n)$ 的取值构建一个 $m \times n$ 阶阵,行列交叉处的 R 值即为风险的计算结果。矩阵内的风险计算需要根据实际情况确定,R可以为数学解析式,不需要遵循统一的数学公式,也可以是R根据与I,P之间的变化关系确定的逻辑值,但是R值必须具有统一的增减趋势。

汽车信息安全风险的影响等级和攻击可行性等级划分为"低""中""高""极高"(1,2,3,4)四个级别。基于汽车信息安全领域威胁分析与风险评估实践经验,构建汽车信息安全风险矩阵。根据前面的影响评估和攻击可行性评估,确定风险等级,这里采用业内的通用标准,采用5级制,如图3-6所示。

风险值		攻击可行性			
		低	中	高	极高
影响	低	1	1	1	1
	中	1	2	2	3
	高	1	2	3	4
	极高	1	3	4	5

图3-6 汽车信息安全风险评估矩阵

智能网联汽车信息安全风险评估流程与传统的信息安全风险评估流程大体一致。在评估流程设计过程中需要考虑智能网联信息安全的特性,下一节对智能网联汽车信息安全风险评估准备和信息安全风险评估的具体活动中的实施过程进行了细化。

3.3 信息安全风险评估应用

智能网联汽车车载端信息安全风险评估流程与传统的信息安全风险评估流程大体一致,除此之外,在评估流程设计过程中考虑了车载端信息安全的特性,对车载端信息安全风险评估准备和车载端信息安全风险评估的具体活动中的实施过程进行了细化,如图3-7所示。

3.3.1 信息安全风险评估准备

风险评估准备是整个风险评估过程有效性的保证。由于风险评估受到组织的业务战略、安全需求、系统规模和结构等方面的影响。因此,在风险评估实施前,应充分做好评估前的各项准备工作。确定评估目标、评估范围、组建评估团队等。

风险评估实施团队应由被评估组织、评估机构等共同组建风险评估小组;由被评估组织领导,相关部门负责人以及评估机构相关人员成立风险评估领导小组;聘请相关专业的技术专家和技术骨干组成专家组。风险评估小组应完成评估前的表格、文档、检测工具等各项准备工作;进行风险评估技术培训和保密教育;制定风险评估过程管理相关规定;编制应急预案等。双方应签署保密协议,适情签署个人保密协议。

除了确定评估的目标、范围、团队等前期准备之外,还需要进行工作场景及功能识别、系统用例架构图构建、使用的技术识别、评估对象范围定义等具体的风险评估准备。智能网联汽车信息安全风险评估准备活动见表3-14。

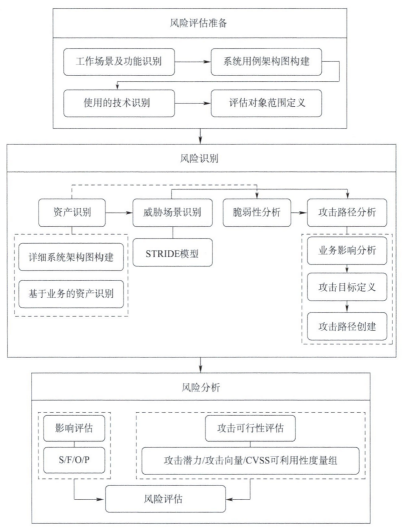

图 3-7　汽车信息安全风险评估流程

表 3-14　智能网联汽车信息安全风险评估准备活动说明

活 动	说 明
工作场景及功能识别	分析系统的功能以及系统功能对资产的访问途径
系统用例架构图创建	创建顶层架构图,描述系统的功能组成、交互对象等
使用的技术识别	识别硬件、软件、数据的存储以及通信协议等技术
评估对象范围定义	根据评估对象的应用程序边界(数据、协议等)、网络拓扑、服务接口等进行范围界定

3.3.2　信息安全风险评估活动

智能网联汽车信息安全风险评估活动主要分为风险识别和风险分析两部分,包括资产识别、威胁场景分析、影响评估、脆弱性分析、攻击路径分析、攻击可行性分析以及风险评估等 7 个模块,每个模块的详细活动说明见表 3-15。

智能网联汽车信息安全风险评估活动详细说明　　　表3-15

活　动	步　骤	说　明
资产识别	详细系统架构图的创建	基于用例分析明确系统业务功能模块;数据的输入/输出和交互;功能性需求,如:通信、数据存储等
	基于业务(用例)的资产识别	在详细系统架构的基础上,绘制数据流图包括功能组件和数据流等;识别的资产包括 ECU 内、ECU 间、ECU 和通信设备间、数据链路等
威胁场景识别	STRIDE 模型	应用 STRIDE 威胁模型分析数据流图中的潜在威胁
影响评估	S/F/O/P	影响等级包括4个因素:功能安全(S)、财产(F)、可操作性(O)、隐私和法规(P)
脆弱性分析	脆弱性分析	运用工具扫描、渗透测试等方式检查系统的开发设计和实现是否存在脆弱性
攻击路径分析	业务影响分析	分析攻击可能对当前业务的功能安全、财产、可操作性、隐私和法规等方面的影响
	攻击目标定义	攻击目标可以定义为"[攻击者]希望对[攻击对象]的[被攻击资产]造成损害"
	攻击路径创建	根节点为攻击目标(攻击者希望实现的攻击结果),叶节点为实现攻击目标的方法。根据攻击目标确定根节点,分析"与"或者"或"的关系,创建可以实现根节点目标的叶节点
攻击可行性评估	攻击潜力/攻击向量/CVSS可利用性度量组	攻击潜力包括4个因素:专业知识、评估对象的知识、所需设备、机会窗口(或采用攻击向量、CVSS 可利用性度量组等方法)
风险评估	风险矩阵法	综合考虑影响等级和攻击可行性等级,确定风险等级

在完成智能网联汽车信息安全风险评估活动后,可以根据评估的结果确定风险处置方案,参考 ISO/IEC 27000 系列,从流程、方针、设备、练习、控制优先级等方面来描述风险控制策略与措施;从法律法规、组织规定等方面评审控制方案的有效性和合规性。处置风险的选择可能包括:

(1)回避风险,通过消除风险来源避免风险,决定停止或继续引起风险的活动。
(2)减少风险,通过采取相应的安全防护措施降低或缓解风险。
(3)转移风险,例如通过合约、购买保险等方式。
(4)接受风险。

除了前面的智能网联汽车信息安全风险评估的模型、方法、实施流程,本节结合 ISO/IEC 21434 给出了汽车信息安全风险评估实施过程中具体的输入与输出内容,以指导风险评估活动的实施,见表3-16。

信息安全风险评估活动 I/O 清单　　　　　　　　　表 3-16

风险评估步骤	输入		输出
	前提条件	支持信息	
资产识别	相关项定义和有关操作环境信息	—	数据流图 识别的资产 安全属性 损害场景
威胁场景识别	相关项定义和有关操作环境信息	系统架构和设计 资产识别的输出	威胁场景
影响评估	相关项定义和有关操作环境信息 识别的资产、信息安全属性和损害场景	系统架构	影响等级报告,包括相关的影响类别和损害场景的等级
脆弱性分析	分析的目标(项目、系统、软硬件模块或进程) 架构设计 威胁场景 开发阶段的脆弱性分析,还应提供以下信息: 软件架构设计验证报告 软件信息安全需求	来自公共资源的已知漏洞:CVE、CWE、SANS 等 漏洞扫描工具的报告 未发布的脆弱性列表和漏洞披露程序 来自过去脆弱性分析的知识 信息安全事件记录和信息安全信息	脆弱性分析报告
攻击分析	相关项定义 威胁场景	来自公共源适用的脆弱性类别(CWEs) 系统架构和设计 先前识别的攻击路径	识别的攻击路径
攻击可行性分析	攻击路径 威胁场景	系统架构和设计 脆弱性分析报告	相应攻击路径的攻击可行性
风险确定	影响评级报告 攻击可行性报告	—	风险等级

3.3.3　信息安全风险评估实例

信息安全风险评估首先进行工作场景及功能识别、系统用例架构图创建、使用的技术识别、评估对象范围定义等信息安全风险评估准备活动,确定车载端的功能特性及相应的拓扑架构等信息。评估车型的拓扑架构,网关(Gateway,简称 GW)上连接 10 路 CAN,包括车身、底盘、动力、ADAS、IVI 系统、信息娱乐 CAN 等,车身、底盘等子系统中包含不同数量、不同特性的 ECU(因涉及具体车型,未标注全部 ECU 模块信息)。车载端信息安全风险评估实施过程中,在完成信息安全风险评估准备后,基于功能用例进行资产识别以及开展后续的信息安全风险评估活动,包括风险识别和风险分析两部分。

先明确用于实现应用场景中系统业务的功能模块,以 IVI 系统上的通风功能为例,通过 IVI 系统上的虚拟按键实现车窗控制功能的路径如图 3-8 所示,触摸屏幕(Display)上的通风功能虚拟按键,控制 IVI 系统发送通风指令 CAN 报文,经由 GW 转发到 BCM_F 车身控制模块,进而控制车窗的开启。根据数据的输入/输出和交互以及功能性需求构建 IVI 系统通风功能的数据流图,如图 3-9 所示。

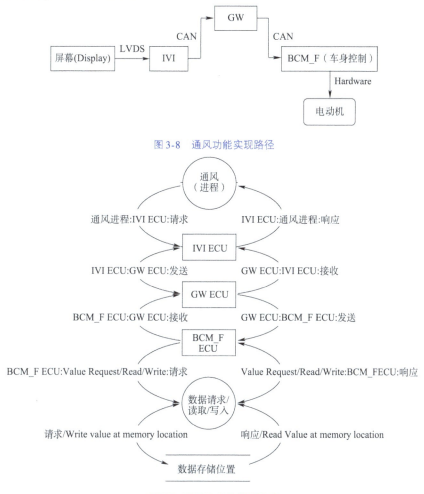

图 3-8 通风功能实现路径

图 3-9 通风功能数据流程图

基于已构建的数据流图进行 STRIDE 威胁分析,威胁分析结果如图 3-10 所示,然后对数据流图中可能的威胁进行威胁场景识别。

在进行脆弱性分析过程中,通过安全测试、渗透测试等方式识别出通风功能用例中的端口暴露、未配置访问控制策略等脆弱性,基于前面资产识别、威胁场景识别以及脆弱性分析的结果,利用攻击树进行攻击路径的构建。以实现 IVI 系统仿冒威胁为例,进行业务影响分析以及攻击目标定义,完成攻击路径的创建,如图 3-11 所示。

由上述评估结果可以看出,IVI 系统和网关的风险等级相对较高,也符合目前汽车信息安全领域针对 IVI 系统和网关的渗透测试和安全防护的研究投入。针对前面章节提到的车载端信息安全风险评估矩阵存在的风险结问题,应用 Borda 序值法按照重要性进行风险等级排序,计算每项风险的 Borda 序值数,见表 3-17。

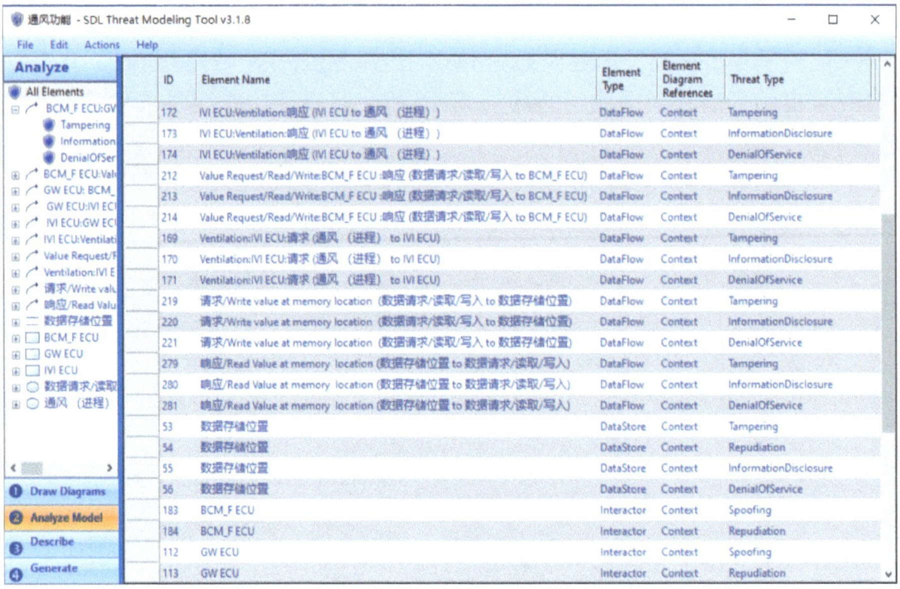

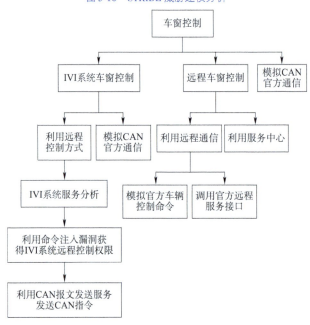

图 3-10 STRIDE 威胁建模分析

图 3-11 车窗控制攻击树

14 个风险的 Borda 序数值 表 3-17

风险	1	2	3	4	5	6	7	8	9	10	11	12	13	14
序号	R1	R2	R3	R4	R5	R6	R7	R8	R9	R10	R11	R12	R13	R14
Borda 序数	1	0	1	5	1	13	10	12	5	1	5	11	5	5

14个风险的重要排序(从高到低)为 R2、R1、R3、R5、R10、R4、R9、R11、R13、R14、R7、R12、R8、R6,原来14个风险有三个风险带(1,2,3),现在有7个 Borda 序数(0,1,5,10,11,12,13),显然对风险等级进行了细化。

针对 STRIDE 威胁类型中仿冒、篡改、否认、信息泄露、拒绝服务、权限提升6个方面的威胁,提出了一些可能的防护策略,见表3-18。

每项资产的风险防护策略建议　　　　　　　　表3-18

序号	资　产	威　胁	安全属性	防护策略
1	通风(进程)	仿冒	真实性	身份管理
		篡改	完整性	完整性校验
		信息泄露	机密性	敏感信息保护
		拒绝服务	可用性	防止程序反调试
		提升特权	授权	授权最小化
2	通风(进程):IVI ECU:请求	信息泄露	机密性	敏感信息保护
3	IVI ECU	仿冒	真实性	身份管理/认证
		否认	不可否认性	安全管理/安全审计
4	IVI ECU:通风(进程):响应	信息泄露	机密性	敏感信息保护
5	IVI ECU:GW ECU:发送	信息泄露	机密性	身份认证 敏感信息保护
		拒绝服务	可用性	防DOS攻击
6	GW ECU	仿冒	真实性	身份管理/认证
		仿冒	真实性	身份管理/认证
		否认	不可否认性	安全管理/安全审计
7	GW ECU:IVI ECU:接收	信息泄露	机密性	身份认证 敏感信息保护
		拒绝服务	可用性	防DOS攻击
8	GW ECU:BCM_F ECU:发送	信息泄露	机密性	身份认证 敏感信息保护
		拒绝服务	可用性	防DOS攻击
9	BCM_F ECU	仿冒	真实性	身份管理
10	BCM_F ECU:GW ECU:接收	信息泄露	机密性	身份认证 敏感信息保护
		拒绝服务	可用性	防DOS攻击
11	数据存储位置	篡改	完整性	访问控制
		否认	不可否认性	安全审计

第4章
漏洞探测与渗透测试技术

随着信息安全升级为国家重要战略以及智能网联汽车的加速发展,智能网联汽车信息安全逐渐成为汽车领域关注的焦点问题。国内外智能网联汽车信息安全攻击事件层出不穷,揭露了当前汽车信息安全防护的脆弱性,如何提高智能网联汽车的信息安全防护是目前亟待解决的问题。传统网络安全领域中攻击和防护技术是同步发展的,网络安全渗透测试就是利用一些典型的攻击方法检测系统安全性,历史中很多新型的防护方法也源于新出现的攻击技术,研究现有攻击方法对于保障汽车信息安全具有重大意义。因此,本章基于现有攻击方法实例提炼出攻击原理和方法,分析攻击方法中的起点、中间节点、节点作用三个通用要素,整合成车载端通用渗透路径并研究渗透测试关键技术的实现原理、可实现的效果、适用范围、关键工具的优缺点和使用方法。

4.1 攻击方法通用要素

对车载端信息安全攻击实例的研究可以深入了解攻击者的入侵思路,是设计通用车载端渗透测试方法的前期必要工作环节。所有实例的攻击方法均包含攻击起始点、攻占节点对象、节点攻占作用等三种要素,所以有必要对这三种要素逐一分析。

4.1.1 攻击起始点

攻击方法的起始点通常是车辆的对外接口,这些接口用于人机交互、对外通信等。安全领域的普遍规律是系统安全性与其开发程度呈负相关,即接口越多其造成的潜在安全风险也越高。因此,在传统网络安全渗透测试中,攻击起始点是重点研究对象,也是渗透测试的渗透起始点。

4.1.1.1 OBD 接口

OBD 主要用于提供车辆故障码诊断服务、执行器动作测试服务等,其接口针脚定义如图 4-1 所示,通常为梯形接口形状,带有 16 针脚,其中与 CAN 相关的为 6 针脚的 CAN-H line 和 14 针脚的 CAN-L line,对应 CAN 总线的 CAN HIGH 和 CAN LOW 两条信号线,通信波特率标准为 500kbps。

OBD 是车内唯一开放的 CAN 接口,因而对于车内通信网络的安全渗透问题来说尤为重要。通常接入 OBD 口可以接收到大量的车内总线数据,但德系车比较例外,无任何数据被广播发送出来。

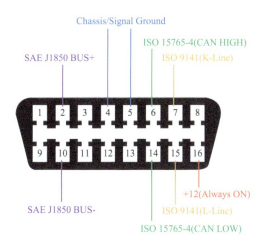

图 4-1　诊断 OBD 系统接口针脚定义

4.1.1.2　CAN 物理链路

由于 CAN 控制网络遵循总线式结构,在网络中添加和删除节点非常简单,因此,暴露在外的 CAN 物理链路本身就被认为是一种攻击接口。要在一束线束中寻找到 CAN 总线的 CAN HIGH、CAN LOW 两根信号线,需要测量线束中各根电线的电压值。CAN 协议标准规定在 CAN 总线呈隐性状态时,CAN HIGH 信号线标准电压为 3.5V,CAN LOW 信号线标准电压为 1.5V;在 CAN 总线呈显性状态时,CAN HIGH 和 CAN LOW 信号线标准电压均为 2.5V。在实际工程应用中,为防止 CAN 总线电磁干扰,会将 CAN HIGH 和 CAN LOW 两条信号线交织成双绞线结构,因此,通过上述几个特征可以快速在一束电线中定位 CAN 信号线。图 4-2 为在某款车型上的 CAN 信号线。

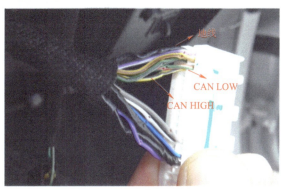

图 4-2　车辆 CAN 信号线

4.1.1.3　USB/SD 卡接口

为了方便 IVI 系统的前期开发工作,汽车制造商的研发人员一般会利用 USB 接口进行运行调试。部分研发人员安全意识不足,开发结束投入生产后仍没有关闭后门接口,很容易被攻击者找到并利用。

4.1.1.4　调试串口

车内大多数控制单元设备均是单片机结构,少部分如 T-Box 这类带有系统的设备可能会使用微处理芯片挂载外设的结构。这些设备均未配备屏幕,也不带有远程操作界面,所使用的系统也都是SOC、嵌入式Linux这种比较轻量级的,因此,在开发调试时研发人员会使用板载串口建立shell以更好地掌控设备状态并进行操作,但这类调试后门如果处理不当将会成为黑客入侵的后门。

4.1.1.5 Wi-Fi

IVI系统可以连接外部Wi-Fi热点或者可以自己建立Wi-Fi热点的功能,是汽车制造商为了满足近几年随着车辆逐渐增强联网需求而附加的功能。但随意连接一个陌生Wi-Fi是非常危险的,IVI的对外通信流量可能全部被获取。IVI系统本身的热点如果被随意连接也会导致汽车音响主机(Head Unit,简称HU)开放端口的泄露,进而为攻击者提供入侵点。因此Wi-Fi也是常用的攻击起始点之一。

4.1.1.6 蓝牙

蓝牙是基于2.4GHz频率的一种低功耗无线通信协议,被广泛地应用在短距离传输领域。蓝牙技术在车辆上的应用实现了手机和IVI系统无线连接传输文件,增强了车内乘客的乘坐体验,但同样也会带来安全问题。通过蓝牙接口有可能向IVI系统推送病毒程序文件,也有可能利用蓝牙协议栈的漏洞使IVI系统崩溃。

4.1.1.7 RFID

射频识别(Radio Frequency Identification,简称RFID)技术通常用于无线控制中的身份验证,其协议相对低层,所实现的功能也比较简单。由于RFID的通信双方均无标识地址,因此,其通信是广播形式的,旁听设备可以轻松获取通信内容,一些安全性的防护均只能靠高层的软件实现。汽车上通常会使用到RFID的功能有遥控门禁(Remote Keyless Entry,简称RKE)系统、无钥匙进入(Passive Keyless Entry,简称PKE)系统、无钥匙启动系统(Keyless Start System,简称KSS)、轮胎压力监测系统(Tire Pressure Monitoring System,简称TPMS)。

4.1.1.8 蜂窝网络

移动蜂窝网络是智能网联汽车接入互联网的关键,通常汽车上的T-Box专门负责搭载这一功能组件。在正常情况下蜂窝网络是相对来说比较安全的通信接口,因为运营商提供的是局域网IP地址,通信的流量也无法旁路监听,3G/4G也存在鉴权机制。但信号较差时,3G/4G信号降至2G信号,则存在伪基站监听的风险。在这种情况下,经由移动蜂窝网络传输的数据内容将全部泄露,而伪基站也可以随意拦截请求和响应数据包,并随意修改请求和响应各字段的内容。

4.1.2 攻占节点对象

要实现远程控制车辆往往不是单一步骤就能实现的,一整条攻击链路会经过多个节点才达到最后的攻击目标。因此,可攻占的节点也是要重点分析的攻击要素,节点所包含的对象层次和种类比较多元化,此处只按照实际组件为分类参照进行概括介绍。

4.1.2.1 车内电控网络

车内电控网络是智能汽车上最重要的组成部分之一,车辆的大部分传统功能和全部智能化功能均依靠其实现。车内电控网络又包括ECU、总线网关和车内网络链路。

ECU是车内各电控系统的核心,其本身属于一类基于单片机或微处理器开发出的嵌入式设备。ECU的代码核心包括控制逻辑和控制参数,其中控制逻辑指的是ECU在具体控制某一系统时所遵循的规律,而控制参数指的是 ECU 在控制某一系统时具体会控制到何种程度。任何具有依靠代码实现功能的设备均有被篡改固件的危险,ECU 也不例外,当控制逻辑被篡改可能会导致无法转向或转向不足的类似情况发生。

网关是另一个车内电控网络的核心,其主要功能是帮助各个总线子网相互通信,包括不同总线的协议解析、数据包转发等工作。现阶段智能车辆上均会有一个中央网关,部分车型还会有多个小型的协议转换网关,中央网关用于转发各个分域总线的数据,小型的协议转换网关用于将较低级的总线协议转换为更高级的总线协议,例如 LIN 总线转 CAN 总线网关,这样做是因为 LIN 总线搭建成本较低,更适合用在一些性能需求不高的网络支路。车内网关的功能决定了它的重要性,如果网关被第三方控制,则会导致整个车内网络数据包的混乱,后果将十分严重。

网络链路是车内电控网络各组件信息交互的媒介,因其结构简单、协议简单、接入简单的特点,是车内电控网络部分最易攻占的对象。车内网络常使用的总线有 CAN、LIN、Flexray、MOST 等,这些总线协议只覆盖开放式系统互联(Open System Interconnection,简称 OSI)七层模型的前两层,考虑的均是功能性问题,在安全方面几乎完全依靠更上层的协议或软件。又因为网络链路是信息交互的载体,所以从网络链路上可以很轻松地获取车内电控系统相互通信的内容,也可以很轻松地进行数据伪造欺骗等操作。

4.1.2.2　HU 与 IVI 系统

HU 是汽车 IVI 系统的载体,现阶段国内 HU 以基于 Android 系统定制为主流,国外 HU 以基于 Linux 系统、Unix 系统的定制为主流,HU 在整车零部件中智能化程度最高,软件结构最复杂,因此在攻击链路中是最适合做攻击跳板的对象。HU 细分又包括原生系统内核、应用程序、驱动程序、第三方库。

原生系统内核指的是 HU 原系统运行依靠的原生内核组件,这类内核是开源的,负责实现一些系统基础功能。在这些系统内核中,往往会存在着已发现的漏洞,因此,原型系统的开发者才会不停地更新补丁进行修复。但未打补丁的旧版本系统仍然是存在这些漏洞,结合系统版本号和已知的漏洞库就可以快速定位,若二次开发者未对这些漏洞加以防范,则这些漏洞很有可能被利用,此种方法攻击命中率极高。

应用程序一般指实现系统附加功能的程序,比如浏览器、音乐播放器、地图程序、应用市场以及一些系统服务等,这些应用程序可以实现的功能种类繁多,相对应地也带来更多安全性风险。目前有很多攻击方法是针对应用程序的,例如可以利用浏览器漏洞实施 Web 前端攻击、利用应用市场漏洞安装危险应用程序、利用高权限系统服务漏洞获取 root shell 等。

HU 的驱动程序是一种可以使 HU 和挂载设备通信的特殊程序,这种程序相当于是硬件设备的软件接口,HU 只有通过这种程序,才能正常使用挂载的设备,如果驱动程序出现问题,将直接影响到 HU 对挂载设备的控制,HU 的驱动程序包括 CAN 模块驱动、网卡驱动、蓝牙驱动等多种,CAN 模块驱动关系到总线数据的收发能力尤其重要。

库是开发人员为了使功能模块化而将整个功能控制程序封装并只提供应用程序编程接口(Applicaton Programming Interface,简称 API)的一种做法,用以方便更高层功能的开发。有的汽车制造商为了节约开发成本使用开源或第三方库,这些库虽然可以使功能得以实现,但其保密性和安全性无法得到保证。

4.1.2.3 T-Box

T-Box 是汽车用于实现联网功能的组件，其上搭载了整车对外通信需要的物联网卡，在无 Wi-Fi 热点的情况下，整车所有通信流量均需经过 T-Box。T-Box 本身算是一种带有多进程 OS 的嵌入式设备，作为整车上网的通道，其通信接口非常丰富，包括 Wi-Fi、蜂窝网络、GPS、串口、CAN 等，这些都为攻击的实施提供了便利，而 T-Box 被攻占则会导致攻击者有机会进一步攻击整车中其他的组件。

4.1.3 节点攻占作用

在攻击方法中攻占每一个节点对象都有其对应的意义，一步步攻占的目的是打通从攻击起始点到实现最终恶意攻击效果的通路。关于各节点攻占作用见表 4-1。

车载端各节点攻占作用　　　　　　　　　　表 4-1

攻占节点		攻占作用
车内电控网络	ECU	获得影响车辆控制功能的能力
	总线网关	获得向车内网络任意子网发送数据包的能力
	网络链路	获得向车内网络发送数据包的能力
HU 与 IVI 系统	系统内核	获得读取、修改 HU 内任意数据的 root 级权限
	应用程序	通过利用漏洞实施各类攻击，获得任意代码执行的能力
	驱动程序	可操控系统对应外挂设备，如向 CAN 总线注入数据包
	第三方库	可能获得强制 HU 重启、死机的能力，或外设控制接口
	T-Box	可以分析整车对外通信流量并向 CAN 总线注入数据包

4.2 车载端通用渗透路径设计

经过对攻击实例的分类、原理分析与方法提炼、通用要素分析后，可以发现各种攻击方法存在很多相似的攻击路径，每种攻击方法的深入程度各不相同，但较深入攻击方法的路径通常更完整更全面，包含了其他较浅层攻击方法的路径，由于本研究中所设计的车载端渗透测试方法对通用性要求较高，因此仿照深入的攻击方法设计渗透路径，如图 4-3 所示。

图 4-3　车载端渗透测试路径

渗透节点的顺序依次为 T-Box、HU、总线链路、总线网关、ECU，每个节点包含其可被哪些渗透起始点访问（需要注意的是，任意可被攻击起始点访问到的节点均可作为第一个渗透的节点，因此通用渗透路径可以任意截取出浅层路径），节点攻占后的作用以及节点攻占的技术。下面将详细描述每个节点及其所包含的内容。

4.2.1 T-Box 节点

T-Box 节点的渗透起始点包括 Wi-Fi、GPS、蜂窝网络、串口、CAN，节点攻占所涉及的技术有扫描并利用后门端口、伪基站接入，成功攻占节点可获得一些敏感信息、伪造虚假控车指令导致 T-Box 向 CAN 总线注入控制数据包,获取 shell 实现对 T-Box 进行操作。

4.2.2 HU 节点

HU 节点的渗透起始点包括 Wi-Fi、蓝牙、蜂窝网络、USB 接口、CAN,节点攻占所涉及的技术有扫描并利用后门端口、植入病毒脚本、内存栈溢出执行代码或提权、内网中间人攻击,成功攻占节点可以使 HU 运行出错导致卡死重启、篡改程序逻辑、安装恶意应用损毁系统或提供后门、获取敏感信息以及向 CAN 总线注入控制数据包。

4.2.3 总线链路节点

总线链路节点的渗透起始点包括 OBD 接口和 CAN,节点攻占所涉及的技术有 CAN 总线控制协议的逆向工程、CAN 总线控制数据包注入、统一诊断服务(Unified Diagnostic Services,简称 UDS)诊断测试协议注入、畸形数据包注入,成功攻占节点可以使总线电力系统瘫痪导致部分功能失效,使 CAN 总线控制协议栈泄露、欺骗 ECU 以执行控制任务。

4.2.4 总线网关节点

总线网关节点的渗透起始点包括串口、CAN,节点攻占所涉及的技术有固件导出篡改、UDS 诊断测试协议注入,成功攻占节点可以使网关的转发逻辑改变以帮助 CAN 总线控制数据包的注入或直接构造 CAN 总线控制数据包注入到对应子网、利用 UDS 协议控制 ECU。

4.2.5 ECU 节点

ECU 节点的渗透起始点包括串口、CAN、传感器,节点攻占所涉及的技术有固件导出篡改、UDS 诊断测试协议注入、CAN 总线控制数据包注入,成功攻占节点可以篡改 ECU 的控制逻辑和控制参数、欺骗 ECU 执行控制任务。

4.3 车载端渗透测试关键技术

实际的车载端渗透测试需要掌握渗透测试相关技术原理,会使用相关工具,根据上述起始点、车载端组件和渗透测试方法路径等的分析,首先提出一套车载端信息安全渗透测试体系,如图 4-4 所示,相关技术细节将在后续内容中进行说明。本节将进行渗透测试关键技术的实现原理、可实现的效果、适用范围等研究内容的介绍。

4.3.1 CAN 总线数据注入

CAN 总线是博世公司在 20 世纪 80 年代初,为了解决现代汽车中众多的控制与测试仪器之间的数据交换问题而开发的一种串行数据通信协议。车内 CAN 总线为了保证控制稳定性,报文通常会以固定周期向外广播发送,以保证数据发送方和数据接收方之间的稳定连接,周期值从最低的 10ms 到最高的 1s 不等,且通常为整数固定周期。CAN 协议中最常用的标准帧和扩展帧数据包的字段结构如图 4-5 所示,由于 CAN 通信协议在设计之初几乎没有考虑安全性,数据包完全明文传输,协议本身就存在很多安全漏洞。

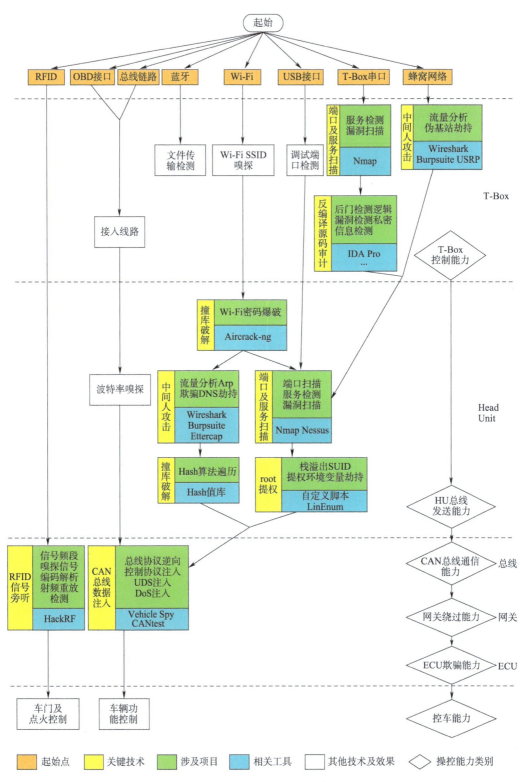

图 4-4　车载端信息安全渗透测试体系

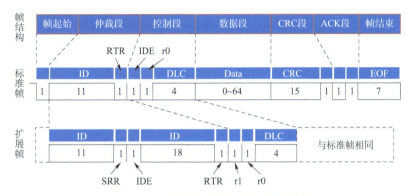

图 4-5 CAN 协议常用的标准帧和扩展帧结构

一方面,CAN 数据包无源地址字段,接收方收到数据包后无法判断此包是由哪个节点发出的,这导致 CAN 协议不存在发出方身份认证机制;而且 CAN 协议中规定数据包中没有可以表明报文过期时间的字段,导致 CAN 协议无任何消息过期机制。另一方面,CAN 数据包为保证其数据完整性而加入了 CRC 完整性校验,但校验算法也是完全公开的,如果对数据段进行修改并重新计算 CRC 校验和,则总线上其他节点完全无法看出数据包已被修改,再加上某些汽车制造商未要求零部件制造商在软件层面进行安全性防护,因此,是可以通过向 CAN 总线注入控制数据包达到控制汽车的目的。

除了常规协议数据包注入外,还可以进行总线 DoS 注入。CAN 协议为解决多节点协调发送的问题使用了 CAN 数据包 ID 仲裁协议,即 ID 较小的节点优先发送,其原理是当节点在向总线发送数据同时也会监听总线上的数据,如果在仲裁段发现总线上的电平与自己所发送的电平不符,便退出发送仲裁,等待下次监测到总线空闲时再尝试发送。例如有三个节点 ABC 准备向总线发送数据,如图 4-6 所示,在仲裁段三个节点均边发送边监听总线电平,当进行到第 5bit 由于隐性电平会被显性电平所覆盖,因此 B 退出总线仲裁,同样的在第 3bit 节点 C 退出总线仲裁,最后 A 胜出,并继续发送数据包。但这种仲裁协议是存在 DoS 攻击漏洞的,如果构造 ID 最小即 000 的畸形包大量注入总线,将会抢占总线传输资源抑制其他正常数据包的传输,引发 DoS 攻击。

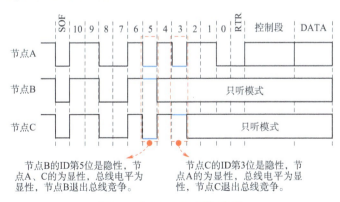

图 4-6 多节点协调发送示例图

应国家标准规定所有车辆均必须带有 OBD 接口,这种渗透技术适用范围非常广泛,事实上,连入 OBD 接口就相当于接入汽车 CAN 总线,如果总线网关未设定一些安全策略,则通过 OBD 注入的 CAN 控制协议数据包可以很轻松地控制车辆功能。此外,对于车内通信链路,也可以直接物理开辟出新的接口以接入汽车总线。

4.3.2　RFID 信号旁听

在汽车中,RFID 技术的应用包括遥控锁车功能、一键点火功能、胎压监测功能等。射频(Radio Frequency,简称 RF)实质上是无线电波,为广播式发送,是一种采用不对目标信息体进行接触而远程控制,通过管理主机及终端控制软件,能够更方便、更快捷地读取目标体信息的自动识别技术。它通过采用信号发射设备对所有出入口的车辆进行有效地、准确地监测和管理。无线射频信号,与感应设备之间进行非接触双向通信,以达到识别和数据交互。

一个 RFID 识别系统由有源微波电子标签,读卡器和天线三部分构成。

(1) 电子标签(又称射频卡):卡内内置电源及芯片电路板塑封组成,同时卡片内内置通信天线,用于和射频天线进行通信;每个标签具有唯一的电子编码,电子编码在管理系统软件中与车辆信息唯一对应。

(2) 读卡器:在系统运行中承担着信号源发射和接受的功能,是一种能量转化器。在电磁信号发射时,它把发射机的高频电流转化为空间电磁波;作为信号接收时,它又把从射频卡回馈回来的电磁信号波段转换为高频电流送入接收机。

(3) 应用管理及控制主机:具备串口和相应数据转换及交互的工业控制电脑主机,管理人员可以通过管理软件对数据库内的车辆详细信息及射频卡数据信息进行写入、修改和其他的相关管理。

工作原理是读卡器不断向周围发出一组固定频率的电磁波,这组电磁波会与射频卡内的 LC 串联振荡谐振电路产生共振,射频卡将存储在芯片中的电子编码信息发送给读卡器;读卡器读取信息并进行信号转换后,送至应用管理及控制主机内进行有关的数据处理;当识别信息一致时则通过控制转换模块发出相应的指令打开车辆通道上的挡杆,如果识别信息不一致,则通过控制转换模块发出相应指令拒绝车辆通行并发出警报。

RFID 信号旁听技术的适用范围很广泛,只要是锁定到正确的波段,均可以监听到所有通信内容,不过大多数车辆在软件层面为车钥匙 RFID 添加了过期机制,因此 RFID 信号的重放适用车型较少。

4.3.3　端口及服务扫描

表 4-2 是 OSI 七层模型及其对应的协议,代表当今互联网的主流架构,在传统七层模型中,端口工作于传输层(Transport),其作用是帮助计算机将接收到的数据传输给对应的进程。绝大部分程序在编写通信功能时均需要遵循七层模型架构,因此,可以说绝大部分的程序均需要为其通信功能设立一个本机内的端口号。

OSI 七层模型及其对应的协议　　表 4-2

OSI 七层模型	对应网络协议
应用层(Application)	HTTP、TFTP、FTP、NFS、WAIS、SMTP
表示层(Presentation)	Telnet、Rlogin、SNMP、Gopher

续上表

OSI 七层模型	对应网络协议
会话层（Session）	SMTP、DNS
传输层（Transport）	TCP、UDP
网络层（Network）	IP、ICMP、ARP、RARP、AKP、UUCP
数据链路层（Data Link）	FDDI、Ethernet、Arpanet、PDN、SLIP、PPP
物理层（Physical）	IEEE 802.1A、IEEE 802.2 至 IEEE 802.11

端口扫描的原理是测试机向靶机的某个端口发出连接请求，然后观察响应内容来判断，传输层共有传输控制协议（Transmission Control Protocol，简称 TCP）和用户数据报协议（User Data Brotocol，简称 UDP）两种传输协议，对于 TCP 端口的扫描是利用了 TCP 的握手特性，通过发送一个 TCP 的 SYN 连接建立请求数据包，然后开始等待靶机的应答，如果应答数据包中设置了 SYN 位和 ACK 位，那么这个端口是开放的；如果应答数据包是一个 RST 连接复位数据包，则对方的端口是关闭的。而 UDP 端口的扫描是向靶机端口发送一个 UDP 分组。如果目标端口是以一个"ICMP port Unreachable"（ICMP 端口不可到达）消息作为响应的，那么该端口是关闭的，相反如果没有收到这个消息就可以推断该端口打开着。传输层规定端口号最小为 1，最大为 65535，因此，只要将 1 至 65535 所有端口号遍历扫描一遍就可以找到靶机开放的全部端口号。在渗透过程中可以根据端口测试推测目标系统开启的应用程序、服务程序甚至是后门程序，这在测试中是至关重要的，很多程序都有可能存在漏洞或者逻辑上的缺陷，利用这些漏洞和缺陷很有可能实现代码执行，最终完全获得目标系统控制权（如 Getshell），如果能够发现后门端口则可以更加简单地利用研发人员的预留通道实现目标系统的控制。

由于 OSI 七层模型的普及，导致端口及服务扫描技术的应用范围非常广泛，几乎可以覆盖到任意带有网络连接的设备。在前述的各个攻击研究实例中，也有很多都使用到了这项技术。

4.3.4　其他攻击破解方式

4.3.4.1　中间人攻击

中间人攻击是最早是用来破解公钥加密算法的，现在多指在强行介入通信双方之间的攻击类型。如图 4-7 所示，正常情况下 A 与 B 应当直接通信，在中间人攻击发生时，C 伪装成 B 代替 B 与 A 通信，同时 C 又伪装成 A 代替 A 与 B 通信，如此 C 成为了 AB 通信的关口，任何通信流量都将被 C 获取。

在广域网中，中间人攻击因链路关系隐蔽而相对难以实施，但在局域网中，链路关系简单，容易被破解，因此，中间人攻击很容易实施。通常搭建伪基站、Wi-Fi 热点或代理服务器诱骗靶机连入就可以构成中间人攻击，获取靶机的对外通信内容。在无法诱骗靶机时，还可以利用地址解析协议（Address Resolution Protocol，简称 ARP）劫持强制截获靶机流量，ARP 协议工作在七层模型的网络层与数据链路层之间，其作用是将网络层的 IP 地址转换为局域网段的实际媒体访问控制（Media Access Control，简称 MAC）地址以完成数据传输任务，ARP

劫持的原理如图4-8所示,由攻击者向靶机发送伪造的ARP应答,并使目标主机接收应答中伪造的IP地址与MAC地址之间的映射对,以此更新目标主机ARP缓存,使得靶机将IP数据包发送给中间人。

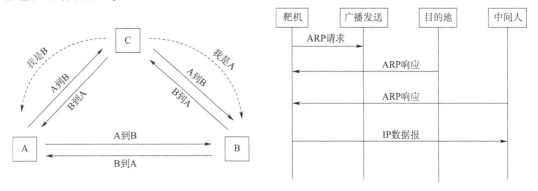

图4-7 中间人攻击方法　　　　　　图4-8 ARP劫持的原理

依靠ARP劫持可以使靶机的通信流量全部被中间人拦截,借此可以分析靶机对外通信的内容,也可以篡改通信内容或实施一些进阶的中间人攻击。域名解析协议(Domain Name Server,简称DNS)劫持是比较常用的技术,DNS用于将网站域名转换为对应的IP地址,如果靶机遭到DNS劫持,则其DNS解析请求将会收到错误的解析响应,靶机则会将域名替换成错误的IP地址并发出TCP握手请求。DNS比较典型的应用场景是将靶机请求下载的程序错误定位到恶意程序,使得靶机在不知情的情况下主动安装恶意程序。

中间人攻击的应用范围同样非常广泛,任何通信设备均存在中间人攻击的风险,在车载端渗透测试中,可以获取通信的隐私内容,或欺骗靶机执行任意功能。

4.3.4.2 撞库攻击

撞库攻击破解技术应用的范围很广泛,在Wi-Fi方面WPA2加密的存在使得Wi-Fi密码相对安全,但也存在暴力破解的风险,比如Wi-Fi的密文是弱口令,如果通过遍历常规密码字典包的手段破解,则很有可能得到Wi-Fi密码。另外,基于王小云教授的理论,Google公司已经开始搭建摘要加密算法密文明文键值对数据库,很多Hash值已经可以通过遍历数据库反推回明文。图4-9是明文密码1a2b3c的sha256算法解密结果。

图4-9 明文密码1a2b3c的sha256算法解密结果

4.3.4.3 root提权

权限管理一直是计算机系统保证内部安全的重要方法,在计算机系统中进行操作必须要登录到账户才可以进行,同一个文件每个用户具备不同的操作权限,往往正常登录的账户没有权限读写系统关键组件,有时为方便管理,计算机系统也会对用户进行分组并实施组权限管理,每个组拥有不同的操作权限。任何计算机系统中都存在一个拥有所有权限超级用户,在 Linux、Android 系统中常称作 root 账户,在 Windows 系统中常称为 administrator 账户,超级用户可以删改读写任意系统文件导致系统崩溃,因此,提权以获得超级用户的操作能力在攻击入侵时非常重要,也一直是网络安全攻防领域最关注的研究内容之一。

root 提权的主要思路是寻找高权限的软件、服务、组件等,利用其中可能存在的漏洞和逻辑缺陷执行代码以获得 root shell。利用最广泛的漏洞是内存栈溢出漏洞,其原理是将调用函数的返回地址改写成 Payload Shellcode 的起始地址,以此实现在原程序运行时加入额外的代码实现任意代码执行。

root 提权适用于所有采用权限管理保证系统安全性的操作系统,尤其是 Windows、Linux、Unix 这三大主流内核的操作系统,在车载端渗透测试中主要用于帮助渗透人员去读并篡改系统重要内核或外设驱动程序等,其他的提权方法还有 SUID 提权、环境变量劫持提权。

4.3.4.4 反编译源码审计

计算机编程语言通常包括类似 C 与 C++的编译型语言和类似 Ruby 与 Python 的解释型语言。编译型语言的代码需要先进行编译,生成二进制文件才可以运行。解释型语言的代码则是将一句代码解释成二进制语言才能将此句代码运行,在下一句代码运行前仍需要提前解释翻译。反编译技术是为了将已经编译好的二进制文件逆向翻译成测试人员可以读懂的编程语言(会反编译成汇编代码),这是编译型语言的专属特点。但也存在类似 Java 这种既需要编译,也需要逐句解释才能运行的语言,这类语言也可以被反编译,例如 Java 的 dex 文件可以被反编译成 Smali 代码,有些软件甚至可以将 Smali 代码恢复成原本的 Java 工程。

能够获得程序源代码对于测试人员来说是有巨大帮助的,可以将测试对象的黑盒特性转化为白盒特性,能够发现一些动态测试无法察觉的后门、漏洞以及逻辑方法。例如某个安卓应用程序包(Android application paclcage,简称 APK)存在通信内容加密,通信内容经过多层 Hash 算法和编码方法的转换可能已经很难被测试人员看懂,如果能够反编译 APK 并找到相关加密方法的函数语句,就可以分析出通信内容究竟经过多少层编译,由此实现通信内容的解密。

反编译源码审计应用非常广泛,但对汇编及其他低层语言的阅读能力要求较高,并且由于近年来 Android 平台的程序包 APK 出现了加固防护方法,直接进行反编译无法获得程序源代码。

4.4 渗透测试相关工具

完全手动的渗透测试对技术能力的要求较高,且测试工作耗时、复杂,好在为满足一些广泛的测试需求业内人员已经研发出了对应的工具,合理的测试方法应当是利用现有工具进行测试,在遇到特殊需求时再开发脚本辅助测试。

4.4.1 CAN 总线流量解析工具

CAN 总线流量解析工具最重要的作用是将 CAN 总线上的高低电平信号转换成测试人

员可以读懂的 CAN 协议数据包,应用广泛、可靠性高的 CAN 总线流量解析工具有 Vehicle Spy、CANtest。

4.4.1.1　Vehicle Spy

Vehicle Spy 是美国 Intrepid 公司开发的 CAN 总线流量解析工具,配套有专用的硬件设备。Vehicle Spy 的主要特点包括自动适配总线波特率、支持变化数据高亮显示、支持轻量级测试脚本编写、数据收发能力强、可模拟仿真 CAN 总线节点、可定制数据库解析 CAN 数据包。这款软件开发的初衷就是为了辅助车辆总线协议逆向工程,因此,是目前最适合用作车端渗透测试的 CAN 总线流量解析工具之一。图 4-10 为 Vehicle Spy 解析 CAN 数据的界面。

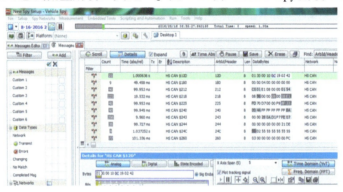

图 4-10　Vehicle Spy 解析 CAN 数据界面

Vehicle Spy 的优点在于性能强大,可以完全接收 CAN 总线满载 1Mbps 的通信流量,同时具备多样化的逆向工程便捷功能,方便测试工作的进行;其缺点在于工具价格较高,代码不开源,只支持专用设备。

4.4.1.2　CANtest

CANtest 是国内嵌入式研究专家周立功开发的开源 CAN 总线流量解析工具,需要 CAN 转 USB 的硬件设备支持。CANtest 开放初衷是为了帮助工业领域涉及 CAN 总线协同控制的项目,其可以很好地采集 CAN 总线流量并转化成数据包可视化显示。虽然在汽车总线协议逆向功能方面稍逊于 Vehicle Spy,但因其开源的特性,应用范围比 Vehicle Spy 更加广泛,目前国内很多 CAN 总线流量解析工具及相关硬件设备均是以周立功的 CANtest 为模板研发的。

CANtest 的优点在于开源性强,二次开发相对方便,且支持大量 CAN 转 USB 的硬件设备;其缺点在于后期优化差,性能不稳定。

4.4.2　软件定义无线电工具

传统的无线电设备完全适用硬件电路来实现功能,如果功能需要改变,则必须改动硬件设备。软件定义无线电弥补了传统无线电设备的缺点,其功能绝大部分依靠软件实现,因此,只需要一个硬件基础平台搭载不同的软件就可以实现无线电功能的多样化,大幅减少了硬件成本的开支。常用可购买的软件定义无线电工具有 HackRF 和 USRP。

4.4.2.1　HackRF

HackRF 是一款价格相对低廉、功能较为强大的软件定义无线电工具,其支持频率在

1MHz 到 6GHz,基本覆盖了民用通信技术的大部分频段。在实际的车载端渗透测试中 HackRF 可以实时监听、录制、重放 RF 信号,辅助 RFID 功能的安全检测工作。HackRF 的优点在于宽阔的频谱覆盖范围,广泛的软件对接范围,且硬件电路结构、固件代码完全开源,有利于二次开发;其缺点在于不支持全双工通信。

4.4.2.2 USRP

USRP 相比 HackRF 支持的频率只有 50MHz 到 2.2GHz,但其可以实现全双工通信,以至于可以实现伪基站的搭建,在实际的车载端渗透测试中,USRP 可以作为中间人截获 T-Box 蜂窝网络的通信数据。USRP 的优点在于支持全双工通信模式,性能较强可搭建伪基站;缺点在于价格昂贵。

4.4.3 端口及漏洞扫描工具

4.4.3.1 Nmap

Nmap 是应用最广泛的端口扫描工具之一,该工具被广泛使用是因为工具本身完全开源;工具的脚本库丰富,参数多样化;移植性强,可在大多数主流平台运行。但 Nmap 无法扫描端口漏洞,因此,在实际车载端渗透测试中只负责检测目标系统开放的端口信息。Nmap 的优点在于工具体量小,易于安装,完全开源且脚本库丰富;缺点在于漏洞检测相对较弱。

4.4.3.2 Nessus

Nessus 是目前世界上使用最广泛的漏洞扫描软件,全球总共有超 75000 个机构使用 Nessus 作为扫描该机构电脑系统的软件。Nessus 的优点在于庞大而又丰富的特征库、检验范围广、分析结果全面,但其主要缺点在于价格昂贵,试用版本功能有限。

4.4.4 网络通信流量分析工具

通信流量分析在传统网络安全动态渗透测试中至关重要,对于黑盒的车载端渗透测试也影响颇深,通过劫持网络通信,测试人员可以根据通信内容推测通信双方的运行逻辑,有时甚至可以发现后门或盗取隐私信息。网络通信流量分析工具主要有网卡型抓包的 Wireshark 和代理服务器抓包的 Burpsuite 两类。

4.4.4.1 Wireshark

Wireshark 是专门用于网络封包分析的软件,不仅仅应用于网络安全渗透测试,也可以用于组网人员监控调试网络设备。Wireshark 的原理是通过访问 Winpcap 接口实现全网卡流量的读取,再按照规范的网络协议数据包格式将网卡数据还原成可读的数据包。由于 Wireshark 是经由网卡抓包,因此可以适用于本机抓包、开启 Wi-Fi 热点抓包、开启代理服务器抓包等多种场景。Wireshark 的优点在于可抓取经过网卡的任何协议的通信流量;缺点在于无法解密传输层安全(Transport Layer Security,简称 TLS)协议。

4.4.4.2 Burpsuite

网络代理是一项重要的网络服务,它允许一个网络终端(一般为客户端)通过这个服务与另一个网络终端(一般为服务器)进行非直接的连接,这项服务通常被用于保障局域网内客户端安全或访问正常情况下无法访问的服务器。Burpsuite 就是利用了网络代理的原理,使靶机先和 Burpsuite 通信,然后将通信内容转发给靶机需要访问的服务器,以此获得靶机和服务器之间的全部通信流量。基于 Burpsuite 的原理,其可以通过生成自己的安全证书给靶机,以此来破解 https 协议的加密。因此,在分析应用层协议的时候比 Wireshark 效果要好(现在大部分网络功能都是部署在应用层的)。Burpsuite 缺点主要有两个,首先如果靶机无法设置网络代理则 Burpsuite 就完全无法拦截通信数据,其次 Burpsuite 只能解析应用层协议而对其他 6 层的协议无能为力。Burpsuite 的优点在于可解密 TLS 协议。

4.4.5 其他攻击测试工具

4.4.5.1 密码破解工具

密码破解工具种类繁多,在此处中只介绍用于 Wi-Fi 密码暴力破解的 Aircrack-ng。Aircrack-ng 是 Linux 系统下的一款密码爆破软件,专门用于破解 WPA/WPA2 加密的 Wi-Fi 密码,其破解原理是先采集其他设备连接目标 Wi-Fi 时产生的握手包,摘取密码字典包中的一条密码组成二次握手包发送给路由器,若密码正确则可通过验证,密码错误则会出现错误响应,重复多次直至密码被暴力破解。

Aircrack-ng 的优点在于工具体量小,易于安装;缺点是破解效果过于依赖字典包的密码样例数量是否足够庞大。

4.4.5.2 中间人攻击工具

中间人攻击的工具最主要的是用来实行 ARP 劫持的 Ettercap,但其实这款工具不仅仅能够进行 ARP 欺骗,还提供(也可以自行编写)很多攻击脚本实现更多进阶的中间人攻击,比如 DNS 劫持。Ettercap 可以嗅探局域网内存在有哪些设备,然后测试人员可以选定要进行 ARP 劫持的两台目标设备实施攻击,遭受攻击的两台设备之间的通信数据则均会被测试人员劫持。如果所选定的两台目标设备是靶机和网关,那么测试人员则可以劫持到靶机全部的对外通信流量。

4.4.5.3 Android 系统破解工具

Android 系统由 Google 公司基于 Linux 系统开发,是目前移动终端应用最广泛的系统之一,其二次开发难度小、代码开源等特性使得国内大多数汽车制造商均选用 Android 作为 HU 的操作系统。Android 系统的渗透测试相关工具主要包括调试用的 ADB 和反编译用的 Apktool。

(1)Android 调试桥。

Android 调试桥(Android Debug Bridge,简称 ADB)是一款 Android 系统专用的调试桥软件,利用 ADB 甚至可以获取到 Android 系统的 shell、操控系统内安装的 App、导出重要文件等。ADB 的原理如图 4-11 所示,在开启 ADB 服务时 PC 端会自动建立 ADB 服务器,然后 PC 端的进程(如 Eclipse、CMD 等)连接 ADB 服务器,另一边手机端 Android 系统后台进程 ADB Daemon 也会连接到 ADB 服务器,因此,PC 端的进程就通过 ADB 服务器与手机端实现通信与操控,其中手机端与 ADB 服务器的连接既可以是网络连接也可以是串口连接。

(2)Apktool。

Apktool 也是由 Google 公司开发的,该软件的作用是能够反编译 Android 系统的程序安装包 APK 文件。基于 Apktool 的核心功能,很多研究人员为其添加易于操作的图形用户界面形成了更加好用的 Android 反编译工具(例如 Android killer),但由于 Apktool 反编译后

APK 的 Java 代码会转换成 Smali 代码(类似 C 语言编写的程序反编译转化为汇编代码),很不方便未详细学习过 Smali 语言的测试人员,因此,PNF Software 推出了 JEB 反编译软件,该软件的核心反编译功能仍依靠 Apktool 实现,但 JEB 可以将 Smali 代码转换为 Java 代码方便测试人员阅读。

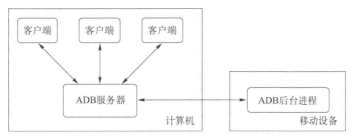

图 4-11 ADB 连接 PC 和 Phone 的原理

4.5 实车测试

4.5.1 测试项目

本节将进行实车渗透测试以验证提出的车载端渗透测试方法的有效性,在进行测试实验前,需要设计渗透测试项目及测试流程。OSSTMM 安全测试方法国际标准中将渗透测试分为信息安全、Internet 安全、过程安全、物理安全、通信安全和无线安全,本节所设计测试项目也覆盖了这 6 个方面。

车内网络的测试项主要包括 OBD 接口测试项、CAN 总线链路测试项、网关和 ECU 测试项;无线功能测试项主要包括门禁系统测试项、一键点火系统测试项、胎压监测测试项;车载 App 的测试项主要包括程序主体测试项、通信协议测试项、数据安全测试项;HU 的测试项主要包括物理接口测试项、无线接口测试项、通信协议测试项、重要组件测试项、系统内核测试项;T-Box 的测试项主要包括嵌入式系统测试项、通信协议测试项。

4.5.2 测试结果

利用本节所提出的渗透测试方法在实车检测中发现一些信息安全问题,下面阐述主要安全问题详情和所可能引发的后果,由于保密原因,此处只描述有几款车存在对应的信息安全问题,而不具体对应车型。

4.5.2.1 RKE 系统无滚动码问题

1 款车型遥控钥匙存在无滚动码问题,利用 SDR 设备一次录制的解锁信号可以多次地打开车门,时隔 3 天后仍可以多次打开车门,判定漏洞有效,可导致入车盗窃,造成车主财产损失。

4.5.2.2 UDS 注入问题

3 款车型可经由 OBD 接口直接注入 UDS 控制数据包控制车辆的功能,在急速工况下注入报文,可使转速表和速度表达到满速,停止注入后在 1s 内恢复正常,重复 10 次以上均可达到攻击效果,判定漏洞有效,可能引起驾驶人恐慌或错估车速。

4.5.2.3 总线 DoS 攻击问题

7款车型可经由 OBD 接口或 CAN 总线链路利用 CAN 总线流量解析工具注入畸形数据包引起 DoS 攻击,导致整车电力系统故障,多种辅助驾驶功能失效,如转向盘助力消失,停止攻击后必须重启发动机才可恢复,重复10次以上均可达到攻击效果,判定漏洞有效,可能导致驾驶人在高速行驶状态下无法转向,威胁驾乘人员生命安全。

4.5.2.4 HU 通信内容未加密

6款车型存在 HU 对外通信过于信任 TLS 加密的问题,导致安装第三方证书解密后,可看到通信明文,实际测试中至少有3个功能的请求存在这种问题,可能导致车辆隐私信息泄露,如车辆 VIN 码、车辆定位等信息。

4.5.2.5 App 无加固防护

4款车型的 HU 存在未进行加固防护的 App,导出后可直接反编译得到程序源码与组件树,测试中暴露此问题的车辆均存在5款以上的车载 App 未进行加固防护,程序包结构中未找到加固厂商信息,但可找到 APK 的开发信息,易泄露重要信息或导致篡改重打包。

4.5.2.6 App 存在敏感 URL 硬编码

4款车型经 APK 反编译后可搜索到大于20条的统一资源定位器(Uniform Resource Locator,简称 URL)编码,可通过编码在程序中的所处位置推测程序运行逻辑,分析资源调用过程,同时可获取服务器地址,从而实施 Web 安全攻击。

4.5.2.7 App 通信口令弱加密

1款车型中的一款 App 身份认证口令采用 sha256 + base64 的弱加密组合,可通过撞库破解解密得到通信明文,破解时间小于3s,同时无动态加密算法,分析所拦截的约20次通信请求均使用相同 Hash 值。

4.5.2.8 DNS 劫持重定向 HU 应用市场请求

2款车型实施中间人 DNS 劫持后,可以将 HU 应用市场的下载请求重定向到其他服务器,下载此服务器上的 APK 安装包,且 HU 未对所下载的 App 进行校验,导致第三方应用的安装。

4.5.2.9 HU 开放 ADB 调试接口

3款车型 HU 开放 ADB 调试接口,可通过此接口管理 HU 安装应用,启动计划任务等,在安装第三方桌面后可以看到 HU 内的至少24款应用。

4.5.2.10 HU 心跳包明文传输和信息泄露

1款车型 HU 会定时向 TSP 服务器发送心跳包请求,请求 URL 中带有明文车辆经纬度位置信息字段,易造成车辆行驶线路泄露。

4.5.3 安全整改建议

实车测试结果表示现阶段在产的智能网联汽车仍存在大量的信息安全问题,对此本节提出安全整改建议,以帮助汽车制造商更好地完善智能网联汽车信息安全防护架构,提升车载端信息安全防护性能。

(1)可以设定 OBD 接口默认不对外传输任何数据,需要发送特定的 UDS 协议握手包才可以解锁 OBD 接口的功能。CAN 总线数据包添加一定的过期机制和容错机制,例如可以加入一位滚动码校验。为 ECU 和总线网关的芯片设置读保护,防止攻击者读取芯片固件解析控制逻辑。

(2)PKE 系统设定与 RKE 系统相同的一次一密机制,防止出现中间人重放攻击。一键点火系统设置探测频段与认证频段不同,同时也为认证信号添加一次一密机制。

(3)车载 App 全部使用加固、混淆防护,所有隐私信息尽量不记录为 APK 包中的硬编码,而使用拼接字符串或编码后进行存储。App 内内置汽车制造商自己的 CA 证书,在进行 TLS 加密时,固定使用 APK 内证书进行加密。App 对外通信内容均采用强加密方法,且加密函数在本地做混淆处理。

(4)HU 系统内核尽量更新到最新的原型系统发行版本,以防止 HU 存在已知的严重安全漏洞;阉割网络代理功能,防止挂载代理服务器分析 HU 通信内容。HU 对外通信发送带有数据的请求时尽量采用 POST 请求而不是 GET 请求,并将 POST 内容二次强加密处理。浏览器内核和系统服务也应当更新成最新版本,防止存在已知的严重安全漏洞。应用市场应当对所下载的 APK 安装包进行安全检查,防止因为中间人攻击而导致下载了恶意软件包。HU 系统出厂后关闭所有调试接口,只能通过 OTA 安全升级。

(5)T-Box 设置读保护,防止固件导出。完成研发后关闭串口调试接口,防止黑客利用。添加与 TSP 服务器的双向校验机制,证书存放在本地且严格管控权限。

第 5 章
车载CAN总线网络入侵检测技术

20世纪70年代以来,计算机向着微型化、网络化的方向发展,同时信息安全也越来越被重视。随着车辆网联化程度的提高,新的网络攻击风险不断出现,黑客也在不断改进他们的攻击手段。联合国欧洲经济委员会法规要求车企和运营商在车辆的整个生命周期内为其提供有效的安全风险管理,而实现这一目标的关键是通过车辆的入侵检测系统进行威胁态势感知。入侵检测系统(Intrusion Detection System,简称 IDS)是通过监视系统异常状态,发出预警并提供积极主动的安全防护技术的系统,目前已在各个领域广泛应用。汽车信息安全问题主要源于外部黑客的入侵和内部系统的安全漏洞,为全面了解汽车的安全威胁,需要对车载网络入侵攻击的各个要素进行系统分析。

5.1 车载 CAN 总线网络信息安全威胁分析

5.1.1 车载 CAN 总线特征及脆弱性分析

为研究车载网络信息安全解决方案,需要对信息安全问题产生的来源、安全问题发展演变的过程及其影响因素等方面进行分析,为车载网络信息安全风险控制提供有效的控制策略。车载网络作为汽车内部通信的电子网络系统,由 ECU 作为网络通信节点,车载总线作为通信链路。在考虑制造成本的情况下,车载网络一般是多种总线网络并存,大部分以 CAN 总线为主。本节以车载 CAN 总线通信安全为研究对象,根据 CAN 总线网络协议特性进行脆弱性分析。

车载 CAN 总线中,不同 ECU 向 CAN 总线发送具有特定 ID 的报文,总线上其他节点可以根据报文 ID 选择接受或响应报文,完成车辆正常通信。CAN 总线是一种串行通信协议,可以分为传输层、数据链路层和物理层,CAN 总线通信接口集成了数据链路层和物理层,用于完成对通信数据生成帧的处理。CAN 总线主要包括数据帧、远程帧、错误帧、过载帧和帧间隔,这 5 种不同类型帧的用途介绍见表 5-1。CAN 总线上传输的数据大部分是数据帧,用来传输各功能域的控制指令,其他帧是数据帧传输过程的不同阶段或可能存在的不同故障而发生的场景类帧,在总线中是少量存在的,跟总线具体通信状态相关。

CAN 总线的数据帧有标准格式(Standard Format)和扩展格式(Extended Format)之分,通常,数据帧可分为 7 个不同的位场:帧起始(Sart Of Frame,SOF)、仲裁场(Arbitration Field)、控制场(Control Field)、数据场(Data Field)、循环校验场(CRC Field)、应答场(ACK Field)和帧结束(End of Frame,EOF)构成。其中,帧起始表示数据帧和远程帧的开始,它仅有一个显性位构成,只有在总线处于空闲状态时,才允许开始发送。仲裁场由 11 位标识符和 RTR 位组成,在扩展格式中,仲裁场由 29 位标识符和 SRR 位(替代传输请求位)、IDE 位(标识符扩展位)及 RTR 位(远程传输请求位)组成。控制场由 6 位组成,在标准格式中,一个信息帧包括 DLC(数据长度码)、发送显性电平的 IDE 位和保留位 r0。在扩展场中,一个信息帧包括 DLC 和两个保留位 r1 和 r0,这两个位必须发送显性电平。数据场由数据帧中被发送的数据组成,可包括 0~8 位。CRC 场包括 CRC 序列和 CRC 界定符。ACK 场包括 2 位,即应答间隙和应答界定符,在应答场中发送出两个隐性位,一个正确接收到有效报文的接收器,在应答间隙期间,将此信息通过传送一个显性位报告给发送器。帧结束表示每个数据帧和远程帧均有 7 个隐性位组成的标志序列界定。

CAN 总线不同类型帧用途概述　　　　　表 5-1

帧类型	帧用途
数据帧	发送单元向接收单元传送数据
远程帧	接收单元向有相同 ID 的发送单元请求数据
错误帧	当检测出错误时向其他单元通知错误
过载帧	接收单元通知尚未做好接收准备
帧间隔	数据帧及远程帧与前面的帧分隔开来

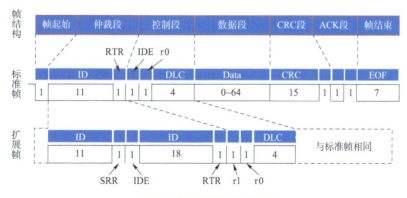

图 5-1　CAN 总线标准帧结构图

网络安全主要包括 5 大属性:机密性、完整性、可用性、可认证性和可审计性。为分析车载网络数据传输过程的安全问题,需要针对车载网络协议特性对 5 大安全属性进行脆弱性分析,见表 5-2。

车载网络脆弱性分析列表　　　　　表 5-2

车载网络协议特性	脆弱性说明	受影响的安全属性
广播机制	报文数据以明文形式写到数据载荷中,总线中电控单位不需要安全认证即可接收到其他节点发送的报文	机密性 完整性
仲裁机制	低优先级的报文在冲突发生时将不能正常发送,接收节点一直到当前网络处于空闲状态时才能按时接收低优先级的报文,黑客可以利用该机制发送大量高优先级的报文造成网络阻断,从而影响网络内节点正常接收数据	可用性

续上表

车载网络协议特性	脆弱性说明	受影响的安全属性
校验机制	车载 CAN 总线数据传输过程中,报文中并没有发送 ECU 的标识信息,因此 CAN 总线中任何节点都可以发送任何报文到总线中。缺乏检测机制和消息审计机制使 CAN 总线中接收节点不能区分报文来源于内部网络还是外部威胁攻击,不能判断网络中接收到的报文为合法或非法,且无法对这些消息进行溯源和追踪	可审计性 可认证性

5.1.2 安全影响因素

根据车载网络信息安全威胁发生和演变的过程,提出车载网络信息安全威胁分析架构如图 5-2 所示。其中,信息安全威胁的影响因素主要有:攻击者、攻击动机、攻击时间、攻击方式和攻击目标。

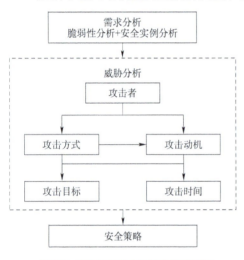

图 5-2 汽车信息安全威胁分析架构图

5.1.2.1 攻击者类型

安全威胁分析中,攻击者主要关注其能力和特征,根据研究现状,攻击者可以分为以下几种类型。

(1)内部攻击者与外部攻击者:内部攻击者是指在车载网络认证过的合法访问者,他们能够在不需要内部认证的情况下对其他节点进行访问。因为内部攻击更具隐秘性,较难被系统检测出来。外部攻击者不存在于车载网络中,计算能力有限,所以它们不能解密信息,只能从公开渠道获取信息。

(2)主动攻击者与被动攻击者:主动攻击者通过生成报文或消息进行攻击,如对车载网络进行注入攻击、伪造攻击、干扰等。相对于主动攻击者,被动攻击者不需要通过认证对车辆系统进行操作,他们通过窃听车载通信网络或者通过远程监控系统为车辆带来威胁攻击。主动攻击主要是由外部攻击者产生,被动攻击主要由内部攻击者产生。

(3)恶意攻击者与理性攻击者:恶意攻击者是指那些不以任何利益为目的,仅仅是为了娱乐或证明能力的黑客,他们的行为可能会造成车载系统损坏或者车辆功能失效,例如某人因恶作剧可能会向其他车辆发送虚假的信息而不去考虑任何后果,很难预测恶意攻击者的目的和操作。一般恶意攻击者主要通过伪造、干扰、欺骗、重放、洪泛等方式对车辆进行攻击。理性攻击者相对恶意攻击者具有更合理的攻击目的,比如为了个人利益或者窃取他人隐私。总体而言,恶意攻击要比理性攻击更难预测,因此恶意攻击者的危害更大。

(4)局部攻击者和全局攻击者:这类攻击者主要定义了攻击者能够实现的攻击范围。其中局部攻击者在对一些实体如汽车或者基站进行攻击时会限定一定的攻击范围,而全局攻击者能够通过控制实体来拓展他们的攻击范围。

这几种分类虽然描述了通用攻击者的特点和他们的攻击能力,但是在实际分析中需要对每种攻击类型和攻击者能力进行详细分析,这将为汽车信息安全威胁分析和风险评估提供依据。以不同级别来评估攻击者的能力,例如车主通常具有很弱的知识体系和工具来实现物理攻击,而黑客则具有很强的知识体系来支撑他们完成攻击,他们可以通过物理攻击、远程无线攻击对车辆实现入侵,包括窃听、干扰、欺骗、伪造等方法,见表5-3。

不同攻击能力的攻击者 表5-3

攻击者	知识	工具	物理攻击	无线攻击
车主	低	低	完全	无
盗贼	低	多种	有限	多种
维修工	中	中	完全	无
黑客	高	高	没有	完全
罪犯	高	高	受限	多种
竞争者	高	高	完全	多种

5.1.2.2 攻击动机

在考虑潜在攻击目标前需要对攻击者的动机进行分析,通过分析可以提出一些有效的安全策略。攻击动机是威胁分析时不可或缺的因素,不同的攻击者主要是根据他们的攻击动机来选择攻击目标的。因此,在车载网络威胁分析的前期阶段应该首先分析下攻击者的攻击动机,有利于研究不同场景下攻击者可能发生的攻击行为。

5.1.2.3 攻击时间

攻击时间是指攻击者发动攻击的时间,车主可以根据攻击时间来采取有效的安全保护措施。实际研究中,攻击时间并没有作为一个很重要的考虑因素。尽管如此,在智能车辆安全研究过程中攻击时间在一些情况下的重要性依然不可忽视。

5.1.2.4 攻击方式

攻击方式描述了攻击者实施攻击行为的具体方法,通常是威胁模型中最为重要的因素,这是因为攻击方式代表着黑客的入侵能力,不仅可以限制攻击目标范围,也可以反映出攻击动机和攻击时间的影响。根据当前技术水平和车辆实际情况,攻击方式主要包括 DoS、欺骗攻击、窃听、伪造攻击、干扰攻击 5 种。

5.1.2.5 攻击目标

攻击目标是指在一定层面上受到攻击或者影响的实体。如果优先知道攻击目标,就可以确定攻击区域并且采取一些安全措施来避免攻击的发生。针对攻击目标,主要存在两种典型的观点,一种是通过分析威胁模型和一系列外部攻击链路而提出来几个方法,包括物理方法、短距离无线方法和长距离无线方法;另一种是针对自动驾驶车辆进行潜在攻击的研究,并且给出了自动驾驶车辆和协同驾驶车辆的攻击面。综合这两种观点列出了攻击目标,见表5-4,将智能车辆攻击目标分为了三大类:车载终端,通信网络和远程系统,每大类下面又细分为一个级别或两个级别,然后对最后一个级别列出的攻击目标进行了脆弱性分析。

攻击目标和脆弱性分析的分类 表5-4

第一级	第二级	第三级	脆弱性
车载终端	车内网	CAN	仲裁机制能够阻止车内网络通信
		LIN	主从节点的依赖关系及同步机制

续上表

第 一 级	第 二 级	第 三 级	脆 弱 性
车载终端	车内网	MOST	定时主控器能够扰乱同步机制
	车载传感器	摄像头	图像干扰
		雷达	电子欺骗
		超声波	噪声、脉冲
		里程计传感	电磁干扰、温度干扰
		车内传感	嗅探攻击
	车内通信	OBD、USB、充电插头	物理攻击造成信息泄露
		CD、音乐播放器、手机	联网设备造成恶意攻击
		无线车门钥匙	重放攻击
网络通信	短距离通信	RFID	数据读写安全
		胎压监测系统	加密系统易受窃听
		Wi-Fi	缺乏安全策略
		DSRC	安全认证较慢
		蓝牙	通信开放
	长距离通信	GSM/GPRS、3G/4G/5G	电磁干扰、易受恶意攻击
		GPS、无线广播	干扰攻击、洪泛攻击
远程系统		导航系统、紧急制动系统、安全服务、远程故障诊断、娱乐信息服务系统	服务器访问控制、防火墙授权与安全认证、数据库访问协议

5.2 车载网络入侵检测技术研究现状

车载网络异常行为检测中,主要通过确定合适的检测特征及检测方法实现一定检测指标和检测功能,下面将分别对这两方面进行介绍。

5.2.1 车载网络异常行为特征分析

车载网络异常行为一般根据车载通信数据的表征信息来描述,这些表征信息可以直接用于车载网络入侵检测,如发送报文的时间戳、报文的发送频率、报文 ID 序列、报文字段内容、报文关联事件等。

5.2.1.1 时间戳

Taylor 等针对采集实车 CAN 总线的报文 ID 序列和数据帧信息进行分析,通过报文时间戳计算相邻报文的时间间隔,提出一种基于流的车载网络异常检测算法,包括对报文数量、发送频率、交互数量和通信时间等信息的检测,实现了对报文注入和拭除等攻击行为的检测。Song 等根据车载网络报文周期发送的特点,通过 CAN 总线报文时间戳统计不同报文发送的时间间隔,以此为特征分析单种报文、多种报文和 DoS 三种注入攻击下的报文时间间隔变化,根据时间间隔变化规律确定该特征正常行为变化范围,提出了一种基于 CAN 报文时间间隔的轻量级车载网络入侵检测系统。Cho 和 Shin 根据车载网络通信节点 ECU 时钟漂移的特性,通过周期报文时间戳的统计分析,建立了车载 ECU 通信网络正常状态下的特征模型,根据提取 ECU 时钟漂移特征作为通信节点的认证标识,提出了一种基于 ECU 时钟漂移特性的入侵检测方法,实现了对车载网络中伪造、阻断和伪装等攻击的高精度检测。

5.2.1.2 报文发送频率

Muter 等根据汽车 CAN 总线通信协议特点,通过 CAN 总线报文发送频率计算报文信息熵,以报文熵值作为车载网络行为特征,通过信息熵理论对车载网络"二进制流(Data)-信号(Single)-协议(Protocol)"三级数据构建车载网络正常行为模型,实现对报文频率增加、洪泛和伪造三种入侵行为的异常检测。

5.2.1.3 报文 ID 序列

Narayanan 等提出一种基于隐马尔可夫模型(Hidden Markov Model,简称 HMM)的车载网络异常检测方法,他们对实车 OBD-II 采集的数据提取报文序列,通过数据分析构建当前车辆运行状态的 HMM,根据构建的模型计算观察数据序列的后验概率,并以此为判断依据对当前数据进行异常检测,实验证明,提出的检测算法不仅能够检测恶意攻击,还能检测车辆自身故障,可应用于车载设备进行辅助驾驶。Taylor 等基于车载网络报文时序特征实现了 CAN 总线数据流的异常状态检测,其中异常状态包括报文字段的插入、丢失、中断、异常、取反等 5 种类型,并根据这 5 种异常类型构建相应的异常数据进行检测,同时对设定的异常数据类型进行检测验证和分析统计。Marchetti 等人以汽车 CAN 总线接收报文的 ID 序列为特征建立车载网络正常状态模型实现异常检测,具体通过建立连续报文 ID 序列的 $n \times n$ 维(n 为报文 ID 种类数)的转换矩阵,通过正常数据训练得到正常状态的转换矩阵,可以对简单的报文注入攻击和复杂得多报文注入攻击实现异常检测。

5.2.1.4 报文字段内容

Kang 等为解决车载网络入侵检测精度和计算开销的问题,搭建了基于深度信念网络(Deep Belief Network,简称 DBN)和深度神经网络(Deep Neural Networks,简称 DNN)的入侵检测框架,通过仿真平台构建车载网络报文正常数据集和异常数据集,根据 DNN 框架对具有统计的特征进行提取和训练,实现了对报文数据域位值篡改的入侵检测。于赫通过 CAN 总线报文数据域分析,以报文 8 个字节的有效负载为特征实现对报文错误位置的异常状态检测。Markovitz 等人通过对车载 CAN 总线通信数据的分析,总结出四种语义的报文字段,包括常数字段、多值字段、计数器字段和传感器字段,然后根据不同字段对应字节边界的不同,采用贪婪算法将报文信息分为不同字段,并将不同字段分为不同类型,然后针对 CAN 总线流量提出了一种语义感知的异常检测算法。Stabili 等通过计算不同 ID 的 CAN 报文有效载荷序列的汉明距离(Hamming Distance),以此为特征建立了车载网络正常状态模型,同时根据特征变化规律构建了模糊攻击和重放攻击两种入侵行为的数据集,通过正常状态模型的汉明距离,分别对两种攻击类型在不同攻击强度下进行异常检测。

5.2.1.5 关联事件

Rieke 等提出一种安全行为分析的车载系统异常检测方法,采用基于 Petri 网的过程挖掘和复合事件处理技术,构建车载系统事件序列的正常行为模型,实现对未知事件和不合理事件的快速检测。Narayanan 等从采集的车辆历史数据中提取出系列语义 web 规则语言,通过局部语义检测层、跨组件语义推理机、历史数据聚合和规则挖掘搭建系统安全检测架构,实现对车载传感器、执行器、CAN 总线数据流的异常状态检测。Lee 等基于车载 CAN 总线远程帧的"请求-应答"机制,通过发送远程帧对无攻击和有攻击场景下的应答行为进行分析研究,提出了一种基于远程帧的车载网络入侵检测系统,通过实车采集的 CAN 总线远程帧应答数据提出了消息窗体、偏移与时间间隔、快速响应、丢失响应等四种特征构建了正常行为检测模型,通过攻击仿真和实验测试,实现了对 DoS 攻击、模糊攻击和伪装攻击的快速检测,而且能够检测出注入攻击的报文类型和伪装攻击的网络节点。

该领域研究者针对车载网络的不同异常行为进行分析,主要关注报文的某一表征特征,选取的特征只是对应车载网络的某一属性或协议特点,能够检测到的攻击类型有限。为满足检测性能需求,多数研究以攻击仿真或数据处理为主,测试的数据与实际攻击数据存在一定的差异。

5.2.2 车载网络异常行为检测方法

车载网络入侵检测需要对车载网络不同异常行为对应的特征进行识别,根据不同攻击场景下提取的异常行为特征进行分析,而不同的检测方法将影响最终的检测性能。这里对车载网络异常行为的不同检测方法进行介绍,常用的检测方法有统计方法、传统机器学习方法和深度学习方法。

5.2.2.1 统计方法

Taylor 等人以报文间隔为特征,提出一种基于流的异常检测算法,采用 T-test 方法提取车载 CAN 数据流信息进行异常检测,但是检测结果中部分误报率较高,另外由于测试数据集有限,检测性能不能实现有效的统计。Cho 和 Shin 根据 ECU 时钟漂移的特性,提取相关特征作为 ECU 安全认证的标识,针对 ECU 时钟漂移特征产生的识别误差进行不同攻击场景下的异常检测,采用累计和统计方法实现对提取特征值的累积误差和异常变化检测,实验测试中统计多车异常检测误报率为 0.055%。

5.2.2.2 传统机器学习方法

Stabili 等以不同 ID 的 CAN 报文有效载荷序列的汉明距离为特征,通过设定报文汉明距离合适的阈值实现对模糊攻击和重放攻击两种入侵行为的异常检测,实验结果证明了该检测算法对模糊攻击具有较高的检测精度,同时具有较低的计算开销,但是检测精度取决于阈值的设置是否合理,若不合理则会出现较多的误报,因此适用范围有限。于赫根据分类与回归树模型和汽车 CAN 总线报文数据特点,提出了车载网络 CAN 总线异常检测的决策树模型,实现了对报文数据内容的异常检测,通过设定合理的判断阈值,实现对报文错误位置的异常状态检测。

5.2.2.3 深度学习方法

Kang 等通过仿真平台构建车载网络正常数据集和异常数据集,其中异常数据集通过对数据域位值的修改生成,然后搭建基于深度信念网络和深度神经网络的车载网络 IDS 框架,通过训练集预测实现对仿真数据集 98% 的平均检测率。Taylor 等基于长短期记忆神经网络(Long Short-Term Memory,简称 LSTM)算法实现了 CAN 总线数据帧字段的异常状态,对 5 种异常类型的数据集进行检测,通过 LSTM 算法对车载网络数据帧不同字段的二进制平均值进行检测,根据正常数据训练对异常数据进行预测,对比预测值与实际值差异实现篡改攻击模式下的异常行为检测,该算法具有较高的检测率,但是计算的误报率不稳定,适用范围有限。

5.2.3 车载网络入侵检测防御技术

IDS 作为一种典型的安全防护方法,核心在于检测,即寻找安全漏洞或脆弱点位置,然后结合防火墙等安全防护技术实现系统安全防御,同时具有入侵检测和防护能力构成入侵防御系统(Intrusion Prevention System,简称 IPS),多种 IDS 按一定部署策略组成入侵管理系统(Intrusion Management System,简称 IMS),能够实现全局的安全检测。目前行业中主要研究点为兼具检测和防御功能的 IDPS 系统(Intrusion Detection and Prevention System),通过合理地部署 IDS 系统进行有效的安全防御。部署 IDPS 的目的是被动监视、检测和记录不适当的、不正确的、可能产生风险的或者异常的活动。当有可能入侵的活动被检测到时,IDPS 会发出报警或自动响应。

Kishikawa 等人提出了针对 FlexRay 欺骗帧注入的 IDPS 系统,并分别提出了基于分布式的 IDPS、发射器 ECU 的 IDPS、星形连接主机的 IDPS 以及禁用器 ECU 的 IDPS。其中,基于分布式的 IDPS 中,接收者的 ECU 可以根据他们的策略解决欺骗帧,但是需要将 IDPS 安装在接收者的 ECU 中;发射器 ECU 的 IDPS 不需要在接收者中安装 IDPS 并可以发送合法帧给接收者的 ECU,但是不能抵御部分攻击;星形连接主机的 IDPS 不需要在接收者一方或发射器安装 IDPS,但是合法帧有可能被封锁且误报的风险依旧存在;禁用器 ECU 的 IDPS 同样不需要在接收者一方或发射器安装 IDPS,但是必须将 IDPS 安装在每个分支的 ECU,误报的风险依旧存在。

Ziehensack 提出了多层级的安全保护方法,第四层级就是利用 IDPS 来保护通信安全,IDPS 系统通过对中心设备和接收端进行安全检测和防御。例如,通过对不同输入数据或者数据序列进行真实性检查和未通过的完整性检查等;防御一方可以通过报告以及相对的措施进行执行,如屏蔽来自信息娱乐 ECU 的消息或重新配置(停用关键功能、在自动驾驶的情况下发起切换,请求改变会话密钥等)。

Holle 认为 IDPS 应该是一个学习型的系统,Escrypt 的 IDPS 是利用车辆的连通性快速响应新的攻击场景,并立即将由此产生的防御策略转发给整个车队,这创造了一种对攻击做出动态反应的免疫系统。在这种免疫系统中,每次攻击都会增强车队的防御能力,攻击检测和预防在这里以闭环方式交互。而一旦发生攻击,嵌入式防火墙(CycurGate)便会立即阻止对车辆控制单元的访问。但是,为了抵御未来不断变化的攻击策略,为防火墙(黑名单和白名单)存储的规则集必须不断更新,这便是嵌入式攻击检测软件商 Esscrypt 制造的入侵检测系统(CycurIDS)的作用;IDS 监控控制单元或网关,永久分析所有车载网络通信。它专为 CAN 以及未来基于以太网的 E/E 架构而设计,可识别典型的入侵特征,特别是周期性消息中的异常和诊断请求的误用。然后,IDS 记录的异常会存储在车辆中供以后查看,或者为了能够做出快速反应,它们会自动传输到基于云的事件数据库。

Lokman 等讨论了 IDPS 通过车辆中提供的一系列触觉(如 ABS 制动系统等力响应部

件)、声学(如媒体播放器、电话、音频等声音子系统部件)和视觉(如电视系统等车载显示屏部件)与驾驶人进行通信的三种不同方法作为使用车辆传感器阵列作为输入的,确定车辆和驾驶人之间最合适的交互,一旦识别到入侵,就可以激活自适应动态方法。

  Miller 和 Valasek 提出了一种入侵检测和防御机制。他们开发了一种小型异常探测器设备,可以直接插入车辆的 OBD-Ⅱ端口。然后通过该设备学习通信总线通信量模式,并检测系统是否发生任何异常。一旦识别出异常,CAN 总线将被短路,并且在总线内传输的所有数据包都将被禁用。

  松下公司开发的 IDPS 系统由车载"监控模块"和与监控模块相连的"监控云"组成。车载监控模块根据监控规则对整车进行监控。通过使用公司新开发的系统,一旦发现现有监控模块无法检测到的攻击,系统可以通过从监控云更新监控规则来防止新的攻击。因此,即使在车辆投放市场后,它也有助于维护安全。此外,通过在确定为真正的安全事件之前掌握攻击迹象,他们可以提前实施对策,以便将攻击的影响降至最低。他们的设备包含四部分。

  (1)车载设备型主机入侵检测技术:该技术检测来自互联网的入侵,可以与互联网连接设备(IVI/TCU)一起安装和使用。除了可以从 Linux 等操作系统获得的日志中清楚地识别攻击和其他各种安全功能外,系统还可以结合多种行为信息来检测攻击。

  (2)车载设备型 CAN 入侵检测技术:该技术检测对 CAN 通信系统的入侵,可以与 CAN 连接设备(ECU)一起安装和使用。CAN 监控用法有两种类型,包括:①可以过滤安装的 ECU 接收到的未经授权的 CAN 命令;②CAN 监控通过监控已安装的 ECU 连接的所有 CAN 总线系统来检测未经授权的命令。通过考虑车辆的各种条件来判断未经授权的命令,可以在特定条件下减少误报的数量。针对每个单独的命令进行未授权命令的检测,从而实现检测后的实时预防。

  (3)车载设备型以太网入侵检测技术:该技术检测对以太网通信系统的入侵,可与以太网连接设备(ECU)一起安装和使用。有一个以太网过滤器,可过滤已安装的 ECU(以太网交换机 ECU 等)接收或拦截的未经授权的以太网帧。该系统由俯视方法和详细方法组成,前者可以通过分析帧头来轻而易举地判断未经授权的命令,后者具有高负载操作,但可以准确地确定未经授权的命令。通过组合这些方法,可以实现灵活的检测。

  (4)车-云入侵检测技术:该系统通过机器学习对从多辆车的车载设备收集到的大量日志进行分析,并将其放置在云中即可使用。至于使用情况,事先学习过的车载网络模型,会自动缩小可能成为安全隐患的日志范围。之后,攻击分析员将仅分析选定的日志。通过与各种车载设备类型的入侵检测技术相结合,可以在识别出真正的安全事件之前掌握攻击的迹象。

  哈曼公司与 Airbiquity 公司通过将哈曼用于车内入侵检测和防御的 ECUSHIELD 软件与 Airbiquity 的 Choreo 服务交付平台以及云中的软件和数据管理解决方案相结合,提供了一种强大的安全威胁检测和响应能力。其中,哈曼的嵌入式 ECUSHIELD 软件为关键车辆通信网络、组件和系统提供持续的安全威胁监控和身份验证-检测、记录并主动缓解网络攻击,以最大限度地减少威胁传播;Airbiquity 的 Choreo 服务交付平台和软件与数据管理解决方案从车辆收集 ECUSHIELD 入侵日志信息,将其聚合到云中,发出攻击警报,并自动执行车辆级别报告以进行评估和威胁缓解。

百度阿波罗开发的 IDPS 系统包括:①网关防火墙,用于监控整个网络通信,识别风险控车指令,发现并阻止异常嗅探等行为;②特征检测引擎,基于深度报文解析,匹配恶意指令特征;③启发式检测引擎,基于上下文感知的检测技术,发现异常行为;④机器学习检测引擎,通过海量高质量行车数据训练,发现潜在行车模式;⑤异常告警,发现入侵行为后,向云端发起异常告警。

综上所述,根据车载网络入侵检测研究现状,常用的检测方法缺少检测适用性、检测性能评估等方面的研究。车载网络作为入侵检测的载体,其通信信息将会影响车辆的控制和正常驾驶,对车辆的驾驶安全和驾乘人员人身安全都会造成一定的影响,对车载网络入侵检测方法的性能要求会更高。但是受限于车载端计算资源和复杂的网络环境,车载网络入侵检测方法还存在诸多的问题和难点,因此研究车载网络入侵检测意义重大。

5.3 车载网络数据异常检测方法

通过车载网络信息安全威胁分析,对车载网络威胁产生的来源、威胁传播的路径、威胁可能的影响因素有明确的认识。在此基础上,根据不同的攻击方式和途径,借助不同的攻击测试工具和手段,搭建可实现多种攻击模式的车载网络攻击实验平台。

车载网络异常行为的产生可以分为两种,一种是由于外界攻击或入侵造成车载网络存在异常数据或异常状态,另一种是由于驾驶人非法或非常规操作造成的车载网络异常行为。其中,第二种情况不具有规律性,相关数据很难统计,并且可重复性较差,本节只考虑第一种情况,即通过一些常规的或确定性的攻击方法或手段实现对车辆的入侵,入侵行为通过不同的攻击链路将会影响车载网络的正常通信。

5.3.1 车载网络入侵攻击实验平台设计

根据攻击途径和攻击手段,这里将车载网络的攻击分为以下 6 种类型:窃听、欺骗、阻断、篡改、洪泛和重放。进行车载网络攻击测试主要通过汽车总线仿真测试软硬件设备及其他嵌入式开发工具实现。

不同车型的车载网络架构和车载系统等方面存在差异,不同渗透测试人员的协议逆向水平参差不齐,借助汽车总线测试工具能够实现的攻击形式和类型非常有限,大部分攻击产生的车载网络异常数据形式单一、有效信息量小、数据稳定性差,通过这种方式产生的数据在异常检测方面存在很大的局限性。为提高数据的有效性和可重复性,除利用实际攻击测试工具外,还可通过其他测试软件功能模块针对不同攻击方法和攻击路径设计不同形式的攻击实验平台。

5.3.1.1 实车攻击实验平台

总线测试设备连接车载网络后,通过软件可以按一定频率和时间发送创建的报文,借助测试软件监控界面对车载网络协议进行逆向破解,破解过程中采集的实车数据可直接用于异常检测。实车攻击测试实验如图 5-3 所示,通过总线测试设备可直接读取车载总线数据,同时也可向总线中发送创建的报文,实现重放、欺骗、洪泛等攻击。

图 5-3 实车攻击测试实验

5.3.1.2 仿真攻击实验平台

实车攻击测试尽管能够采集到真实的攻击数据,但是逆向破解出的协议信息有限,并且采集的攻击数据可控性差,不便于后续对异常数据进行定位和分析。为便于异常数据标定和规律统计,本节除了实车攻击实验外,还采用大量的仿真攻击数据进行异常行为的统计和分析。借助于总线仿真测试软件,通过对采集的实车数据进行重放,模拟实车总线数据的发送过程,利用测试软件中报文发送模块和报文信息编程控制模块在数据重放过程中按设定的攻击参数发送报文,发送的报文可以为重放的报文,也可以为通过编程模块构建一定规则变化的欺骗报文,然后进行数据抓取和数据保存,从而生成异常数据集。通过这种方式可以获取重放、欺骗、洪泛等多种攻击类型下的异常数据。

5.3.2 车载网络异常行为特征集构建

通过实车数据分析,车载网络数据存在一定的特征和变化规律,通过数据统计和分析可以将这些特征提取出来,这些特征可以用来描述不同攻击类型产生的数据差异,从而反映出车载网络异常行为变化。从报文不同字段的来源,特征可分为 5 类:报文时间戳、报文类别、报文序列、报文字段内容、报文字段语义。

通过对车载网络的 5 种基本特征的分析,可以对实车数据进行特征提取,能够建立描述车载网络正常数据的变化规律和分布属性。这个具有一定规律和分布属性的正常数据特征可以作为检测对象实现异常行为检测,本节通过统计、数据挖掘等方法提取车载网络异常行为特征。根据特征内容和特征提取方法,本节将车载网络异常行为特征分为以下几种:

(1)数据表征特征:根据车载网络数据形式进行简单统计计算得到的特征,如报文的平均周期、数量、类别、时间戳、字段内容、序列等;

(2)数据物理特征:对车载网络数据进行数学算法处理,获得能够表征总线网络节点物理特性方面的特征,如 ECU 时钟漂移特性等;

(3)数据协议特征:通过对车载网络接收数据的字段内容进行数据挖掘或深度学习,根据车载网络协议的规则,在未知协议情况下构建出车载网络的数据协议特征,如报文字段代表的车辆发送信息的变化规律等;

(4)数据字段特征:通过对车载网络接收报文数据域的字段内容分析,找出能够描述字段内容变化规律的特征或相似性度量方法,如报文字段间的不同距离、报文数据段数值的大小分布和报文多帧之间字段的变化规律等。

根据提取的车载网络异常行为特征模型和变化规律,需要在不同攻击类型下对车载网络异常行为特征的变化进行分析,从而确定合适的异常检测算法。本节重点研究几种攻击类型,包括伪造、重放、洪泛、阻断等,通过车载网络攻击实验平台,对不同车型构建不同攻击类型下的车载网络异常行为特征库。车载网络异常行为特征库主要包括攻击模型、异常行为特征模型、异常行为特征变化规则等方面。下面从攻击类型方面分别进行介绍。

5.3.2.1 伪造攻击

伪造攻击是一种注入攻击形式,攻击者可以伪造与车载网络通信数据不直接相关的信息实现对网络通信数据的干扰,如模糊测试过程中,测试人员会通过伪造大量的数据对车载网络进行逆向破解。伪造攻击根据攻击方式和手段可以分为无目的性伪造攻击、有目的性伪造攻击及其他形式,通过伪造报文的种类、伪造报文字段的位域信息、伪造攻击的变化方式和伪造数据的占比等信息构建伪造攻击模型。某车型伪造攻击数据集的参数设置列表见表 5-5。车载网络伪造攻击示意图,如图 5-4 所示。图示中从报文 ID、报文周期构造了三种伪造攻击形式,不同攻击形式对车载网络异常行为特征将产生不同的差异。

表 5-5 车载网络伪造攻击参数设置列表

攻击形式	伪造报文种类	伪造异常位域	伪造攻击变化	攻击数据占比
无目的性伪造攻击	10	1bit ~ 4bit	随机变化	10%
有目的性伪造攻击	10	4bit	规律变化	10%
其他	远程帧	—	单报文发送	—

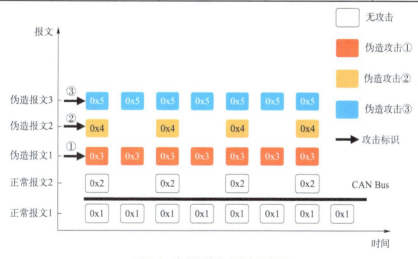

图 5-4 车载网络伪造攻击示意图

5.3.2.2 重放攻击

重放攻击通过对实车车载报文进行周期重放实现。本节中构建重放攻击数据集的参数,见表 5-6,包括攻击的车型、重放报文类别、重放周期、重放次数和重放报文占比等。车载网络不同重放周期示意图如图 5-5 所示。根据重放攻击参数的描述和重放攻击体的攻击类型可以构建重放攻击模型。

车载网络重放攻击参数设置列表　　　　　　　　　　　　　　　　　表 5-6

车　型	重放报文种类	重放报文周期	重放周期	重放次数	重放报文占比
别克英朗	20	10ms,25ms	1 倍周期 2 倍周期	230581	23%
雪佛兰科鲁兹	20	10ms,25ms	1 倍周期 2 倍周期	209833	21%
北汽 EV260	10	20ms,50ms	1 倍周期	350194	35%

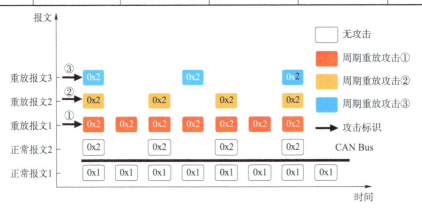

图 5-5　车载网络报文不同重放周期示意图

在重放攻击下,车载网络异常行为特征有:报文周期、报文量、ECU 时钟漂移率、报文汉明距离及信息熵等。根据重放攻击下车载网络不同数据特征的变化情况,对比攻击前后数据特征变化,采用一定的统计方法可以确定重放攻击类型下的异常行为特征,进而可以建立对应攻击场景下的车载网络异常行为特征库。

5.3.2.3　洪泛攻击

洪泛攻击是在未知车载总线报文信息的情况下通过向车载网络中发送大量的伪造报文。具体地讲,可以通过外部设备向车载总线中注入大量的报文对车载网络进行洪泛攻击,也可以通过总线仿真测试软件构建洪泛攻击数据。洪泛攻击涉及的参数攻击包括报文种类、攻击次数、攻击持续时间和攻击数据占比等,某车型洪泛攻击数据集相关参数的构建见表 5-7。洪泛攻击主要通过线上实车攻击测试和软件仿真测试两种手段,根据伪造报文的不同的 ID 和攻击次数等信息可以建立洪泛攻击模型,根据该模型可以构建不同的异常数据集。车载网络洪泛攻击示意图如图 5-6 所示,图中给出了两类洪泛攻击,一种是存在于正常报文 ID 的伪造报文,一种是不存在正常报文 ID 的伪造报文,两类攻击类型对报文类别会产生明显的差异。在洪泛攻击场景下,可能发生变化的车载网络异常行为特征有:车载网络报文周期、报文量、ECU 时钟漂移率、信息熵等。

车载网络洪泛攻击参数设置列表　　　　　　　　　　　　　　　　　表 5-7

数据手段	攻击报文种类	攻击次数	攻击持续时间/次	攻击数据占比
实车洪泛攻击	多种	多次	1~2s	8%
仿真攻击延迟报文发送	单种/多种	多次	1s	10%

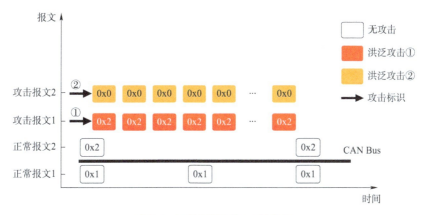

图 5-6　车载网络洪泛攻击示意图

5.3.2.4　阻断攻击

阻断攻击是通过一定方式或手段造成车载网络数据传输中断的一种攻击形式。实现过程中，可以短时间内向车载网络中发送大量报文造成网络传输数据的中断，通过反编译手段对 ECU 发送报文造成延迟，也可通过总线仿真测试软件控制某一报文停止发送构造阻断攻击形式。除此之外，为构建更为复杂的阻断攻击数据，还能通过实验数据处理平台对数据进行拭除。根据实际攻击方式和手段，阻断攻击主要包括攻击车型、攻击报文种类、攻击次数、攻击持续时间、攻击数据占比等，这些信息和属性构成阻断攻击模型，某车型部分阻断攻击异常数据集见表 5-8。车载网络阻断攻击示意图如图 5-7 所示，在阻断攻击场景下，车载网络异常行为特征有：报文周期、报文量、ECU 时钟漂移率、信息熵等。

车载网络阻断攻击参数设置列表　　　　表 5-8

数 据 手 段	攻击报文种类	攻 击 次 数	攻击持续时间/次	攻击数据占比
实车洪泛攻击	多种	100	1~2s	8%
仿真攻击延迟报文发送	单种/多种	10000/100	1s	10%
仿真攻击控制报文发送	单种/多种	10000/100	1s	13%
实验数据处理构建异常数据	单种/多种	10000/100	1s	12%

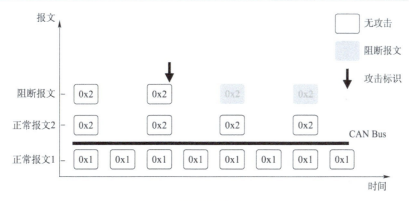

图 5-7　车载网络阻断攻击示意图

以上分析，不同攻击模式下四种特征均有不同程度变化。其中，通过信息熵可以确定伪造报文 ID，通过其他特征可以提取伪造报文其他信息，这些特征共同构建了车载网络不同攻击场景下的异常行为特征库。

5.3.3 车载网络异常行为轻量级检测

车载网络异常行为中，多数为能够反映不同攻击形式的统计特征，这些特征模型简单且容易提取，可用于车载网络大范围异常数据的轻量级检测。在检测过程中，为实现对车载网络大范围下的异常数据检测，以尽可能小的计算开销检测尽可能多的攻击类型，在通过车载网络攻击实验平台构建出多种攻击模式下的车载网络异常数据基础上，采用轻量级检测方法对车载网络异常行为进行快速检测。针对不同攻击模式下的异常数据，借助于构建的车载网络异常行为特征库，分别开展基于统计特征的轻量级异常行为检测和基于语义特征的轻量级异常行为检测。通过车载网络攻击实验平台构建不同攻击类型的异常数据，在同一数据集中，对不同统计特征异常行为检测算法进行测试分析，对不同攻击类型的适用检测算法和不同统计特征检测算法的优缺点进行综合评价。

车载网络统计特征异常行为是对车载网络统计特征适用的攻击类型下的异常数据进行检测。为进行车载网络异常行为检测，通过搭建的车载网络攻击实验平台，分别构建不同攻击模式下的车载网络异常数据。本节针对车载网络四种特征在四类攻击情况下开展异常行为检测，四种统计特征分别为信息熵、ECU 时钟漂移率、报文 ID 序列和报文量，四类攻击类型包括伪造、重放、洪泛和阻断。下面将针对这几种特征在不同攻击类型下构建异常数据集。采集的某车型实车数据统计信息见表 5-9。

表 5-9 实车 CAN 总线采集数据信息列表

ID 类别数量	报文统计量(帧/s)	报文最小周期(ms)	报文最大周期(ms)	波特率(bit/s)
87	2270	10	2000	500000

四种攻击类型相关参数设置见表 5-10。

表 5-10 四种攻击类型相关参数设置列表

攻击类型	$N_{packets}$	N_{attack}	T_{attack}(s)	%$_{attack}$
伪造	100 万	12698	0.01	0.0127%
重放	100 万	17825	0.01	0.0178%
洪泛	100 万	99546	0.001	0.0995%
阻断	100 万	17532	—	0.0175%

注：$N_{packets}$：接收 CAN 总线的报文数量，在采集不同车型的时候，为保证同等条件，本节中均以 100 万帧报文为测试单位进行特征分析和检测性能对比；N_{attack}：攻击报文数量，即因攻击行为造成总报文数量变化的报文帧数统计量，本节中主要包括注入和阻断两类攻击类型产生的报文变化量；T_{attack}：攻击报文的发送周期；为了便于统计和观察检测结果，本节涉及攻击报文均采用周期报文，其中阻断攻击中不涉及攻击报文；%$_{attack}$：$N_{attack}/N_{packets}$，即攻击报文在总报文的占比，在攻击行为的检测中是一个非常重要的参数，会直接影响检测效果。

根据车载网络异常行为特征库生成要测试的四种统计特征，结合特征库中缓存的正常数据统计特征的变化规律，建立车载网络正常数据的分布模型，然后针对不同攻击模式下的异常行为特征的变化情况确定异常检测的判断阈值。

针对上节构建的四种攻击场景下获取的异常数据,分别用信息熵、时钟漂移、ID 序列和报文量四种车载网络统计特征异常行为进行异常检测及性能评估。构建不同于正常数据的特征分布或模型,根据不同攻击属性确定合适的阈值绘制检测性能曲线图,并计算相关评估指标,四种特征异常检测算法的阈值范围,见表 5-11。

表 5-11 四种基于统计特征的检测算法阈值范围列表

攻击类型	伪造	重放	洪泛	阻断
信息熵	[0.01,0.20]	[0.01,0.20]	[0.01,0.50]	[0.01,0.25]
时钟漂移	[7,1400]	[5,100]	[10,300]	[7,1400]
ID 序列	—	—	—	—
报文量	[100,2000]	[100,2000]	[100,2000]	[100,2000]

在对几种检测算法的性能评估过程中,为保证测试结果的可对比性和一致性,本节对每种攻击模式下采用相同的异常数据集进行测试。根据不同攻击模式下的检测结果,绘制出不同检测算法的 ROC 曲线图和 P-R 曲线图,分别如图 5-8 和图 5-9 所示。

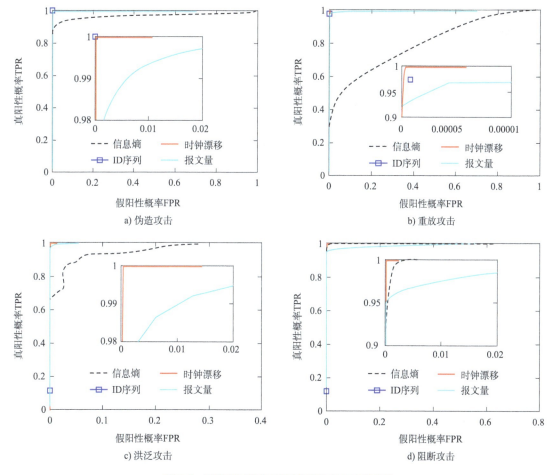

图 5-8 不同攻击类型下不同检测算法 ROC 曲线图

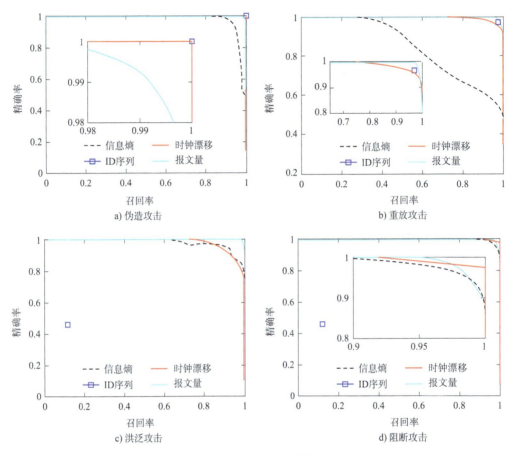

图 5-9 不同攻击类型下不同检测算法 P-R 曲线图

根据检测结果,对四种攻击类型下的检测算法进行分析和总结如下。

5.3.3.1 伪造攻击

通过向汽车 CAN 总线中注入 ID 为 101 的伪造报文并以 10ms 周期发送。从图 5-8 中伪造攻击下各检测算法 ROC 曲线可以看出,ID 序列检测算法在仅有 400s 时间段的数据训练下即可达到 100% 的检测率,时钟漂移特征检测算法大部分具有 100% 的检测率,这是因为伪造攻击增加了新的 ID 序列,同时影响注入报文接收的时间戳。报文量较信息熵算法具有更好的检测性能,但是没有 ID 序列和时钟漂移特征的检测性能好。该攻击类型中,平均每秒钟注入报文的总占比为 4.2%,数据量占比较小,因此信息熵和报文量特征检测性能并不好。对比图 5-8a)和图 5-9a),四种检测算法 ROC 曲线和 P-R 曲线具有相似的变化趋势。

5.3.3.2 重放攻击

采用 10ms 发送周期、ID 为 191 的报文进行重放攻击,在图 5-8b)中,时钟漂移特征检测算法大部分检测率为 100%,ID 序列检测算法具有 97.45% 的检测率和 0.004% 的误报率。报文量检测算法在重放攻击下与伪造攻击下具有相似的 ROC 曲线,而信息熵检测算法在重放攻击下较伪造攻击具有更差的检测效果。由于重放攻击和伪造攻击均是周期注入报文的攻击形式,因此两种攻击类型在报文量特征和信息熵特征检测算法中具有相似的 ROC 曲线。两种攻击类型的区别主要在于报文的种类不一样,因此 ID 序列和时钟漂移特征的检测性能曲线存在一定的差异。另外,信息熵检测算法在四种算法中检测性能最差。

5.3.3.3 洪泛攻击

从实车 CAN 总线里面选择 ID 为 191 的报文以 1ms 的高频周期向车载总线中发送数据实现对车载网络的洪泛攻击。在图 5-8c)中,时钟漂移特征和报文量特征检测算法较其他两个检测算法具有更好的检测性能,信息熵检测算法是四种检测算法中检测性能最差的。洪泛攻击过程中,注入的报文总占比为 30.3%,这将对车载网络的报文量产生非常明显的影响,因此报文量检测和信息熵检测性能显著提升。对于 ID 序列检测算法,由于测试的 ID 序列模型包括攻击前的序列,因此较前两种攻击类型误报率不变。在图 5-9c)中,报文量特征检测算法在四种检测算法中检测性能最佳,这种特征非常适用于报文量变化较大的攻击场景下。

5.3.3.4 阻断攻击

本节通过搭建与车载总线连接的外部通信节点作为检测对象,通过控制检测报告的发送来实现阻断攻击。在图 5-8d)和图 5-9d)中,时钟漂移检测算法是四种算法中检测性能最佳的,信息熵和报文量这两种检测算法具有相似的检测性能。此外,ID 序列检测算法只有 11.9% 的检测率和 0% 的误报率,这是因为没有新的 ID 序列产生,因此误报率为 0。因为阻断攻击会影响报文的种类、报文的接收时间、报文量等特征,因此这种攻击场景下几种检测算法均有较好的检测性能。

根据几种攻击类型下四种检测算法的性能对比,可以得出以下结论:

(1)四种检测算法中,时钟漂移特征检测算法具有更好的检测性能。
(2)报文量检测算法在洪泛攻击下较其他攻击场景具有更好的检测性能。
(3)报文 ID 序列检测算法在 400s 的时间内即能实现 97% 的检测率和 0% 的误报率。
(4)重放攻击中,信息熵检测算法较其他三种检测算法具有最差的检测性能。

通过分析发现,四种攻击类型中伪造攻击更容易检测,通过 ROC 曲线确定的最佳检测阈值可以实现不同攻击场景下高检测率和低误报率。通过表 5-11 可以看出,攻击报文量占比较小,这对 FP 的统计计算影响较大,因此检测中 FPR 对阈值的设置非常敏感。为此,本章根据绘制的 ROC 曲线选择了最佳的检测阈值,并对检测评估测度 F1 进行了计算和统计。表 5-12 ~ 表 5-15 列出了几种攻击类型下不同检测算法的检测性能测度指标。

伪造攻击各检测算法性能评估测度列表 表 5-12

特征算法	阈 值	真正类率 (TPR)(%)	负正类率 (FPR)(%)	精确率 (Precision)(%)	召回率 (Recall)(%)	F1 值 (F1-score)
信息熵	0.06	94.25	5.68	94.25	94.25	0.94
时钟漂移	1274	100.00	0.00	100.00	100.00	1.00
ID 序列	—	100.00	0.00	100.00	100.00	1.00
报文量	345	99.30	0.78	98.80	99.30	0.99

重放攻击各检测算法性能评估测度列表　　　　　　　　　　　表 5-13

特征算法	阈值	真正类率 (TPR)(%)	负正类率 (FPR)(%)	精确率 (Precision)(%)	召回率 (Recall)(%)	F1 值 (F1-score)
信息熵	0.06	69.41	26.74	71.95	69.41	0.71
时钟漂移	25	100.00	0.01	96.59	100.00	0.98
ID 序列	—	97.45	0.04	97.03	97.45	0.97
报文量	300	92.90	0.00	100.00	92.90	0.96

洪泛攻击各检测算法性能评估测度列表　　　　　　　　　　　表 5-14

特征算法	阈值	真正类率 (TPR)(%)	负正类率 (FPR)(%)	精确率 (Precision)(%)	召回率 (Recall)(%)	F1 值 (F1-score)
信息熵	0.16	88.84	5.00	95.50	88.84	0.92
时钟漂移	170	100.00	0.04	79.59	100.00	0.89
ID 序列	—	11.90	0.03	45.71	11.90	0.19
报文量	144	99.00	1.00	93.73	99.00	0.96

阻断攻击各检测算法性能评估测度列表　　　　　　　　　　　表 5-15

特征算法	阈值	真正类率 (TPR)(%)	负正类率 (FPR)(%)	精确率 (Precision)(%)	召回率 (Recall)(%)	F1 值 (F1-score)
信息熵	0.07	98.80	0.87	96.47	98.80	0.98
时钟漂移	994	100.00	0.01	97.62	100.00	0.99
ID 序列	—	11.90	0.03	45.71	11.90	0.19
报文量	142	96.35	0.04	93.43	96.28	0.95

通过表 5-12～表 5-15 的检测性能指标分析,能够发现 TPR 和 FPR 基本上能够反映出不同检测算法的检测性能。如果两个检测算法具有近似的 TPR 和 FPR,则需要对比两个算法的 F1-score 值,该值越大检测性能越好。时钟漂移和报文量两种特征检测算法具有近似的 TPR 和 FPR,但是报文量检测算法具有更高的 F1-score 值,则具有更优的检测性能,见表 5-14。

通过不同攻击类型下的检测算法性能分析,能够发现基于不同统计特征异常行为的检测算法在不同攻击类型下检测性能的差异,根据不同攻击类型可选择适用的车载网络统计特征进行异常检测,不同统计特征的检测结果将发送至特征库,并通过异常行为模型对检测的车型、攻击模式、检测阈值、异常行为特征和检测结果等信息进行更新。本节讨论的是已知攻击类型下的不同统计特征的检测结果,对于实际过程中要检测的未知攻击类型的数据,通过分析的不同统计特征在不同攻击模式下的检测性能,可以对未知异常数据检测结果进行综合评估,根据不同统计特征的检测结果按一定方式构建出检测的未知攻击类型,并在特征库中添加未能确定的攻击类型模型及相关特性。因此,通过不同统计特征在不同攻击模式下的检测性能分析,不仅能够动态更新车载网络异常行为特征库的特征模型,还能够实现对未知攻击类型的特征自学习。

第 6 章
基于OTA空中下载升级修复的安全防护技术

近年来,汽车朝着智能化、网联化、电动化的方向发展,每辆车上的 ECU 数量已经达到上百个,软件的代码数量超过一亿行,使得整个车辆的软件系统复杂度急剧增加,也大大增加了出现软件功能漏洞甚至是安全漏洞的概率。OTA 通过无线网络远距离地对大规模的网联车辆进行软件更新,增加新的功能特性,修复软件的 Bug 或者安全漏洞,是一种低成本而且时效性非常高的汽车软件更新方案。但是 OTA 更新也意味着将汽车内部软件暴露在公共网络上,从而增加了汽车的攻击面,攻击者可以远程地对汽车发起网络攻击,造成个人隐私数据的泄漏甚至车辆被攻击者控制,存在非常严重的安全隐患。本章将从云端系统架构、监管机构、OEM 节点、软件提供商、OTA 系统车载端、实验六个方面介绍一种分布式的 OTA 系统,适应软件多级供应商结构,为智能网联汽车软件更新提供全面的安全防护功能。

6.1 云端系统架构设计

OTA 云端系统是整个系统的关键部分,云端系统部署在互联网上,为车辆提供软件更新服务。OTA 云端系统可以被所有互联网的用户访问,容易遭受网络攻击,例如在不安全的网络上传输数据或者存储在服务器的数据都容易被篡改或者窃取。为了增加 OTA 云端系统的安全性,可以采取分离职责的方式,将 OTA 云端设计为分布式结构,整个系统由三类节点组成,分别是 OEM 节点、软件提供商节点和监管机构节点,这些节点分别负责不同的职责,为车辆的软件更新提供服务,即使某一个节点受到攻击,也不会使整个系统的安全性受到影响。首先介绍云端系统的架构设计,再分别阐述不同节点的功能以及他们的安全机制的设计和实现。

安全 OTA 云端系统包括三种角色,分别为监管机构、OEM 和软件提供商,整体架构如图 6-1 所示,主要职责和功能如下:

(1)监管机构:建立签发该证书的 CA,给 OEM 和软件提供商颁发数字证书,并审查软件更新包。

(2)OEM:授权管理软件提供商,管理控制车辆的软件版本,认证车辆的身份,给通过认证的车辆授予软件包下载权限。

(3)软件提供商:提供软件更新包,生成软件包的元信息,并对其进行数字签名,只对 OEM 授权的车辆下发软件包。

图 6-1 云端系统架构

6.2 监管机构节点设计

6.2.1 证书管理系统

在软件更新的过程中为了保证软件更新包的真实性,需要对软件更新包的发布者进行身份认证。为了使车辆上最终安装运行的软件是可信软件供应商提供的,以及相关的元数据是可信的,需要在软件更新包发布的时候由软件供应商、OEM 及监管部门进行数字签名,车辆对软件更新包的签名进行验证从而保证软件包和元数据的真实性。

PKI 是由一系列的角色、策略和软硬件设施组成,基于 PKI 可以实现数字证书的创建、管理、分发、使用、存储以及撤销等操作。数字证书也被称为公钥证书或者身份证书,其包含个人或机构的公共密钥,以及姓名、组织、邮箱、地址等信息,并由 CA 签名,可以通过数字证书认证该公钥属于个人或机构。因此,数字证书的安全管理对整个软件更新过程的安全性非常重要。证书管理系统需要对数字证书的整个生命周期进行管理,包括证书的创建、存储、分发和验证,以及证书的撤销。整个证书管理系统是一个树状结构,如图 6-2 所示。根 CA 由监管机构设立,并建立两个子 CA,分别向车企和软件供应商颁发证书,形成一个树状继承的证书管理系统,除了根节点之外,每个节点都有且仅有一个父节点,可以有多个子节点,每个子节点的证书都由父节点颁发。每辆汽车在生产阶段会安装根节点的证书,根据根节点的公钥,就可以验证该根节点所有子节点的证书,从而也能验证他们的数字签名。

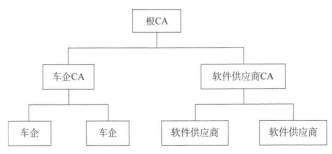

图 6-2 证书管理系统结构

CA 是 PKI 系统的核心,它是信任链的起点。CA 负责给使用公钥的用户发放数字证书,CA 本身也有一个自签名的证书和私钥,证书里面包含它自己的公钥,它可以用私钥给每个它颁发的证书签名,用户可以通过证书上的 CA 签名来验证证书持有者的身份和公钥的拥有权。

6.2.2 审查软件包

监管机构对软件更新发布具有监管的职责,它需要对软件供应商发布的软件包进行检查,检查之后发布检查的结果,并将检查信息用自己的证书进行签名。审查的信息里面可以包含已知漏洞的扫描信息,审查的时间等信息。表 6-1 为审查机构提供的审查信息,最终以 JSON 格式发布审查信息,每一个字段对应一个键值对。

表6-1 软件包审查信息

字 段	字段说明
软件供应商	软件供应商的公司名称
软件名称	软件包的具体名称
软件包存储地址(URL)	软件供应商存储软件的地址
软件指纹	软件的Hash值
审查结果	是否通过
审查日期	监管机构审查并签名的日期
审查机构签名	审查机构用私钥对审查信息签名

6.3 OEM节点设计

6.3.1 车辆身份认证与授权

通过数字证书和数字签名机制,可以对OTA系统服务器端的身份进行认证,同样,在OEM接收到车辆的更新请求时,应该对车辆的身份进行认证,确认更新请求是指定的车辆发起的,并且请求信息是完整的,没有被篡改过的。可以给每辆车都分配一个单独的证书,并根据这个证书的签名来实现对车辆的身份进行识别。但是,因为车辆数量巨大,为每一辆车颁发一个证书会使成本非常高,而且大量证书的管理非常复杂。因此,可以采用基于哈希算法的消息认证码(Hash-based Message Authentication Code,简称HMAC)的方法来验证车载端的身份以及更新请求的完整性。HMAC是一种使用哈希算法和对称加密算法来构造消息认证码的方法,它的定义和安全性分析在1996年被Mihir Bellare等提出,并在1997年由RFC 2104详细定义。HMAC的计算流程如图6-3所示。

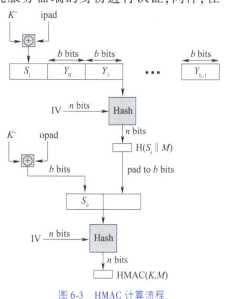

图6-3 HMAC计算流程

计算HMAC的步骤主要分为以下几步:

(1)密钥填充:如果密钥的长度小于Hash函数的分组长度,就需要用0填充密钥,使其长度等于Hash函数的分组长度。相反,如果密钥的长度大于Hash函数的分组长度,就要使用Hash函数求出密钥的Hash值,然后用这个Hash值作为HMAC的密钥。

(2)用00110110这一比特序列循环生成与Hash函数分组长度相同的比特序列,成为内部填充序列,并将内部填充序列与填充后的密钥进行异或运算生成一个比特序列,将此比特序列称为ipadkey。

(3)然后,将ipadkey与消息结合,将ipadkey附加在消息的前面。

(4)将上一步的结果输入 Hash 函数,计算出 Hash 值。

(5)用 01011100 这一比特序列循环生成与 Hash 函数分组长度相同的比特序列,成为内部填充序列,并将内部填充序列与填充后的密钥进行异或运算生成一个比特序列,将此比特序列称为 opadkey。

(6)将步骤(4)中的 Hash 值接在 opadkey 后面。

(7)将上一步的结果输入 Hash 函数,计算出 Hash 值。

这个 Hash 值就是最终的 MAC 值。这个 MAC 的长度是固定的,而且和输入的消息以及密钥都是相关的。每一条消息和密钥都会生成一个唯一的 MAC 值,因此,接收到消息的一方在拥有与共享的密钥时,可以验证消息的发送方是不是也拥有和自己相同的密钥,并且可以验证消息的完整性,一旦消息被篡改过,MAC 值的校验就会失败。

在每辆汽车出厂之前,OEM 会给每辆汽车生成一个身份密钥,并写入安全硬件中,并在 OEM 的密钥管理系统中记录每辆车的身份密钥,所以车辆和 OEM 共享这一身份密钥,OEM 可以利用 HMAC 方法对车辆进行身份认证,也可以验证更新请求数据的完整性。OEM 在确认车辆的身份之后,会根据车辆所有 ECU 的版本信息和各个软件供应商的最新软件版本比较,生成更新方案,并返回给车辆一个口令(Token),之后车辆可以解析这个更新方案,利用 OEM 提供的口令从指定的软件供应商下载软件更新包,并校验软件包的签名等元信息。

6.3.2 软件更新包元信息

车辆的所有软件更新包的信息由 OEM 来维护,并给每一辆车分派具体的软件包版本和下载地址,从而车辆可以根据 OEM 提供的元信息从被授权的软件供应商来获取软件包,软件包元信息的具体内容见表 6-2。

表 6-2 软件包元信息

字段	说明
软件名	软件的具体名称,例如:车灯控制软件
软件 URL 路径	通过 URL 地址定位软件在软件供应商服务器的存储位置
软件版本号	软件的具体版本编号
软件指纹	软件包的 Hash 值
软件供应商证书	提供软件供应商的证书,使得只有此证书对应的签名的软件才是有效的软件包
监管信息 URL 路径	通过 URL 地址定位监管信息的发布地址
监管机构证书	提供监管机构的证书,利用此证书验证监管信息的真实性
OEM 签名	OEM 利用自己的私钥对以上信息进行签名

车辆通过 OEM 的验证时,会向车辆通过 JSON 格式下发软件包元信息,车辆可以根据此元信息从软件供应商和监管机构分别获取到软件更新包和监管信息,并校验软件包和监管信息的真实性和完整性。

6.4 软件提供商节点设计

本节主要介绍被 OEM 授权的软件提供商节点的功能设计。软件提供商在被 OEM 授权之后,会被分配一个数字证书和密钥,而且在 OEM 的服务器上会记录相关的元数据,当车辆需要更新该软件供应商提供的软件时,OEM 将会提供软件包的元信息,其中包括软件包的地址(URL)、尺寸、Hash 值以及软件供应商的签名和 OEM 的签名。因此,软件供应商在制作更新包时需要将软件包上传到指定的地址,并且生成软件的尺寸、Hash 值,对这些信息进行签名。在将这些信息传输给车辆时,还需要保证数据传输过程中的安全,对通信的内容进行加密等保护措施。下面将分别详细介绍软件供应商给软件包签名以及加密传输的方法和流程。

6.4.1 软件包签名

为了防止数据在传输的过程中被篡改,或者有恶意攻击者伪装发送数据,需要对数据进行签名,使得数据接收者可以在接收到数据之后验证数据是否被篡改过(即完整性),以及验证数据发送者身份(即真实性)。数字签名的基本方法如图 6-4 所示,消息的发送者拥有其私钥,并将其公钥公开,所以数据接收者具有发送者的公钥,在数字签名中,私钥被作为签名密钥,公钥被作为验证密钥,私钥拥有者可以对需要发送的数据进行签名,而所有拥有其公钥的人可以利用公钥对签名进行验证。在发布软件更新包时,软件发布者可以将整个更新包用私钥进行签名,然后由接收者利用公钥对整个软件更新包进行验证。但是因为软件包一般会比较大,对整个软件包的数据进行签名会非常耗时,此外,非对称签名运算量较大,产生的签名数据也会比较大,不利于存储和传输。因此,不直接对软件包的所有数据进行签名,而是对软件包的 Hash 值进行签名,不管软件包有多大,其产生的 Hash 值的长度总是确定的(这和选择的 Hash 算法有关),这个长度和软件包的大小相比是非常小的,对其进行签名是非常快的,产生的签名尺寸也非常小,方便存储和传输。而且,利用软件包的 Hash 值,可以校验软件包的完整性,即校验软件包是否在签名生成之后被篡改过,下文将会具体介绍 Hash 算法的原理及 Hash 值的生成过程。

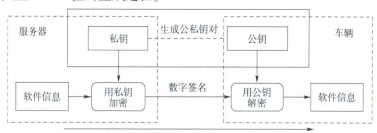

图 6-4 数字签名方法

为了验证数据的完整性,即数据是不是被篡改过,我们使用 Hash 算法来实现。Hash 函数也称为单向散列函数,它的主要作用是生成输入数据的"指纹值",即每个不同的数据输入都会产生其独有的"指纹"输出,这和每个人都有自己独有的指纹一样。因此,可以根据数据的"指纹"验证数据是不是该"指纹"标识的数据,即数据有没有被更改过。

在软件包发送的时候同时附上其软件包的 Hash 值可以校验软件包是否被篡改过,即保证它的完整性。但是,攻击者可以同时替换软件包和它的 Hash 值,这样即使校验 Hash 值也不能发现软件包被篡改过。因此,通过 Hash 值校验软件是否具有完整性的前提是 Hash 值不能被篡改。这就需要引入另外一种方法来认证 Hash 值是由可信的实体发送的,而且没有被更改过。服务器在发送软件包的 Hash 值之前使用自己的私钥对 Hash 值进行签名,车辆接收到软件包以及签名之后就可以利用服务器的公钥对签名进行验证来确认软件是不是由公钥的持有者发布的。

6.4.2 软件包加密传输

服务器通过无线网络传输软件包给车辆时,为了保证软件包的机密性,需要对通信过程中传输的数据进行加密。在不安全的网络上实现安全传输数据,本节采取的方案是利用传输层加密的方法,采用安全传输协议来保证传输过程中通信数据的安全,防止数据在传输过程中被监听或者篡改。TLS 协议是目前公认的安全加密传输协议,是安全套接字层(Secure socket layer,SSL)3.0 版本的升级版。TLS 是互联网工程任务组(Internet Engineering Task Force,简称 IETF)在 1999 年提出的标准,现在的版本是 RFC 8446 中定义的 V1.3 版本。为了实现传输数据的加密,可以通过非对称加密或者对称加密,但是非对称加密的计算量太大,耗用时间非常长,因此不适用于数据量大的场景。而且需要为通信双方颁发数字证书才能实现双向通信加密,车辆客户端不一定拥有数字证书。在 SSL 协议中,采用的是对称加密的方式来对传输的数据进行加密。每一次通信被称为一个对话(session),客户端和服务器端都拥有一个会话密钥(session key),通信数据传输之前使用它来加密产生密文,再将密文传输出去,接收者收到后再用自己的会话密钥解密密文,得到对方传输的数据,如图 6-5 所示。由于会话密钥是对称密钥,所以运算速度非常快,能满足通信延时的要求。但是使用对称密钥的前提是,双方预先协商好密钥,只有双方使用相同的对称密钥,而且协商好加密算法,才能实现加密或者解密。SSL 中对称密钥是在通信开始时通过协商生成对称密钥,并且利用对方的公钥进行加密再发送,从而完成会话密钥的协商。

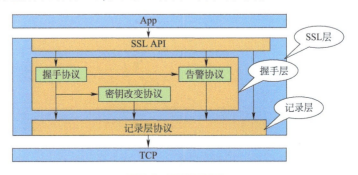

图 6-5　SSL 协议架构

SSL 协议主要分为两部分,握手协议(Handshake Protocol)和记录协议(Record Protocol)。握手协议的流程如图 6-6 所示,客户端和服务端会有四次通信。

(1)客户端发出请求:客户端在会话开始时发出会话请求消息(Client Hello)给服务器。该消息用于客户端向服务器提供相关的信息,主要包括①客户端支持的协议版本号,例如 TLS 1.3 版本;②客户端生成的随机数,用来生成会话密钥;③会话 ID,该字段可以为空,或者是一个之前的会话 ID,从而可以使客户端继续之前的会话,而不需要开始一个新的会话;④客户端支持的加密算法,例如 TLS_RSA_WITH_DES_CBC_SHA,其中 TLS 代表协议版本,

RSA 为用于密钥交换的加密算法,DES_CBC 是对称加密算法,用该方法来稍后的通信数据,SHA 是哈希算法;⑤支持的压缩算法。

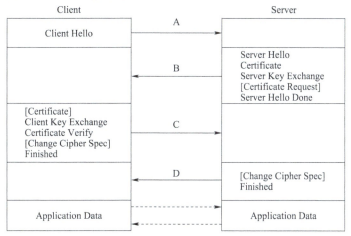

图 6-6　SSL 握手协议

（2）服务器端回复:服务器在接收到客户端的会话请求之后,回复客户端以下的信息,①服务器和客户端同时支持的协议版本号;②服务器端生成的随机数,随机数的长度为 32 字节,前四字节为服务器日期和时间,后面 28 字节将用来和客户端生成的随机数一起生成一个主秘密数（master secret）,再通过密钥生成器生成最终的对称加密密钥;③会话 ID,该字段可以为空或者包含一个之前客户端发送的会话 ID;④加密算法,服务器会返回服务器和客户端同时支持的最强的加密算法,如果没有双方都支持的加密算法会返回失败;⑤返回使用的压缩算法;⑥服务器的数字证书。

（3）客户端回复:回复的内容包括①客户端接收到服务器的回复之后,客户端会利用双方之前产生的随机数生成一个新的随机数,被称为"pre-master secret",利用服务器证书里面的公钥对该随机数加密后发送给服务器;②编码改变通知,这个消息告诉服务器接下来所有的消息会用已经协商完成的会话密钥进行加密;③完成消息,这个消息是之前所有数据的 Hash 值,并且利用会话密钥加密,这是第一条加密的消息。

（4）服务器最终回复:该阶段回复的内容包含两部分,①编码改变通知,告诉客户端,服务器接下来的所有消息也开始采用会话密钥加密;②之前所有消息的 Hash 值,并利用会话密钥加密,如果客户端可以利用密钥解密,并且验证里面的 Hash 值,说明整个握手过程成功,双方可以开始加密通信。

TLS 的第二部分是记录协议,该协议在握手成功并协商好会话密钥之后启动,负责接收应用层的数据并加密发送给下层的 TCP 协议层,或者接收 TCP 协议层的加密数据,解密后传输给应用层程序。

6.4.3　访问控制

软件供应商为车辆分发提供软件更新包时,会对车辆的下载请求进行验证,只有被 OEM 认证并授权的特定车辆才有下载软件更新包的权限。车辆认证成功之后,OEM 会给每一个单独的车辆生成一个口令（token）,车辆从软件供应商请求下载软件更新包时,需要将车辆的 VIN 码发送给软件供应商服务器,服务器通过查询 OEM 的授权车辆列表来验证车辆是否有下载软件包的权限。

车辆供应商服务器需要基于车辆的 VIN 码和拥有的口令来实现软件包资源的访问控制,可以使用基于 HTTP 的基础访问认证(Basic Access Authentication)协议。客户端在向服务器请求资源时,需要在 HTTP 请求头部包含车辆的 VIN 码和口令。认证的具体流程如图 6-7 所示。

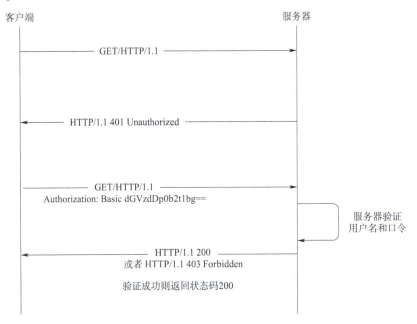

图 6-7　车辆认证流程

(1)服务器收到客户端的请求时,服务器端应该对没有认证的客户端返回一个 HTTP 回复,返回的状态码应该为"HTTP 401 Unauthorized",并且包含一个"WWW-Authenticate"域(WWW-Authenticate:Basic realm = "User Visible Realm"),也可以包含一个字符编码的参数,例如(charset = "UTF-8"),这个参数代表服务器希望客户端使用 UTF-8 编码方案来编码用户名和密码。

(2)客户端要发送认证信息给服务端时,需要使用认证(Authorization)域,认证域包含以下内容:①用户名和密码应该使用冒号(:)连接,所以用户名和密码中不能包含冒号,本节使用的是 VIN 码作为用户名,OEM 返回的口令作为密码;②上一步得到的字符串应该编码成字节序列。字符编码的方式默认是 ASCII,但是可以使用服务器端要求的编码方式;③再将得到的字符串使用 Base64 的变种进行编码;④在编码的字符串前面加上认证方式和一个空格,例如"Basic"。

(3)服务器端接收到客户端的验证信息之后进行验证,如果验证成功则返回状态码 200,如果失败则返回验证码 403。

在服务器验证车辆的 VIN 码和口令时,需要从 OEM 提供的授权车辆列表中查找是否存在该车辆提供的 VIN 码和口令,如果 VIN 码和口令的验证一致,则通过验证,否则验证失败,车辆无法下载更新软件包。

6.5 OTA 系统车载端系统设计

6.5.1 车载端网络架构

汽车的软件更新与传统的移动设备更新的主要区别在于车辆本身有着复杂的网络架构，现代汽车内的 ECU 数量多达几十个，ECU 之间通过网络连接起来，形成一个分布式的架构，随着 ECU 数量的增加，传统的网络架构也逐渐改变，成为分域式的架构，按照功能划分成动力域，底盘域，车身域和信息娱乐域等。

车内软件的复杂度增加，为了满足多媒体娱乐系统以及自动驾驶等应用的高带宽的通信需求，将传统的以太网技术经过改造运用到汽车上，可以增加汽车网络的通信能力，而且可以尽量多地在汽车上重用其他领域的软件，只需要增加一些汽车的特殊需求。下一代汽车的网络架构应该是类似于图 6-8 中的分层分域的架构，车载以太网能完美地符合车内高速、高带宽通信的需求。

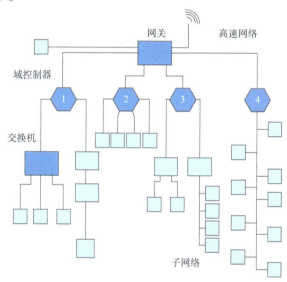

图 6-8 下一代车内网络架构

车载以太网与传统的以太网主要的区别就是物理层有所改变，车载以太网使用单对非屏蔽双绞线组成，连接器也更加地紧凑，车载以太网主要针对连接距离小于十米的数据传输进行优化，这种优化处理的目的是满足车载 EMC 要求，如图 6-9 所示。TJA1100 可以作为物理层连接器连接双绞线和 MAC 控制器，完成数字信号和模拟信号之间的转换。

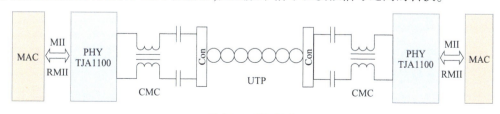

图 6-9 以太网结构

在设计车载端的更新系统时,基于现有的车内网络架构,将车内的控制单元分为两类,车辆网关节点和 ECU 节点,可以使更新网关依托于车辆原有的通信网关或者是中心网关部署,其他的车内域网关和 ECU 节点虽然在功能上有所区别,但是在进行软件更新时,都可以当作一个单独的 ECU 节点,与更新网关实现端对端的通信,直接与更新网关通信,实现软件更新的功能,其他的中间通信节点在更新过程中是透明的,因为不论是在 CAN 这种总线式的通信方式还是车载以太网这种通信方式都可以通过传输层协议实现端到端的通信,而无需关注底层的具体通信协议的实现。车辆在进行软件更新时,需要有一个更新网关作为整个更新过程的枢纽。如图 6-10 所示,更新网关是整个软件更新过程中的核心,它负责整车所有 ECU 的版本信息及更新状态的采集,并负责向云端系统查询更新,获取需要更新的软件包,软件更新包下载之后还需要对软件包进行安全性校验,校验通过之后再下发给车内的 ECU,并接收 ECU 返回的更新状态再发送给云端系统。

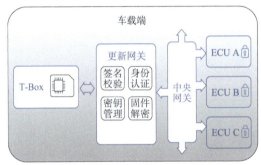

图 6-10　OTA 车载端更新系统架构

6.5.2　更新网关设计

更新网关是整个安全更新系统的关键枢纽,它负责连接车内 ECU 和 OTA 云端系统,并负责协调整个汽车软件的更新过程。更新网关的功能主要可以分为四部分:①负责与 OTA 云端系统进行通信交互,从 OEM 服务器获取软件更新包的软件更新信息,从监管机构服务器获取审查验证信息,从软件供应商服务器请求下载软件更新包;②安全功能,需要实现与服务器的安全加密通信,对于从服务器获取的所有更新信息需要进行校验,例如校验各个角色的数字签名,软件包的完整性;③负责管理车内 ECU 的更新,从 OTA 云端系统获取到软件更新包,完成安全校验之后需要将软件包拆包并分发到对应的 ECU,需要使所有的 ECU 之间的软件更新到正确的版本并将更新信息返回云端服务器;④用户交互界面,需要提供软件更新信息给用户,并提供交互的接口,例如确认下载更新包,安装更新包等操作,当发现恶意攻击时,应该给用户发送警告信息,保证车辆的安全性。

6.5.3　云端交互模块

云端交互模块负责与 OTA 云端服务器的通信,是更新网关从云端服务器获取更新的核心模块。它从服务器获取更新的主要步骤如图 6-11 所示。

(1)查询更新:云端交互模块会以固定的频率向 OEM 的服务器查询最新的版本更新的时间,如果云端提供的版本大于自身软件的版本,说明需要进行软件更新,则启动软件更新流程。

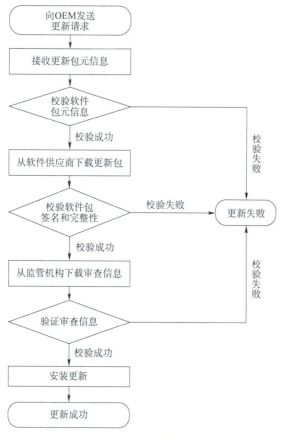

图 6-11　网关获取更新包流程

（2）请求更新：在检测到有新的软件版本需要更新时，车辆向 OEM 服务器发送更新请求，并且利用车辆的身份密钥生成 HMAC 签名，从而证明自己的身份。如果认证成功，服务器会返回如下信息：①更新包的下载地址，即软件提供商服务器的 URL，以及软件包的版本号，尺寸等元信息；②软件包对应的下载口令；③软件包审查信息的地址；④上述所有信息的签名值。

（3）下载更新包：从 OEM 服务器获取了软件包的下载地址和下载口令之后，需要调用安全模块对 OEM 返回的信息进行签名校验，校验成功则继续更新流程，否则中止更新流程，并通过用户界面发送安全警告信息。校验成功之后根据软件包下载地址和下载口令，通过 HTTPS 协议从软件供应商下载软件更新包。

下载审查信息：根据 OEM 返回的审查信息地址，可以通过 HTTPS 协议下载监管机构的审查信息。

6.5.4　安全模块

安全模块一方面负责管理车辆的身份密钥和服务器端的证书，提供 HMAC 签名从而通过 OEM 服务器的验证，另一方面还需要对从云端服务器获取的软件包和元信息进行安全校验，保证软件包的完整性、真实性和机密性等安全属性。

为了与服务器进行安全通信，客户端需要使用 HTTPS 和 TLS 通信协议来完成与服务器的安全加密通信。在 TLS 协议握手阶段，服务器会用自己的私钥签名，来验证它具有和数字证书匹配的私钥，但是为了让客户端信任服务器，还需要让客户端信任服务器提供的数字证书，可以通过让客户端写入信任的 CA 列表来使客户端验证由信任 CA 颁发的数字证书。

在更新网关向 OEM 服务器发送更新请求时，需要发送 HMAC 签名给服务器进行认证，以证明车辆拥有与 VIN 码匹配的身份密钥，该密钥在汽车出厂之前会预装在更新网关上，在实际使用中，出于安全性考虑，应该将车辆的身份密钥存储在安全硬件里面。安全硬件是一个独立的计算机系统，有它自己单独的处理器，存储空间和通信总线，可以在安全硬件里面单独的存储私有密钥等关键数据，它具有防篡改的功能，无法通过物理攻击的方式读取安全硬件里面存储的密钥，也没有办法篡改里面的数据。同时，它还可以提供一个安全隔离的执行环境，可以运行加密算法等进程，使得普通环境中的进程无法读取安全硬件里的内存等数据。而且，安全硬件还可以防止侧信道攻击这种针对于底层硬件的攻击方式。

安全模块还需要提供签名验证的方法，Signature 类提供主要的数字签名及验证算法，数字签名需要用到 Hash 算法和非对称算法，在签名后需要对其进行验证，验证数字签名主要有以下步骤：①使用公钥或证书初始化 Signature 对象；②通过 update 方法添加需要验证签名的数据；③使用 verify 方法验证数据和签名。证书对象通过使用证书工厂类进行创建。

6.5.5 ECU 设计

ECU 与更新网关之间的通信方式主要有两种方式，CAN 总线和车载以太网。无论底层的通信方式是其中的哪一种，都不影响上层的更新应用程序，只需要在传输层接口做适当的适配。ECU 和更新网关之间使用 C/S 架构，即把更新网关当作本地服务器，ECU 作为客户端，双方建立稳定的端到端通信连接来进行数据的传输。车载以太网在通信的带宽等方面都会有优势，因此，我们选择 TCP/IP 协议作为这两类节点的通信协议，来实现他们之间的数据传输。

ECU 接收更新网关的更新包的主要流程如图 6-12 所示，主要有以下几个步骤：

(1) 连接更新网关的本地服务器，等待网关下发更新指令。

(2) 接收到网关开始更新指令，检查自身状态，如果处于空闲状态则回复网关准备就绪指令，否则发送失败指令。

(3) 接收网关下发的更新包元信息，该信息以 json 格式发送。

(4) 发送接收完成指令，请求下发更新包。

(5) 网关下发更新包。

(6) 校验更新包和元信息的正确性，并返回校验的结果。

(7) 网关最后向 ECU 发送确认消息，如果发送更新成功消息，ECU 则安装运行新的更新包，否则丢弃所有的数据，更新失败。

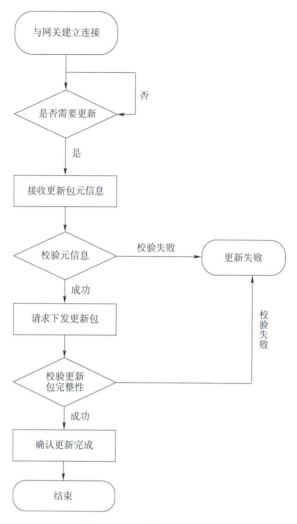

图 6-12　ECU 接收更新包流程

6.6　实验测试与评估

6.6.1　实验测试环境

整个实验测试环境分为云端服务器，车载更新网关和 ECU 三部分。本实验将测试服务器部署在内网中，使用个人计算机作为硬件平台，运行 Ubuntu 操作系统。车载更新网关使用的是市场上现有的车机系统，运行 Android 操作系统，这样可以最大程度地模拟真实场景下的硬件及软件环境。ECU 使用的是树莓派 3 来进行模拟，虽然真实的 ECU 硬件性能可能与树莓派存在着差距，但是未来车内的 ECU 的性能会迅速增加，为了能快速验证实验的整个 OTA 系统，也为了提高系统的运行效率，本节选择树莓派可以使开发周期变短，而且也能验证整个系统和方法的有效性，现有汽车的 ECU 大多数也是 ARM 架构的，和树莓派一致，因此，OTA 系统也能比较快速的移植到真实的 ECU 上。具体的硬件配置见表 6-3。

实验系统硬件配置参数表　　　　　　　　　　　　　　　表6-3

系统组件	硬件配置	软件配置
OTA服务器	Intel Core i7-7500U CPU@2.9GHz RAM:8GB	操作系统:Windows10 服务器后端:Node.js
车载更新网关	CPU:iMx6,四核2.0GHz RAM:4GB UFS:64GB	操作系统:Android 6.0
电子控制单元(ECU)	树莓派3	操作系统:Linux

6.6.2 功能与安全测试

本节对OTA系统的基本功能进行测试,验证本系统在真实的硬件环境下的运行情况。首先对需要更新的车载端进行配置,设置其初始版本、VIN码等必要的参数。车辆的配置信息如图6-13所示,通过VIN码来让服务器识别车辆,作为车辆的唯一标识符,"ECUs"字段为车辆里ECU的列表,列表的每一项代表一个单独的ECU,ECU也有ID作为身份识别码,version代表ECU软件目前的版本号。

```
{
    "VIN":"ZSYL3CSC69Θ",
    "ECUs":[
        {"ID":"ECUΘ",
         "version":"1.Θ"},
        {"ID":"ECU1",
         "version":"1.3"}
    ]
}
```

图6-13　车辆配置参数

服务器采用的是node.js作为服务器后端平台,基于Nest.js框架开发,如图6-14所示,为服务器启动界面,该界面会输出异常信息等日志。

```
project-nest@0.0.1 start C:\Users\zhouy\source\repos\project-nest\
nest start
[Nest] 18764  - 2019-12-07 23:48:31 [NcstFactory] Startiong Nest application...
[Nest] 18764  - 2019-12-07 23:48:31 [InstanceLoader] UsersModule dependencies initialized +21ms
[Nest] 18764  - 2019-12-07 23:48:31 [InstanceLoader] PassportModule dependencies initialized +1ms
[Nest] 18764  - 2019-12-07 23:48:31 [InstanceLoader] AuthModule dependencies initialized +1ms
[Nest] 18764  - 2019-12-07 23:48:31 [InstanceLoader] AppModule dependencies initialized +1ms
[Nest] 18764  - 2019-12-07 23:48:31 [RoutesResolver] AppController{/}: +5ms
[Nest] 18764  - 2019-12-07 23:48:31 [RoutesResolver] Mapped {/, GET} route +3ms
[Nest] 18764  - 2019-12-07 23:48:31 [RoutesResolver] Mapped{/OTA-package, GET} route +1ms
[Nest] 18764  - 2019-12-07 23:48:31 [NestApplication] Nest application successfully started +2ms
```

图6-14　服务器运行界面

OTA管理程序以APK安装包的格式安装,在更新网关上安装好程序之后,可以通过更新网关的图形界面启动OTA管理程序。OTA管理程序的启动界面如图6-15所示,进入程序后,用户可以点击"检查更新"按钮,服务器会回复需要更新的ECU列表,以及其版本号。用户可以点击"下载更新"或者"取消更新"来选择是否下载更新。下载更新包完成之后会收到提醒,并且点击"安装更新"来给ECU安装更新。

ECU 收到更新网关的安装软件包指令后，会启动更新流程，从更新网关获取软件包并校验安装软件包，整个过程完成之后运行新的版本的软件。ECU 运行新版本的软件如图 6-16 所示，本实验利用 LED 灯来模拟汽车的灯光控制，新版本的软件可以控制 LED 灯闪烁绿光。

图 6-15 OTA 管理程序启动界面

图 6-16 ECU 运行新版本软件

针对 OTA 更新系统所面临的安全威胁，本实验模拟常见的恶意攻击方式，对 OTA 更新系统的安全性进行测试，具体的测试案例和方法见表 6-4。

安全测试案例　　　　　　　　　　　　　　　　　　　　　　　表 6-4

攻击类型	攻击场景	测试方法	测试结果	结果分析
攻击者伪装成非法车辆	窃取软件更新元信息	伪装成非法车辆，访问 OEM 服务器，获取更新信息	没有访问权限，无法获取软件更新元信息	测试通过，保护软件机密性
	窃取软件包内容	伪装成非法车辆，访问软件提供商服务器，获取软件更新包	没有访问权限，无法下载软件更新包	测试通过，保护软件机密性
入侵 OEM 服务器	篡改软件更新信息	攻击者伪装成 OEM，给车辆下发虚假软件更新信息	车辆验证更新元信息签名失败，中止软件更新流程，发送安全警告信息	测试通过，保护软件真实性
入侵软件供应商服务器	发布恶意软件	攻击者伪装成软件供应商，给车辆下发恶意软件更新包	车辆验证软件包签名失败，中止软件更新流程，发送安全警告信息	测试通过，保护软件真实性
	篡改软件包	攻击者入侵软件提供商服务器，篡改软件包内容	车辆能及时检查出软件包被篡改过，拒绝安装更新	测试通过，保护软件完整性
入侵监管机构服务器	发布虚假审查信息	攻击者伪装成监管机构，给车辆下发虚假软件审查信息	车辆验证监管信息签名失败，中止软件更新流程，发送安全警告信息	测试通过，保护软件真实性

下面详细阐述4种类型6个攻击测试案例的具体实施过程,测试方法和流程以及测试结果,并对测试结果进行分析。

6.6.2.1 伪装车辆攻击

测试方法:攻击者获取到服务器的地址或者软件供应商的地址之后,可以通过网络向OEM服务器发送更新请求以及向软件供应商发送软件下载请求,获取软件的更新信息或者下载软件包,如图6-17和图6-18所示。本次测试中,OEM服务器的地址为"192.168.0.20:2000",其获取更新信息的API地址为"192.168.0.20:2000/OTA-matadata",软件提供商地址为"192.168.0.20:3000",获取软件包的地址为"192.168.0.20:3000/OTA-package"。攻击者通过GET方法向这两个地址发起请求,测试结果显示服务器端拒绝更新请求,返回未认证状态码HTTP 404。

图6-17 OEM服务器请求测试

图6-18 软件提供商请求测试

测试结果及分析:从服务器返回的结果可以知道,OEM服务器和软件提供商能防御攻击者的非法更新请求,拒绝返回更新包元信息或者更新包。攻击者伪装成非法车辆请求更新信息需要获取车辆的身份密钥,利用密钥生成请求信息的摘要发送给OEM服务器才能通过认证,因此只要车辆的密钥没有被泄漏,攻击者没有办法通过OEM服务器的认证,更不可能获取软件供应商的下载口令,因此,本系统能防御伪装车辆的攻击,保护软件信息的机密性。

6.6.2.2 入侵OEM服务器

测试方法:攻击者通过利用服务器的软件组件的漏洞或者通过社会工程学的方法获取OEM的控制权,可以对服务器的数据进行更改,修改或者替换OEM服务器的更新信息,向车辆提供虚假的更新信息。在本测试中,将软件提供商的地址篡改为恶意的服务器地址,将

"PackageAddress"字段的值修改为"192.168.0.20:8888/attack"。通过向车辆发送修改后的元信息,使得车辆从恶意服务器下载软件更新包,达到攻击目的。

测试结果和分析:车辆客户端从 OEM 服务器获取更新信息之后,对此信息会进行校验,能及时发现软件更新信息被篡改,并中止整个更新流程,向用户发送安全警告信息,警告界面如图 6-19 所示。

图 6-19　元信息被篡改安全警告界面

6.6.2.3　入侵软件供应商服务器

测试方法:软件供应商为车辆提供软件包,软件包在存储和分发的时候都有可能受到安全攻击,攻击者可以攻击服务器获取服务器的控制权限,或者通过中间人攻击,伪装成服务器与车辆通信,从而达到篡改软件包甚至是替换软件包的目的。采用两种攻击测试方法:①服务器被攻击者完全控制,可以将软件包的部分内容篡改,或者直接提供任意的软件包;②通过 ARP 投毒的方式,实施中间人攻击,将车辆的下载请求重定向到地址"192.168.0.20:8888/attack",该地址会给车辆返回恶意的软件更新包。

测试结果和分析:①车辆更新网关可以及时检测出软件包篡改攻击,会中止更新过程,停止安装软件,发送安全警告。由此可知,车辆更新网关可以通过校验软件包的指纹值来验证软件包是否被篡改过,能及时发现并组织软件篡改攻击。②对于任意的软件包,车辆会获取它的签名值,并从 OEM 服务器获取有效的软件供应商列表。只有被授权的软件供应商签名的软件包才被认为是安全的。因此,攻击者服务器提供的恶意软件的签名值并不能通过校验,车辆也能及时地发现未授权的机构发布的恶意软件。安全警告界面如图 6-20 和图 6-21 所示。

图 6-20　无效签名安全警告界面

图 6-21　更新包被篡改安全警告界面

6.6.2.4　入侵监管机构服务器

测试方法:攻击者可以通过控制监管机构的服务器,篡改审查结果。如果将审查信息的"result"域更改成"false"则可以使车辆误以为该软件更新包没有通过审查,车辆的更新过程无法正常进行,车辆的软件版本将被冻结。因此,我们部署监管机构服务器,地址为"192.168.0.20:1000",并篡改软件包审查信息,将审查结果更改为不通过。同样,也将原本没有通过审查的软件包更改为通过,使得车辆安装不安全的软件更新。

测试结果和分析:车辆更新网关通过校验审查信息的完整性,可以及时发现审查信息被篡改过,而中止更新过程,并发送安全警告信息,用户可以及时得知更新系统的安全状态,如图 6-22 所示。该测试表明审查信息的完整性可以得到保证。

图 6-22　审查信息被篡改安全警告界面

本节对智能网联汽车 OTA 更新系统进行了比较全面的测试。首先验证了车辆从云端获取安装更新完整功能的实验,用户可以通过图形界面控制从检查更新,下载更新包到安装更新包整个 OTA 更新的流程,并展示了最后更新完成新版本软件正常运行在 ECU 上。最后,针对 OTA 系统的安全模型,针对软件更新包的真实性、完整性、机密性和新鲜性设计模拟攻击实验,对 OTA 系统进行安全测试。从实验结果可以得出,OTA 更新系统能较全面地保护软件更新包的安全性,即使云端的服务器受到攻击者攻击,车载端的更新系统也能通过校验等方式识别出威胁和攻击,从而阻止整个系统受到恶意攻击者的进一步攻击和损害。

第 7 章
网络攻击下车辆驾驶行为分析

智能网联汽车可以利用通信技术与周围车辆、行人、道路设施进行信息交互,从而有效感知周围环境,再利用决策规划技术得到最优路径实现安全驾驶。由于无线通信传输过程的开放性,使得智能网联汽车与其他交通主体的通信过程中容易受到干扰或攻击,比如欺骗攻击、重放攻击、黑洞攻击、信道攻击等,结果表现为通信数据的真实性、完整性、机密性受到影响,进而对智能网联汽车安全行驶产生威胁。由于车辆的移动性,智能网联汽车间的通信拓扑结构是动态变化的,不同类型的结构在面对网络攻击时受到的影响不尽相同,但都会在宏观上对区域内交通产生影响。

本章将重点阐述网络攻击引发的智能网联汽车异常驾驶行为,以及被攻击车辆如何影响交通效率与交通安全,这对建立智能网联汽车安全防护体系及智能交通系统建设具有重要意义。下文以智能网联汽车队列为研究对象,分别探讨网络攻击对车辆跟驰行为和换道行为的影响。

7.1 单跳单播威胁信息传播方式下车辆跟驰行为

7.1.1 模型建立

网络攻击会对车辆与交通造成何种程度的影响,以及车辆行驶状态和交通状况具体发生了何种变化,这需要找一个合适的切入点进行分析。跟驰模型描述的是后车根据前车的速度以及车间距不断地调整自身加速度和速度值,以达到稳定的安全间距。不同跟驰模型的数学表达式及其物理意义也不一样。智能网联汽车的通信拓扑结构有很多种,为了直观地分析网络攻击对车辆及交通造成的影响,选用单跳单播通信结构进行说明,并做出如下假设:智能网联汽车队列在同一条道路上行驶,没有换道和超车。

单跳单播通信是从发送端角度来说的,表示从一辆车(作为发送端)发送的信息只传给最近邻的后车(该车为接收端)。从接收端角度来说,作为接收端的车辆只能接收来自最近邻前车(即发送端)的信息,这在车辆跟驰理论领域也被称为前车跟随或单车向前看策略,即后车只考虑最近邻前车的参数变化的影响。具体示意图可参考图 7-1,如车辆 $n-2$,作为信息的发送端,采用单跳单播的信息传播方式传递信息给车辆 $n-1$;相对地,作为信息接收端的车辆 $n-1$,也只接收来自前车 $n-2$ 发送的信息。

经典跟驰模型是一个时间连续的方程,其刺激响应表达式如下所示:

$$\ddot{x}_n = f_{sti}(v_n, s_n, \Delta v_n) \tag{7-1}$$

式中：$\ddot{x}_n$——车辆 n 的加速度；
　　　f_{sti}——是一个刺激方程；
　　　s_n——车辆 n 与车辆 $n-1$ 之间的车间距离，$s_n = x_{n-1} - x_n - L_{n-1}$；
　　　$\Delta v_n(t)$——车辆 n 与车辆 $n-1$ 之间的相对速度，$\Delta v_n(t) = v_n(t) - v_{n-1}(t)$；
　　　$v_n(t)$——车辆 n 的速度。

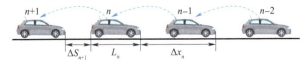

图 7-1　单跳单播信息传播下车辆跟驰示意图

事实上，各种改进的跟驰模型都是基于刺激函数 f_{sti} 考虑不同的刺激参数产生的。

从式（7-1）来看，无论何种威胁信息攻击，最终对车辆跟驰模型的影响可以归结为篡改目标车辆的速度、位移和加速度。根据这些攻击可能对车辆及交通行为造成的影响，式（7-1）可以转化为：

$$\dot{v}_n(t) = \tilde{f}(\tilde{x}_{n-1} - x_n, v_n(t), v_n - \tilde{v}_{n-1}) \tag{7-2}$$

式中：$\tilde{x}_{n-1}$——车辆 $n-1$ 在攻击下的位置；
　　　x_n——车辆 n 的位移；
　　　$\tilde{v}_{n-1}$——车辆 $n-1$ 在攻击下的速度变化；
　　　$\tilde{f}$——目标车辆被篡改的加速度。

考虑到任意速度、位移和加速度的改变都可以写成权重（weight）×真实值（real velocity/distance/acceleration）形式，威胁信息攻击对车辆的影响行为式（7-2）可以转化为

$$\dot{v}_n(t) = weight_1 \times f(weight_2 \times x_{n-1} - x_n, v_n(t), v_n - weight_3 \times v_{n-1}) \tag{7-3}$$

式中：$weight_1, weight_2, weight_3$——分别表示加速度、位移和速度变化的权值系数。

进一步，使用参数 $p, q, \gamma \geq 0$，将式（7-3）转化为：

$$\dot{v}_n(t) = p \times f(qx_{n-1} - x_n, v_n(t), v_n - \gamma v_{n-1}) \tag{7-4}$$

式中：p, q, γ——分别表示加速度、位移和速度变化的权值。

式（7-4）可以看成一个考虑威胁信息攻击的跟驰模型，用于定量描述威胁信息攻击对车辆行为影响，而且参数 p, q, γ 有着明确的物理意义。例如，如果 $p = q = \gamma = 1$，表示网联车辆没有受到攻击，与传统模型一致；而如果 $\exists p, q, \gamma \neq 1$，则表示网联车辆受到攻击。具体包括如下几种情况：①$p \neq 1, q = \gamma = 1$ 表示目标车辆的加速度被篡改，速度和位移信息未被篡改；②$q \neq 1, p = \gamma = 1$ 表示车辆的位移信息被篡改，速度和加速度信息未被篡改；③$r \neq 1, p = q = 1$ 表示车辆的速度信息被篡改，位移和加速度信息未被篡改。同样的，如果任意两个参数或三个参数都不为 1，则表示目标车辆的多个动力学参数受到篡改。如果 $p > 1$，表示车辆的加速度变大，反之，表示车辆加速度降低；如果 $q > 1$，表示前车的位移被放大，此时车辆的间距被放大，车辆将可能加速以缩短过大的间距，导致实际车间距小于稳态的距离，可能引发碰撞事故，反之车辆可能减速以扩大车辆的间距；同样的，如果 $\gamma > 1$ 表示车辆的相对速度被放大，车辆则可能会加速，反之车辆可能会减速。

注意到智能网联车辆的感知数据源主要包括传感器数据和通信数据，车辆通过感知系

统对不同数据源进行融合,进而传入控制系统进行相应动力学参数的调整。在本章中,威胁数据的传播不仅篡改了通信数据某一(些)参数,同时当威胁数据参数感知系统 ECU 处理单元时,将会影响数据融合结果、干扰传感器数据源。

7.1.2 稳态性分析

利用线性稳态理论,对建立的威胁信息攻击环境下的车辆跟驰模型进行稳态性分析。为了便于分析,令 $qx_{n-1} - x_n = q'\Delta x_n$,$v_n - \gamma v_{n-1} = \gamma'\Delta v_n$,式(7-4)则转化为:

$$\dot{v}_n(t) = p \times f(q'\Delta x_n, v_n(t), \gamma' v_n) \tag{7-5}$$

引入速度扰动项 $\delta v_n = v_n - v_e$ 和距离扰动项 $\delta s_n = s_n - s_e$,利用一阶泰勒展开原理,将式(7-5)展开成如下形式:

$$\frac{\mathrm{d}(\delta v_n)}{\mathrm{d}t} = pf_n^v(\delta v_n) + pq'f_n^s(\delta s_n) + p\gamma' f_n^{\Delta v}(\delta v_n - \delta v_{n-1}) \tag{7-6}$$

式中:$f_n^v = \frac{\partial f}{\partial v_n}\bigg|_{(v_e, s_e, 0)}$,$f_n^s = \frac{\partial f}{\partial s_n}\bigg|_{(v_e, s_e, 0)}$,$f_n^{\Delta v} = \frac{\partial f}{\partial \Delta v_n}\bigg|_{(v_e, s_e, 0)}$。

在式(7-6)中,扰动的表达式假设为傅里叶形式:

$$\delta v_n = Ae^{i\omega n + \lambda t}$$
$$\delta s_n(t) = Be^{i\omega n + \lambda t} \tag{7-7}$$

式中:A,B——振动幅度;
ω——波的角频率。

由于存在关系式 $\frac{\mathrm{d}s_n}{\mathrm{d}t} = v_{n-1} - v_n$,根据式(7-7),可以得到如下关系式:

$$B = A(e^{-i\omega} - 1)/\lambda \tag{7-8}$$

将式(7-8)代入式(7-6),可得

$$\lambda^2 - \lambda(pf_n^v + p\gamma' f_n^{\Delta v}(1 - e^{-i\omega})) - pq'f_n^s(e^{-i\omega} - 1) = 0 \tag{7-9}$$

令 $\lambda = i\omega\lambda_1 + \omega^2\lambda_2 + \cdots$,将其代入式(7-9),保持 ω 和 ω^2 项系数对应相等,可得:

$$\lambda_1 = \frac{q'f_n^s}{f_n^v}, \quad \lambda_2 = -\frac{(q'f_n^s)^2}{p(f_n^v)^3} + \frac{q'\gamma' f_n^s f_n^{\Delta v}}{(f_n^v)^2} + \frac{q'f_n^s}{2f_n^v} \tag{7-10}$$

根据 Wilson 等的研究成果,式(7-6)中的偏微分方程有如下结论:$f_n^v \leq 0$,$f_n^{\Delta v} \leq 0$,$f_n^s \geq 0$,当 $\lambda_2 \leq 0$ 时交通流状态是稳定的。因此,对于本章所提出的改进的车辆跟驰模型的稳态条件可得:

$$-\frac{q'^2 f_n^s}{pf_n^v} + q'\gamma' f_n^{\Delta v} + \frac{q'f_n^v}{2} \leq 0 \tag{7-11}$$

根据一般式(7-5),改进后的考虑威胁信息攻击的智能驾驶人模型(Intelligent Driver Model,简称 IDM)可以写成:

$$\dot{v}_n(t) = pa\left[1 - \left(\frac{v_n}{v_0}\right)^4 - \left(\frac{s^*(v_n, \gamma'\Delta v_n)}{q's_n}\right)^2\right], \quad s^*(v_n, \Delta v_n) = s_0 + v_n T + \frac{v_n \gamma'\Delta v_n}{2\sqrt{ab}} \tag{7-12}$$

式中:$\dot{v}_n(t)$——车辆 n 的加速度;
a——车辆的最大加速度;

b——车辆的最大减速度；

v_0——最大速度；

v_n——车辆 n 的速度；

Δv_n——车辆 n 与车辆 $n-1$ 之间的相对速度，即 $\Delta v_n = v_n - v_{n-1}$；

s^*——期望安全车间距离；

s_0——在车辆静止时最小车间距离；

s_n——车辆 n 与车辆 $n-1$ 之间的车间距离，即 $s_n = x_{n-1} - x_n - L$，其中 x_n 表示车辆 n 的位移，L 表示车辆长度；

T——安全车头时距。

在平衡状态下，即所有车辆保持相同的速度 v^e 和相同的距离 s^e，每辆车所能保持的距离与稳态时速度有关，代入式(7-12)，可以得到：

$$s^e(v) = (s_0 + v^e T)\left[1 - \left(\frac{v^e}{v_0}\right)^\delta\right]^{-1/2} \tag{7-13}$$

基于式(7-6)和式(7-12)，可以得到该模型的各项偏微分值：

$$f_n^v = -2pa\left[\frac{2v_n^3}{v_0^4} + \frac{T(s_0 + v_n T)}{(q's_n)^2}\right], f_n^s = \frac{2pa(s_0 + v_n T)^2}{(q's_n)^3}, f_n^{\Delta v} = \frac{-\gamma' v_n(s_0 + v_n T)}{(q's_n)^2}\sqrt{\frac{a}{b}} \tag{7-14}$$

值得一提的是，不同的权值 p, q', γ' 可以代表不同威胁信息攻击对车辆的影响。如果 $p = q' = \gamma' = 1$ 表示车队在没有攻击影响下行驶，此时模型可以简化为经典 IDM。根据式(7-11)和式(7-14)，线性稳定性条件可以由安全车头时距 T 和当前平衡速度 v 来定义。

图 7-2 展示了不同威胁信息攻击下速度和安全车头时距之间的稳态关系曲线。蓝色带圈实线表示的是当 $p = q' = \gamma' = 1$（无攻击）时临界稳态曲线，这条曲线将作为一个参考值与带有攻击的稳态曲线作对比。两条青色曲线 $p \neq 1$ 表示加速度被攻击时的稳态曲线，其中实线和虚线分别表示高估和低估车辆加速度时的稳态条件。两条紫色曲线 $q' \neq 1$ 表示车头间距被攻击时的稳态情况，其中实线和紫色虚线分别表示高估和低估的车头间距。两条绿色曲线 $\gamma' \neq 1$ 表示车辆速度被攻击时的稳态情况，其中绿色实线和绿色虚线分别表示高估和低估的速度差的临界稳态曲线。从图上可以看出一些攻击，如 $p = 1.2, q' = \gamma' = 1$ 时，其与经典无攻击下模型即 $p = q' = \gamma' = 1$ 的稳定性下相比，具有较大的稳态区域，但是却以增大车间距离、提高延误为代价的。

7.1.3 仿真实验

为直观展示车辆队列在威胁信息攻击下的驾驶行为，下面设计两种典型实验场景。

(1) 无攻击时的车辆驾驶行为。

(2) 速度受到篡改时的车辆驾驶行为，具体为速度低估攻击。

由于实际中很难搜集到真实的车辆受到攻击时的驾驶行为数据，因此本节中采用仿真实验。在本实验中，假设有 15 辆汽车在单车道行驶，初始时刻每辆车的初始速度为 15m/s，车间距离是 40m，最后一辆车位于该道路的起点。根据式(7-13)可计算得到稳态时的车间距离 18.89m，仿真时长 300s。其余实验参数值见表 7-1。

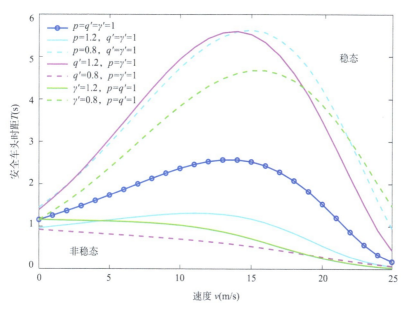

图 7-2　不同攻击条件下的稳态曲线

仿真实验相关参数　　　　　　　　　　　　　　　　表 7-1

符　号	参　数　值	参　数　意　义
N	15	车辆总数
v_0	33.33m/s	最大速度
L	5m	车长
T	1.1s	安全车头时距
s_0	2m	车辆静止时的最小间距
a_i	1m/s²	最大加速度
b	2m/s²	最大期望减速度

场景 1：正常无威胁信息攻击下车辆驾驶行为。

场景 1 将作为一个参考，用于对比说明威胁信息攻击下车辆的异常行为。从图 7-3 中可以看出，正常情况下车辆的驾驶行为变化趋向稳定，位移、速度、车间距离和加速度变化曲线均趋向稳定。在稳定状态下，各车的稳态速度为 15m/s，与第 1 辆引导车一致，稳态下的车间距离是 18.89m。

场景 2：速度受到篡改时车辆驾驶行为。

在该场景中，假设攻击者针对第 5 辆车发动攻击，攻击开始时刻为 $t = 30s$，攻击持续时间为 10s。当第 5 辆车受到攻击时，其传播的速度信息受到篡改，导致其紧邻的后车（即第 6 车）接收到错误的速度信息，在图 7-4 中，假设第 6 辆车接收到第 5 辆车被篡改的速度信息，如 $0.7 \times$ 真实速度。这种低估前车速度将使后车认为前车速度降低，从而迫使后车减速以防止错误判断的追尾事故，造成实际车辆间隔增大。紧随后车的其他车辆也因后车减速而降低自身速度，造成不必要的延误。图中虚线表示第 5 辆车的位移、速度、车间距离和加速度的变化趋势。

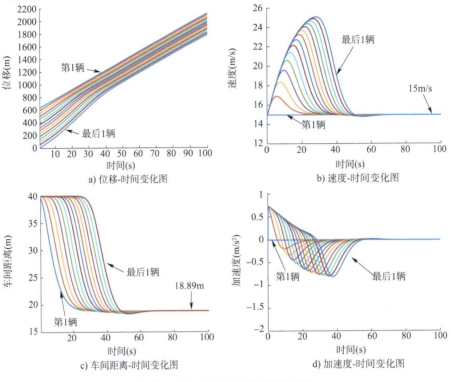

图 7-3 正常情况下车辆驾驶行为变化

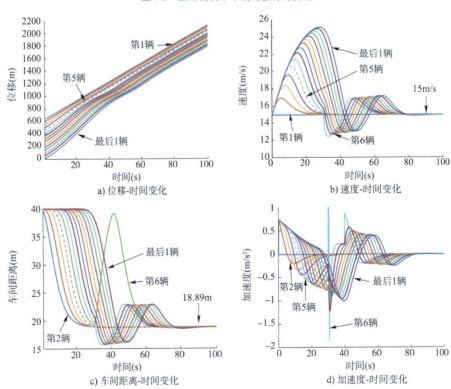

图 7-4 低估的速度对车辆驾驶行为的影响

上面的实验部分描述的是威胁信息攻击单一车辆速度后,该车辆以及周围交通的状况变化。可以看出,针对车辆动力学信息的攻击可以造成交通延误、交通碰撞事故、通行效率下降等问题,这对于区域内交通状况的影响是很大的,而且这种影响很可能会像病毒传播一样,随着时间和空间的推进影响更加恶劣。单跳单播通信结构是众多方式的一种,从实验结果图中也可以分析出,智能网联车队采用不同的通信拓扑结构,威胁信息的传播速度也不相同。

实际上,不同通信拓扑结构组成的智能网联车队在面对威胁信息攻击时受到影响的程度不完全一致,下面再以单跳广播为例观察威胁信息攻击造成的影响。

7.2 单跳广播威胁信息传播方式下车辆跟驰行为

7.2.1 双层模型架构设计

从结构上看,智能网联自动驾驶系统是一个物理信息系统。因此,下文给出了一个双层架构体系,如图 7-5 所示。在该体系中,上层为网络层,用于描述信息传播拓扑结构;下层为物理层,描述车辆的纵向动力学行为,如车辆跟驰行为。这一双层结构将车辆动力学行为和信息传播行为分离,可以更有针对性地分析每一层的具体变化,同时也有助于探究两者之间复杂的耦合关系。

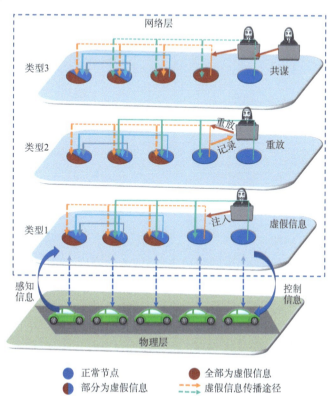

图 7-5 基于单跳广播信息传播的车辆队列控制系统的双层结构

图 7-5 中网络层包含了三类主要攻击,即虚假信息攻击,重放/延误攻击和共谋攻击。在没有攻击的情况下,物理层的车辆动力学行为和网络层的信息传播可以正常信息交互。但在威胁信息攻击环境下,如图 7-5 类型 1 虚假信息攻击,后车接收到这一虚假信息将会对该车的车辆行为产生严重影响。而且如果车载通信单元的通信半径足够大,在单跳广播模式下,后面跟随的第 2、第 3、和第 4 辆车都有可能接收到来自被攻击车的虚假信息。在攻击类型 2 中,攻击者将被攻击车当前的动力学信息如速度、位移或者加速度记录下来,然后在以后的某个时刻将其重新注入信道,并且可以不断地重复注入(即重放),导致影响接收该信息的一系列后车的驾驶行为。之所以用记录-重放的方式进行攻击,是因为同一节点释放的信息具有合法的信息内容和合法的节点身份,这样更容易被注入信道。在类型 3 中,两个或两个以上的攻击者通过合作同时入侵多个车辆的通信通道,使得后车可能接收到的信息全部为虚假信息。值得注意的是在单跳广播信息传播模式下,一辆车通常会发送信息给多辆车;从接收端来讲,一辆车也能接收到来自多个前车的信息。如果其中一辆前车受到攻击,其余车辆未受到攻击,那么该接收端车辆将同时接收虚假信息和正常信息。这类车辆,在图 7-5 中用半圆红色表示。如果作为接收端的车辆接收到的信息全部为虚假信息,例如类型 3 共谋攻击下第 2 和第 3 辆车的全部通信信道均被攻击,该车接收的信息全为虚假信息,这类车辆用全红色圆表示。

7.2.2 车辆跟驰模型

对于智能网联汽车,车辆控制系统通过车载传感器对周围环境进行感知,并依据获取的信息进行决策和控制。因此,智能网联汽车的纵向动力学模型可以简化成当前车速、前车速度以及两车车间距离的表达式:

$$\dot{x}_n(t) = v_n(t)$$
$$\dot{v}_n(t) = f(s_n(t), v_n(t), \Delta v_n(t))$$
(7-15)

式中:$\dot{v}_n(t)$——车辆加速度;

f——非线性函数;

s_n——车辆 $n-1$ 与车辆 n 之间的车间距离,且 $s_n = x_{n-1} - x_n - L_{n-1}$,其中 x_n 表示车辆 n 的位移,L_{n-1} 表示车辆 $n-1$ 的长度;

v_n——车辆 n 的速度;

Δv_n——车辆 n 与前车 $n-1$ 的相对速度,且 $\Delta v_n = v_n - v_{n-1}$。

式(7-15)揭示了每辆车的加速度是由其自身的速度、与前车的车间距离和速度差来决定的。但是在网联环境中,智能网联汽车能够接收多个前车的信息,进而实现协同驾驶。因此,智能网联汽车的动力学行为需要考虑多个前车的动力学信息。为了便于讨论,考虑由 n 辆汽车组成的自动驾驶队列,智能网联汽车能与多个车辆交互信息,但是协同车辆的数量受到通信范围的限制。

考虑到车队是前向行驶的,每辆车通常只关心前方车辆的驾驶行为,而忽略后方车辆的驾驶行为。另外,在本节中不考虑换道和超车行为。整个多车协同控制系统如图 7-6 所示,

其中 R 表示通信半径，$\Delta x_n = x_{n-1} - x_n$ 表示第 $n-1$ 辆车与第 n 辆车的车头间距，与车辆 n 协同的车辆数量记为 N_n：

$$N_n = \{ j \in \Omega \setminus \{n\} : 0 < x_j - x_n \leq R \} \tag{7-16}$$

式中：Ω——表示车辆的集合。

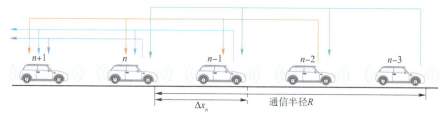

图 7-6 带有通信半径的网联自动驾驶汽车队列

值得注意的是，车辆通过 V2X 可以接收到多个前车的信息。然而，信息接收和处理的时间会影响车辆的即时响应，但这两个重要因素都未能考虑进现有的多车协同模型。为提高多车协同跟驰模型的准确性，本节将通信范围的有限性和延迟时间作为广义隐函数的参数：

$$\dot{v}_n(t) = f\left(v_n(t), \sum_{j=1}^{N_n} \alpha_j s_{n-j+1}(t-\tau), \sum_{j=1}^{N_n} \beta_j \Delta v_{n-j+1}(t-\tau)\right) \tag{7-17}$$

式中：α_j, β_j——分别表示车间距离和相对速度的权值系数。

7.2.3 信息传播机制

不同的通信机制和通信方案会影响信息的传播，进而影响车辆的动力学行为。为了探究单跳广播威胁信息传播对车辆动力学的影响，下面首先借用图论的思想来描述多个智能网联汽车之间的通信拓扑结构。将通信拓扑结构定义为具有点集 v、边集 ε 和权集 w 的有向图 $g = (v, \varepsilon, w)$。其中，集合 $v = \{1, 2, \cdots, N\}$ 中的每一个点代表车队中的一个车辆，边集 $\varepsilon \subseteq v \times v$ 表示车辆之间的信息交换。如果车辆 i 接收到车辆 j 的信息，那么一个边 (i, j) 存在，否则不存在。此外，车辆不能接收自己的信息。而且由于车辆不考虑后车信息，换言之，如果边 (i, j) 存在，则边 (j, i) 一定不存在。

为了便于分析，引入一个二进制变量 $w_{ij} = \{0, 1\}$ 来定义是否存在定向通信连接 (i, j)。如果 $w_{ij} = 1$，表示建立了通信连接，即车辆 i 接收到来自车辆 j 的信息；如果 $w_{ij} = 0$ 表示则不存在通信连接，即车辆 i 无法接收来自车辆 j 的信息。基于此种表示方法，可以构造一个邻接矩阵，因为假设车辆不考虑后车信息，因此它是一个下三角矩阵，表达式为：

$$W(t) = \begin{matrix} & \begin{matrix} 1 & 2 & \cdots & i-1 & \cdots & N-1 & N \end{matrix} \\ \begin{matrix} 1 \\ 2 \\ 3 \\ \vdots \\ i \\ \vdots \\ N \end{matrix} & \begin{bmatrix} 0 & 0 & \cdots & 0 & & 0 & 0 \\ w_{21} & 0 & \cdots & 0 & & 0 & 0 \\ w_{31} & w_{32} & 0 & \ddots & \cdots & \vdots & 0 \\ \vdots & \vdots & \ddots & \ddots & \ddots & \vdots & \vdots \\ w_{i1} & w_{i2} & \cdots & w_{i(i-1)} & 0 & 0 & 0 \\ \vdots & \vdots & \vdots & \vdots & \ddots & \ddots & \vdots \\ w_{N1} & w_{N2} & \cdots & w_{Nj} & \cdots & w_{N(N-1)} & 0 \end{bmatrix}_{N \times N} \end{matrix} \tag{7-18}$$

从信息接收端来讲，任意车辆可以接收来自多个前车的信息。但是由于协同车辆数量会因车队运动状态的变化而发生变化，因此描述智能网联汽车的邻接矩阵 $W(t) = W(w_{ij}(t))_{N \times N}$ 也会变化，所以式 (7-18) 是一个时变的矩阵，这与传统的多前车跟随策略有显著不同。传统多前车策略要求多前车的数量是固定的,但在本研究中,多前车的数量是动态变化的,这个动态变化的车辆数由车辆通信半径和车辆之间的距离共同决定。要得到实时的车队通信拓扑结构,进而确定协同车辆的数量,就需要在式(7-18)中确定$w_{ij}(t)$。根据实验场景,给出确定协同车辆的判断表达式为:

$$w_{ij}(t) = \begin{cases} 1, & \text{if} R - (x_i - x_j) \geq 0 \\ 0, & \text{if} R - (x_i - x_j) < 0 \end{cases} \tag{7-19}$$

式中,车辆i是车辆j的前车。

特别的,如果智能网联车队采用单跳单播的信息传播方式,即每辆车将自己的信息只传给其最近邻后车,根据式(7-19),则有$w_{i(i-1)}=1, w_{ij}=0, \forall j \neq i-1, i=2,\cdots,N$。邻接矩阵(7-18)可以简化为:

$$W(t) = \begin{matrix} & \begin{matrix} 1 & 2 & \cdots & i-1 & \cdots & N-1 & N \end{matrix} \\ \begin{matrix} 1 \\ 2 \\ 3 \\ \vdots \\ i \\ \vdots \\ N \end{matrix} & \begin{bmatrix} 0 & 0 & \cdots & 0 & \cdots & 0 & 0 \\ 1 & 0 & \cdots & 0 & \cdots & 0 & 0 \\ 0 & 1 & 0 & \ddots & & \vdots & 0 \\ \vdots & \vdots & \ddots & \ddots & \ddots & \vdots & \vdots \\ 0 & 0 & & 1 & 0 & 0 & 0 \\ \vdots & \vdots & & & \ddots & \ddots & \vdots \\ 0 & 0 & \cdots & 0 & \cdots & 1 & 0 \end{bmatrix}_{N \times N} \end{matrix} \tag{7-20}$$

7.2.4 多车协同车辆跟驰模型

根据上述分析,智能网联车队的车辆动力学状态同时受到来自网络层和物理层参数的影响。但是上述分析未能将两者进行耦合。考虑到两层之间的关联性,即协同通信节点的数量等价于协同多前车的数量,因此,根据式(7-17)~式(7-19),将网络参数与物理参数相结合的智能网联汽车动力学表达式如下:

$$\dot{v}_n(t) = f\left(v_n(t), \sum_{j=1}^{N} \alpha_{nj}(w_{nj}(t-\tau))s_{n-j+1}(t-\tau), \sum_{j=1}^{N} \beta_{nj}(w_{nj}(t-\tau))\Delta v_{n-j+1}(t-\tau)\right) \tag{7-21}$$

改进后的动力学方程(7-21)既能够描述网络层通信拓扑结构的变化,又能描述车辆协同数量的变化。为了能够兼容智能网联汽车队列动力学方程式(7-17),式(7-21)中的参数需要满足以下条件:

$$\begin{aligned} \sum_{j=1}^{N} \alpha_{nj}(w_{nj}(t)) &= 1 \\ \sum_{j=1}^{N} \beta_{nj}(w_{nj}(t)) &= 1 \end{aligned} \tag{7-22}$$

式中:$\alpha_{n(n-1)} > \alpha_{n(n-2)} > \cdots > \alpha_{n1}, \alpha_{nj} = 0, j = n, n+1, \cdots, N$。

权值系数α_{ij}, β_{ij}是关于$w_{ij}(t)$的两个函数,即需要在确定$w_{ij}(t)$的值之后,才可以得到权值系数α_{ij}, β_{ij}。例如当$w_{i,i-1}=1, w_{i,i-2}=1, w_{i,i-3}=1$,其余$w_{i,j}=0$,其物理意义表示车辆$i$能够接收到3辆前车的信息(即协同车辆数为3),此时有$\alpha_{i,i-1} + \alpha_{i,i-2} + \alpha_{i,i-3} = 1$;当$w_{i,i-1}=1$,

$w_{i,i-2}=1, w_{i,i-3}=1, w_{i,i-4}=1$，其余 $w_{i,j}=0$，其物理意义表示车辆 i 接收到 4 辆前车的信息，此时有 $\alpha_{i,i-1}+\alpha_{i,i-2}+\alpha_{i,i-3}+\alpha_{i,i-4}=1$。

另外，在式（7-22）中，w_{ij} 由通信半径和车辆之间的距离决定。如果两车之间的距离小于通信距离，则后车可以接收前车信息；否则，后面的车辆无法从前面的车辆接收消息。因此，协同车辆的数量是一个随时间变化的因变量。相比于传统的固定前车数量的协同方式，本节提出的多前车动态协同的跟驰模型更接近真实的智能网联车辆的跟随行为。

进一步考虑到在威胁信息攻击下，车辆可能会突然加减速，使得车间距离过小、速度过大、响应时间延迟等异常行为，将这些影响融入式（7-21），可以得到如下形式：

$$\dot{v}_n(t)=f\left(v_n(t),\sum_{j=1}^{N}\alpha_{nj}(w_{nj}(t-\tilde{\tau}))\tilde{s}_{j+1}(t-\tilde{\tau}),\sum_{j=1}^{N}\beta_{nj}(w_{nj}(t-\tilde{\tau}))\Delta\tilde{v}_{j+1}(t-\tilde{\tau})\right)$$
(7-23)

式中：$\tilde{\tau}$——表示响应延误时间；

$\tilde{s}$、$\Delta\tilde{v}_j$——分别表示篡改后的车辆间距和相对速度。

这些引入的变量 $\tilde{\tau}$，$\tilde{s}_j$，$\Delta\tilde{v}_j$ 用于描述攻击对车辆造成的行为影响，相应的对应关系见表 7-2。通过调整模型中的这些动态参数，可以表征各类攻击对车辆的影响。

引入变量与攻击类别的对应关系　　表 7-2

参　　数	攻击类别	描　　　述
$\tilde{s}_j, \Delta\tilde{v}_j$	虚假信息	变量 $\tilde{s}_j$ 和 $\Delta\tilde{v}_j$ 描述的虚假信息对车辆的影响，具体的攻击包括如假冒、伪造、GPS 欺骗和女巫攻击
$\tilde{\tau}$	重放或延误	变量 $\tilde{\tau}$ 描述的重放或延误攻击对车辆的影响，具体的攻击包括如延误、重放、抑制和 DoS 攻击
$\tilde{s}_j, \tilde{s}_{j+1}, \cdots, \tilde{\tau}\Delta\tilde{v}_j, \Delta\tilde{v}_{j+1}, \cdots$	共谋	多个变量 $\tilde{s}_j, \tilde{s}_{j+1}, \cdots, \Delta\tilde{v}_j, \Delta\tilde{v}_{j+1}, \cdots, \tilde{\tau}$ 描述的是当一辆或多辆车被合谋的攻击者们同时发动攻击

基于使用 IDM 来细化前面所提的一般多车协同跟驰模型。近几十年来，许多研究人员对车辆动力学模型进行了研究，如类比例微分控制器、滑模控制器和模型预测控制。但从行驶的舒适性（体现在驾驶体验和轨迹的平稳性）来看，IDM 表现出更好的平滑行驶行为。因此，为了描述智能网联车辆队列的协同动力学行为，我们进一步修正 IDM，提出耦合单跳广播威胁信息传播下多车协同 IDM 跟驰模型。这里，采用 IDM 的原因具体包括：①IDM 是一个多尺度状态模型，在描述拥堵状态行为时，IDM 比其他跟驰模型具有更好的真实性；②可描述无碰撞和平滑的交通流行为；③已有大量文献使用 IDM 描述智能网联汽车的纵向动力学行为。

结合单跳广播通信机制，将经典 IDM 扩展为协同 IDM，即每个智能网联汽车能够将信息传递给多个后车，这称为协同 IDM，其表达式为：

$$\dot{v}_n(t)=a\left[1-\left(\frac{v_n(t)}{v_0}\right)^4-\left(\frac{s^*(v_n(t),\Delta\tilde{v}_{n-j+1}(t-\tilde{\tau}))}{\sum_{j=1}^{N}\alpha_{nj}w_{nj}\tilde{s}_{n-j+1}(t-\tilde{\tau})}\right)^2\right],$$
(7-24)

$$s^*(v_n(t),\Delta\tilde{v}_{n-j+1}(t-\tau))=s_0+Tv_n(t)+\frac{v_n(t)\cdot\sum_{j=1}^{N}\beta_{nj}w_{nj}\Delta\tilde{v}_{n-j+1}(t-\tilde{\tau})}{2\sqrt{ab}}$$

在稳态条件下，即所有车辆以相同的速度、相同的间距行驶，由式（7-24）可以得到如下均衡状态下的间距：

$$s^{eq}(v) = (s_0 + Tv^{eq})\left(1 - \left(\frac{v^{eq}}{v_0}\right)^4\right)^{-1/2} \quad (7\text{-}25)$$

7.2.5 仿真实验

7.2.5.1 实验设计

下文通过仿真来评估上述改进的车辆跟驰模型在不同威胁信息攻击下的有效性。假设一个由 15 辆智能网联汽车组成的车队在一条直线上行驶，没有超车和换道行为。车辆的控制系统采用协同 IDM，即式(7-24)。使用该控制模型的前提是需要确定权值系数 α_{nj} 和 β_{nj}。为了简单起见，令 $\alpha_{nj} = \beta_{nj}$，车辆本身更关注相邻车辆的动力学行为。换言之，离当前车辆越近，其权值系数也就越大。结合 7.2.3 节阐述的单跳广播网络通信拓扑结构特征，车辆 n 可根据式(7-18)和式(7-19)，确定其相应的权值系数，以下为本实验中所采用的权值系数值：

$\alpha_{n(n-1)} = 1$ 协同车辆数为 1

$\alpha_{n(n-1)} = 0.8, \alpha_{n(n-2)} = 0.2$ 协同车辆数为 2

$\alpha_{n(n-1)} = 0.7, \alpha_{n(n-2)} = 0.2, \alpha_{n(n-3)} = 0.1$ 协同车辆数为 3

$\alpha_{n(n-1)} = 0.7, \alpha_{n(n-2)} = 0.2, \alpha_{n(n-3)} = 0.08, \alpha_{n(n-4)} = 0.02$ 协同车辆数为 4

$\alpha_{n(n-1)} = 0.7, \alpha_{n(n-2)} = 0.2, \alpha_{n(n-3)} = 0.08, \alpha_{n(n-4)} = 0.0016, \alpha_{n(n-5)} = 0.004$ 协同车辆数为 5

(7-26)

需要注意的是，式(7-26)中参数的取值是由通信半径和车辆之间的距离共同决定的，即只有在通信半径范围内的前车才能向目标车辆发送信息。具体如下：

(1) 如果前面只有一辆车在目标车辆的通信范围内，则目标车辆只接收来自该前车的信息，权值系数 $\alpha_{n(n-1)}$ 为 1，其余为 0。

(2) 如果前面有两辆车在目标车辆的通信范围内，则最近的前一辆车的权值系数 $\alpha_{n(n-1)}$ 大于次临近前车的权值系数 $\alpha_{n(n-2)}$，例如令 $\alpha_{n(n-1)} = 0.8, \alpha_{n(n-2)} = 0.2$，其余为 0。

(3) 如果有三个或三个以上前车通信范围内的车辆，最近的前车的权值系数 $\alpha_{n(n-1)}$ 最大，次临近前车的权值系数 $\alpha_{n(n-2)}$ 次之，最远的前车的权值系数最小。

(4) 保证所有权值系数之和为 1，考虑到超过 5 个协同车辆的最小权值可能趋近于 0，其对目标车辆的影响也很小，因此此处令大于 5 个协同车辆数的权值系数为 0。

参考已有文献，表 7-3 总结了仿真实验中采用的参数及其对应的数值。

表 7-3 仿真参数

符号	值	描述
v_0	120km/h	自由流速度
l	5m	车辆长度
T	1.1s	安全车头时距
s_0	2m	最小车间距离
a	1m/s²	最大加速度
b	2m/s²	最大减速度
R	150m	通信半径

基于上文阐述的网络攻击分类,下面将以虚假信息攻击为例开展仿真实验。仿真实验部分仅以虚假信息攻击为例进行具体分析。

7.2.5.2 实验分析

根据前文的介绍,伪造攻击、篡改攻击、GPS欺骗和女巫攻击等都可以通过改变正常通信信息内容,达到恶意攻击目的。尽管这些威胁信息攻击的方式和原理不同,但究其本质,它们均是通过发送虚假信息对车辆队列进行干扰。为了更直观地展示不同的虚假信息对车队造成的影响,结合车辆动力学参数,设计如下实验场景。

实验1:攻击者篡改通信信息中的速度信息,真实速度被低估。

实验2:攻击者篡改通信信息中的速度信息,真实速度被高估。

在初始时刻,假设每辆车以相同的车速15m/s以平衡状态的车间距离18.89m行驶在单车道道路上。第1辆引导车在整个仿真过程中始终保持初始速度。车队的最后1辆车位于坐标原点,其位移值记为0。设置总仿真时间为500s,时间步长为0.1s。

假设攻击发生在第20s,结束在第40s,也就是说攻击持续时长为20s。在攻击时间段内,攻击者拦截并篡改从第5辆车发出的信息。考虑到信息的向后传播性,攻击者仅仅只是改变来自第5辆车的信息,并不会干扰第5辆车的行驶状态。具体而言,在实验1中,攻击者将降低的速度信息($0.5\times$真实速度)注入到无线通信网络中;在实验2中,攻击者将高估的速度信息($1.5\times$真实速度)发送给后车。

图7-7描述的是低估的速度信息对车辆队列的影响。在实验中,攻击者截取了第5辆车释放的信息,将与速度相关的信息调低,然后注入通信信道发送给后车。后车误以为前车减速,接收到信息的所有后车如第6、7、8辆车也将据此作出动力学信息的改变。只要这些后车处在第5辆车的信息发送范围内,都将接收到此错误信息。以第6辆车为例,第5辆车是其最邻近的前车,因此第5辆车发送的信息权值远大于其他前车发送给第6辆车的。一旦第6辆车接收到第5辆车关于速度降低的信息,便开始减速以达到相同的速度。从图7-7d)所示的加速度变化图可以看出,一段时间内发生了急剧的大幅度的加减速行为,急剧的加减速会降低乘客的乘车体验。同时,由于虚假信息导致的第6辆车减速也增大了间距,降低道路通行效率,增加系统延误,如图7-7a)、b)、c)所示。并且,由于第5、6辆车之间的距离急剧增大,也会降低第6车及其后车的协同车辆数,进而降低系统性能。注意到如果第7、8辆车在第5辆车的通信范围内也会收到虚假信息,但其权值系数较小,即α_{75},$\alpha_{85}<\alpha_{65}$。当攻击在40s结束时,被欺骗的后续车辆,特别是第6辆车会开始加速以缩小过大的车间距离。

图7-8表示的是高估的速度信息对车队的影响。攻击者截取第5辆车的速度信息并将其信息内容改成较高的速度,具体地说比真实速度增大了1.5倍。在实验过程中,尤其是第6辆车,接收到虚假的高估速度信息,并以极大的权重系数响应这一刺激变化。如图7-8b)所示,当第6辆车接收到第5辆车速度变大的信息时,第6辆车将开始加速以达到相同的速度,但第6辆车的持续加速使得两车之间的距离逐渐变小,直至$t=28.4s$时发生碰撞,也就是两车之间的距离出现负值时,如图7-8c)所示。在图7-8中,点划线表示碰撞之后车辆行为的演化趋势,但实际上碰撞之后,碰撞车辆及其后车都将会停止,这些点划线用于表示并不会真实发生的轨迹。

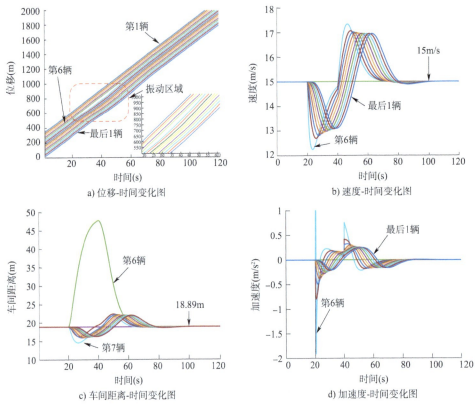

图 7-7 低估的速度信息对车辆驾驶行为的影响

在上述场景中,设计了两种虚假信息实验。通过上述实验可以发现智能网联汽车队列受到虚假信息的影响,造成的后果包括急剧地加减速、过高或过低的车间距离、系统延误以及碰撞事故。这些对于行驶安全都会有很大的威胁,也可以看出威胁信息对车辆行驶状态及跟车状态的影响很大。上述内容是针对智能网联汽车不存在换道或超车状况下的分析,实际中超车和换道行为非常普遍,所以下文考虑了换道情况下威胁信息对车辆与交通的影响。保证智能网联汽车的行驶安全其实需要考虑很多现实因素,本章是将对行驶安全影响比较大的因素考虑在内,虽然与实际情况有偏差,但可以反映出威胁信息在实际中对车辆行驶的影响。

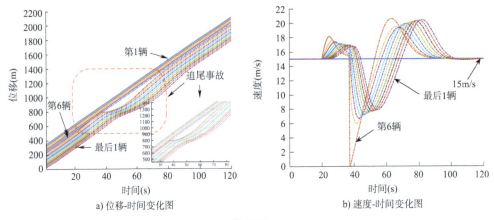

图 7-8

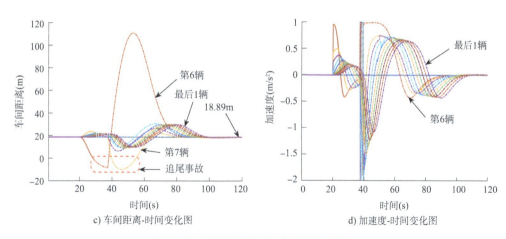

c) 车间距离-时间变化图　　　　d) 加速度-时间变化图

图 7-8　高估的速度信息对车辆驾驶行为的影响

7.3　单跳单播威胁信息传播方式下车辆的异常换道行为

7.3.1　换道模型

MOBIL(Minimizing Overall Braking Induced By Lane Changes)模型是一种简洁、直观地描述换道决策行为的换道模型。此模型的基本思路是计算此时刻单车道上的加速度与预测下一时刻换道后单车道上的加速度的增减来决策是否进行换道。与其他经典的换道模型相比,在纵向加速度方面,MOBIL 模型具有多个优点。

(1) 将换道前时刻的交通状况评估转化为车辆跟驰模型中的加速度计算,其他的传统换道模型对换道的决策取决于最小安全距离、相对速度等,而 MOBIL 模型只计算加速度更加简洁方便。

(2) 确保了车辆纵向变化和横向换道的互相同步。例如,如果纵向跟驰无碰撞,那么组合模型也就不会发生事故。

(3) 车辆跟驰模型的任何复杂性(例如预期)都会自动转移到类似复杂的车辆换道模型中。最后,为了避免事故,对目标车道上的新跟随者的制动减速度做了约束。

如图 7-9 所示,假设目标车辆为 m,目标车道 B 和当前车道 A 上的后车分别为 n 和 $m+1$。加速度 a_m 为车辆 m 在车道 A 上换道之前的实际加速度,a_m^{pre} 为车辆 m 换道之后在车道 B 上的加速度。加速度 a_{m+1} 为车道 A 上后车 $m+1$ 在车辆 m 换道前的实际加速度,a_{m+1}^{pre} 为车道 A 上后车 $m+1$ 在车辆 m 换道之后的加速度。同样,加速度 a_n 为目标车道的后车 n 在车辆 m 换道之前的实际加速度,a_n^{pre} 为车道 B 上后车 n 在车辆 m 换道之后的加速度。

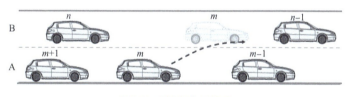

图 7-9　换道行为示意图

考虑到换道模型的安全要求和换道效益,MOBIL 模型提出了两个换道过程中应遵循的基本标准,即安全标准和激励标准。换道模型首先应遵循安全准则,即目标车辆 m 换道后,目标车辆在车道 B 上的加速度 a_m^{pre} 及其新的后车 n 的加速度 a_n^{pre} 由于发动机限制,均应该满足以下条件:

$$a_m^{\text{pre}} \geqslant -b_{\text{safe}} \tag{7-27}$$

$$a_n^{\text{pre}} \geqslant -b_{\text{safe}} \tag{7-28}$$

式中:b_{safe}——设定的安全最大减速度(m/s^2)。

激励准则用来判断目标车辆换道产生的效益大小,是否能让自车和周围的车辆获得更快的速度或者更大的驾驶空间,其判断公式如下:

$$a_m^{\text{pre}} - a_m + p(a_n^{\text{pre}} - a_n + a_{m+1}^{\text{pre}} - a_{m+1}) > \Delta a_{\text{th}} \tag{7-29}$$

式中:p——礼让系数;

Δa_{th}——换道效益阈值。

礼让系数 p 决定了目标车辆的换道决策对周围车辆的影响程度。$p=0$ 是表示完全利己主义换道行为,即换道完全是为了本车获得更快的速度;$p>0$ 表示兼顾考虑自身效益和周围车辆的效益,即换道是为了自身及周围车辆都能获得更快的速度。

搭载车载通信单元的智能网联车辆可以通过 V2V 通信接收周围车辆的速度、加速度、位置等动态信息。在不受网络攻击时,通信模块将动态信息及时准确地发送至目标车辆,目标车辆基于这些信息,迅速做出安全高效的决策。而当智能网联汽车车队受到网络攻击时,车辆之间的信息传输可能会延迟、中断、丢失甚至遭到篡改。这些攻击欺骗车辆相信错误的速度和距离,进而影响到换道决策模型。因此,在考虑车辆安全威胁时,式(7-29)可改进为:

$$a_m^{\text{pre}} - a_m + p(a_n^{\text{pre}} - \alpha a_n + a_{m+1}^{\text{pre}} - \beta a_{m+1}) > \Delta a_{\text{th}} \tag{7-30}$$

式中,α 和 β 是权重参数,用以描述网络攻击对目标车道上后车 n 和当前车道上后车 $m+1$ 在换道之前传输到目标车辆 m 的加速度的影响。

α 和 β 值用于描述网络攻击对车辆换道行为的影响具有明确的物理意义。当 $\alpha=\beta=1$ 时,表示智能网联汽车车队没有受到网络攻击。当 $\alpha \neq 1$ 或 $\beta \neq 1$ 时,表示智能网联汽车车队受到了网络攻击。

如果后车加速度为正,则当 $\alpha>1$ 时,网络攻击欺骗目标车辆接受一个被高估的后车 n 在换道前一时刻的加速度,目标车辆可能为避免潜在的碰撞威胁而做出不换道的错误决策;当 $\alpha<1$ 时,网络攻击会通过"伪造"车辆消息的方式来欺骗目标车辆相信一个低估的后车 n 在换道前一时刻的加速度,目标车辆为了更快的速度可能会错误地进行换道,导致碰撞等事故的发生;当 $\beta>1$ 时,目标车辆会误认为当前车道 A 后车 $m+1$ 的加速度过大,导致换道激励降低,不进行换道;当 $\beta<1$ 时,目标车辆会误认为当前车道 A 的后车 $m+1$ 加速度过小,导致激励增加,盲目进行换道。而如果后车加速度为负时,与以上分析相反。

基于以上分析,MOBIL 模型可以扩展成为适用于描述威胁信息攻击环境下的车辆换道模型 EMOBIL(Extended MOBIL)如下。

$$a_m^{\text{pre}} \geqslant -b_{\text{safe}}$$
$$a_n^{\text{pre}} \geqslant -b_{\text{safe}}$$
$$a_m^{\text{pre}} - a_m + p(a_n^{\text{pre}} - \alpha a_n + a_{m+1}^{\text{pre}} - \beta a_{m+1}) > \Delta a_{\text{th}} \quad (7\text{-}31)$$
$$a_i^{\text{pre}}(t) = f(v_i, \gamma v_j - v_i, \mu x_j - x_i)$$

式中:$a_i^{\text{pre}}(t)$——通过 EIDM 跟驰模型预测的换道后的加速度。

上述威胁信息攻击下的车辆队列换道模型,可以准确刻画网络攻击对换道行为的直接和间接影响因素,通过改变 α,β,γ,μ 的值,可以研究潜在的网络攻击对智能网联汽车换道行为的影响。

7.3.2 仿真实验

为了验证提出模型的有效性,本节设计了仿真实验进行验证。假设在双车道上共 10 辆车,一辆车在受欺骗的情况下进行换道决策,并对攻击影响进行分析。

实验中,不考虑通信延误、通信数据误差及错误数据,且换道过程中不考虑车辆的横向速度,仿真场景设置如图 7-10 所示。所有车辆均可以接收到正前方、正后方、斜前方与斜后方车辆传递的加速度、速度和位置信息,并将这些信息输入到跟驰模型和换道模型中,更新自己运动状态。假设 10 辆车行驶在双车道上,每 5 辆车组成一列行驶。在初始时刻,奇数号车行驶在 A 车道上,头车 1 号车在整个仿真时长内保持 20m/s 的行驶速度不变,其余车辆的初始速度为 20m/s,初始车间距离为 40m;偶数号车行驶在 B 车道上,头车 2 号车在整个仿真时长内保持 25m/s 的行驶速度不变,其余车辆的初始速度为 20m/s,初始车间距离为 40m。

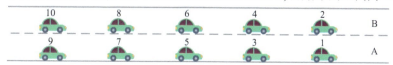

图 7-10 仿真场景图

基于 IDM 和改进的恶意信息攻击下的车辆队列换道模型,各仿真参数的初始值见表 7-4。本节选取了对照组和一个典型实验组进行实验介绍。

仿 真 参 数 值 表 7-4

参 数	取 值	描 述
N	10	仿真车辆数
v_0	30m/s	自由流期望车速
T	1s	安全车头时距
s_0	1.5m	车辆静止时的最小间距
a_i	2m/s²	最大加速度
b_i	3m/s²	期望减速度
δ	4	加速度指数
b_{safe}	4m/s²	最大安全减速度
Δa_{th}	0.1m/s²	换道阈值
p	0.2	礼让系数
l	4m	车辆长度

场景1：无网络攻击，目标车辆3号车依据经典的MOBIL模型做出换道决策。

图7-11展示了未受网络攻击，即 $\alpha=\beta=\gamma=\mu=1$ 时，目标车辆3号车通过MOBIL模型执行换道决策时交通流的时空变化关系。其中，图7-11a)展示了位移随时间的变化图，图7-11b)展示了速度随时间的变化图，图7-11c)展示了换道激励的变化图，图7-11d)展示了车头间距随时间的变化图。图中实线表示A车道上的车辆，虚线表示B车道上的车辆。特别地，3号车在换道完成后，由实线转为虚线。当换道激励不满足安全约束时，将其设置为0。由于仅关注3号车的一次换道过程，因此在换道结束后，将激励值也设为0。

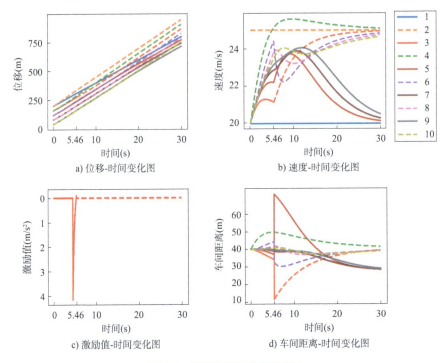

图7-11 无网络攻击下车辆动力图

由图可知，3号车选择在5.46s时换道，此时4号车的速度为25.14m/s，6号车的速度为22.85m/s。换道之后和4号车的车间距离为11.89m，与6号车的车间距离为32.49m，满足安全约束。因此3号车在此时进行执行换道，换道之后速度显著上升。

场景2：目标车辆3号车受到攻击，接收虚假的位移信息。

在本场景中，目标车辆3号车遭受网络攻击后，接收到周围车辆0.9倍的虚假位移信息，即 $\mu=0.9$。由图7-12可知，在虚假位移攻击下，目标车辆3号车在28.75s时执行换道决策，此时已经处于车队队尾。目标车辆3号车本应该在5.46s进行换道，但由于其他车辆与目标车的距离被低估，导致了换道决策时换道激励数值较低，且存在碰撞的风险，因而始终无法进行换道。当行车至车队队尾时，才执行换道决策。低估的位置信息让车辆更难满足安全约束，并且较近的车间距离也导致了换道激励数值的降低，所以换道时间大大延后。

结合其他实验，结果表明，当智能网联汽车接收到的信息被篡改后，可能产生换道时间提前、换道时间延迟、换道后车间距离过低等情况。本章所提出的EIDM和EMOBIL模型可以很好地描述智能网联汽车在攻击环境下的车辆驾驶行为。

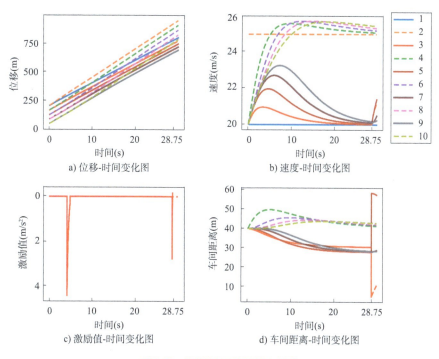

图7-12 位移低估下车辆动力学图

本章介绍了威胁信息的定义以及威胁信息的攻击途径,由于车联网系统的开放性,所以威胁信息对智能网联汽车的影响会是长期问题,这就需要建立一套汽车内部和外部通信的防护系统,以此来减弱或消除威胁信息对交通安全的影响。具体来讲,威胁信息对单一车辆的影响体现在动力系统方面、车载娱乐系统、车身控制模块,而汽车动力系统信息的真实性、传输完整性、机密性对于该车周围交通也会有很大影响,智能网联趋势下,车辆是互相联通的,所以威胁信息对于区域交通的影响需要更深入的研究,切入点可以从单车或者多车受到威胁信息攻击时对周围交通状况的影响。信息安全问题涉及面很广,而且随着技术的发展和人们对高品质生活的追求,车载通信系统会越来越复杂,被黑客侵入系统的可能性也会越来越大,所以智能网联汽车的信息安全问题将会是长期存在的问题。

第8章
智能网联汽车队列威胁信息传播机理

威胁信息在智能网联汽车中造成的影响类似于病毒传播机制,这种影响可以多次传递,进而扩大影响范围和影响程度。在对抗病毒传播过程中,人们总是首先研究此种病毒的传播途径、易感染源的特征等,在建立智能网联汽车信息安全防护体系时,可以借鉴对抗病毒的经验,先研究威胁信息在智能网联汽车间的传播原理,例如传播源都有哪些、传播过程可能受到的影响,基于此再针对性地建立防护体系。防护威胁信息和对抗病毒类似,一套固定的汽车信息安全防护体系有时并不能完全保障安全,需要不断更新与升级。下文采用基于病毒传播的理论来研究威胁信息在车队中的传播扩散过程,以探索威胁信息在智能网联车队中的传播机理。同时,考虑到车队中车辆的驾驶行为在威胁信息传播过程中也将受到影响,因此有必要建立威胁信息传播与车辆动力学行为的耦合模型,揭示威胁信息在车队中的传播机理,以及分析威胁信息的传播对车队和交通流的影响。

8.1 病毒传播理论

病毒传播是一种常见的复杂网络传播动力学行为。1927 年,Kermack 和 Mckendrick 提出了传染病的舱室模型,在该模型中,假设网络中个体是均匀混合的,并且个体之间的接触概率相同,该模型的提出为以后各类传染病模型的发展和延伸奠定了基础。1991 年,Kephart 和 White 提出了计算机病毒生物流行病学的传播模型,通过构造有限状态自动机来建立模型:首先构造用户状态集,状态包括易感染态、潜伏态、中毒态和免疫态等,每个用户在任意时刻只能处于其中的某一个状态,各个状态之间会相互变迁,然后用微分方程组表征病毒传播模型。Zhang 等研究了蠕虫病毒在 VANETs 中的传播行为和安全问题,讨论了蠕虫在 VANETs 中多种传播方法,并提出了一种蠕虫遏制策略,通过引入期望感染程度,构建最小污染模型,并提出了一种简化的贪心法用于求解道路网最小期望污染度问题。

经典的病毒传播模型主要包括易感染-感染(Susceptible-Infected,简称 SI)模型、易感染-感染-易感染(Susceptible-Infected-Susceptible,简称 SIS)模型、易感染-感染-恢复(Susceptible-Infected-Removed,简称 SIR)模型和易感染-感染-恢复-易感染(Susceptible-Infected-Removed-Susceptible,简称 SIRS)模型等。很多学者对此做了大量的研究,例如 Zhang 和 Fu 研究了不完全免疫、非线性感染率等情况下的病毒传播行为。Yao 等研究了在异构网络中进行的非一致病毒传播率的病毒传播行为。Ianneli 等利用随机游走理论预测复杂网络环境中的生理病毒感染时间,并运用 SIR 模型,对每天的航班飞行数据进行仿真实验,验证作者所提方法的有效性。Wang 等分析了手机病毒通过蓝牙和多媒体通信系统传播的方式,实验结果表明,一旦手机操作系统使用率达到相位转移临界点,病毒将给手机通信带来巨大威胁。Peng等综述了手机恶意软件的种类及其常见的传播模型,揭示了恶意软件传播的机理。

综上,威胁信息传播与传染病、手机病毒的传播具有相似性,考虑到病毒传播理论的研究较早,已经形成了较为丰富的理论体系,因此,本章将借鉴传染病的模型和理论,构建面向智能网联汽车队列的威胁信息传播模型。

8.2 系统架构

为了描述车辆动力学和信息传播的演化趋势,下文采用包含网络层和物理层的双层模型架构,如图8-1所示。上层为网络层,用于描述车辆网络中的信息传播;下层为物理层,用于描述车辆的动力学行为。在网络层中,由于信息传播与传染病传播具有的相似性,采用传染病传播模型SIR来描述威胁信息传播行为;物理层采用经典的微观IDM跟驰模型来描述车辆的动力学行为。同时,为了建立两层之间的联系,提出了一种基于阴影衰落的信道模型用于连接网络层和物理层,如图8-2所示。其中S、R、I分别为易感状态、感染状态和恢复状态;λ表示感染率,γ表示修复率。威胁信息能够造成信息篡改、假冒、欺骗、延迟等后果,影响车辆的正常行驶。

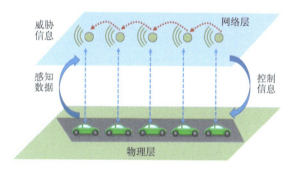

图8-1 基于病毒感染威胁信息传播的车辆队列控制系统双层架构

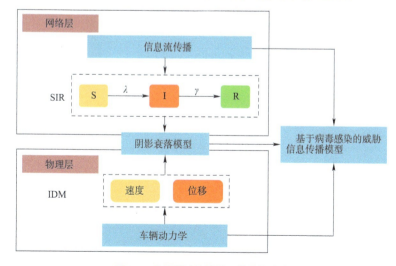

图8-2 各层描述性模型及其逻辑关系

智能网联汽车队列中的信息传播行为可以描述为:每辆车可以发送/接收包含威胁信息的通信数据包。信息内容一般包括制动、加速度、速度、位置、路况等信息。在没有攻击的情况下,每辆车都可以向其他车辆发送正确的速度、位置或控制信息。一旦发生威胁信息攻击,攻击者将虚假的动力学信息发送给其他车辆,接收到虚假信息的车辆被视为已感染车辆,已感染车辆将会继续分发该威胁信息,这种威胁信息传播方式类似于病毒感染传播的方式。因此,下文着重构建基于病毒感染的威胁信息传播模型,揭示威胁信息在车辆队列中的传播机理。

8.2.1 车辆跟驰模型

鉴于 IDM 是一种简单、成熟且被广泛接收认可的跟驰模型,因此,这里提出的双层架构中的物理层仍然采用 IDM,其表达式如下:

$$\dot{v}_n(t) = a\left[1 - \left(\frac{v_n}{v_0}\right)^4 - \left(\frac{s^*(v_n, \Delta v_n)}{s_n}\right)^2\right], s^*(v_n, \Delta v_n) = s_0 + v_n T + \frac{v_n \Delta v_n}{2\sqrt{ab}} \quad (8-1)$$

式中:$\dot{v}_n(t)$——车辆 n 的加速度;

a——车辆的最大加速度;

b——车辆的最大减速度;

v_0——最大速度;

v_n——车辆 n 的速度;

Δv_n——车辆 n 与车辆 $n-1$ 之间的相对速度,即 $\Delta v_n = v_n - v_{n-1}$;

s^*——期望安全车间距离;

s_0——在车辆静止时最小车间距离;

s_n——车辆 n 与车辆 $n-1$ 之间的车间距离,即 $s_n = x_{n-1} - x_n - L$,其中 x_n 表示车辆 n 的位移,L 表示车辆长度;

T——安全车头时距。

在稳定状态下,即 $\dot{v}_n = 0, \Delta v_n = 0$ 时,所有车辆保持相同的速度 v^{eq} 和相同的车间距离 s^{eq},这个稳态下的车间距离可以由以下公式计算:

$$s^e(v) = (s_0 + v^{eq}T)\left[1 - \left(\frac{v^{eq}}{v_0}\right)^4\right]^{-1/2} \quad (8-2)$$

8.2.2 威胁信息传播模型

模型网络层的威胁信息传播与流感病毒传播非常相似,因此借用经典的传染病模型来描述威胁信息传播行为。具体采用 SIR 模型来描述威胁信息如何感染车辆及已感染车辆被治愈的过程。表 8-1 列举了病毒传播与威胁信息传播通用的数学符号。

表8-1 流感病毒与威胁信息传播的符号定义

数学符号	人类个体间的流感病毒传播	车辆间的威胁信息传播
E	个体集合	车辆集合
S	易染病的个体集	易感染的车辆集

续上表

数学符号	人类个体间的流感病毒传播	车辆间的威胁信息传播
I	染病状态的个体集	已经被感染的车辆集
R	已经痊愈并且拥有抗体的个体集	已经恢复正常且有免疫力的车辆集
λ	染病的概率	感染的概率
γ	染病个体康复的概率	感染车辆恢复正常的概率

根据表 8-1 的定义,所有的车辆集记为 E,这一集合可以分成三个互不相交的子集,即 S,I 和 R,分别表示易感染车辆、已感染车辆和恢复车辆

$$E = \{S,I,R\}, S \cap I = \emptyset, S \cap R = \emptyset, I \cap R = \emptyset \tag{8-3}$$

式中:$\emptyset$——表示空集。

SIR 模型中威胁信息传播过程可以分为易感染、感染、恢复三个状态。

易感染:在初始状态,所有车辆都是易感染状态。

感染:一旦车辆受到威胁信息的感染,将会把自身携带的威胁信息传播给其他车辆。

恢复:在远程控制中心或服务供应商发现威胁信息传播之后,通过 OTA 技术下载安全补丁或自带的安全检测组件,消除威胁信息,使受感染车辆恢复正常,并且使该车具备免疫力的过程称为恢复。

根据现有文献,经典的 SIR 模型方程可以表示成如下公式:

$$\begin{cases} \dfrac{dS(t)}{dt} = -\lambda I(t)S(t) \\ \dfrac{dI(t)}{dt} = \lambda I(t)S(t) - \gamma I(t) \\ \dfrac{dR(t)}{dt} = \gamma I(t) \end{cases} \tag{8-4}$$

式中:$S(0),I(0),R(0)$——分别表示处于易感染、感染和恢复状态的车辆初始值($t=0$), $E = S + I + R$ 恒成立。

8.2.3 信道模型

通信信道模型是为了建立网络层和物理层之间的联系,其本质上是将物理层和网络层相关的参数建立关联性。通信信道模型用于描述车辆之间通信的连通性,即信息能否传播的概率。车辆通信协议可以选用 IEEE 802.11p 协议(即 DSRC 协议),也可以选用 C-V2X 或 5G-V2X 协议。然而,车辆的快速移动给车载无线通信的性能带来了极大的挑战。与有线通信网络不同的是,任意两辆车之间的无线通信传输存在不确定性,从简单的视距(line-of-sight)传播,到被各种干扰源(包括建筑物、山脉和树等)干扰通信,导致信号不同程度的衍射损耗。为了描述这些真实特征,下文采用了一种包含车辆动力参数、信号传播参数、环境干扰参数的通信信道模型。

假设两辆车 i 和 j 的距离记为 s_{ij},车辆 i 所传播信息的能量为 p_t,车辆 j 所接收信息的能量为 p_r,$(p_t \geq p_r)$。在自由空间传播条件下,路径损耗表示无线电波在自由空间中传播时的衰减,其定义为发射功率与接收功率之比。因此,两车之间的路径损失可以表示为:

$$\beta(s_{ij}) = \frac{p_t(i)}{p_r(j)} \tag{8-5}$$

将式(8-5)转化为以分贝(decibel)为单位进行表示,即

$$\beta(s_{ij}) = 10\lg\left(\frac{p_t(i)}{p_r(j)}\right) \text{dB} \tag{8-6}$$

式(8-6)使得路径损耗值为一个正值。当考虑天线增益时,路径损耗表达式将进一步改写为:

$$\beta(s_{ij}) = 10\lg\left(\frac{p_t(i)}{p_r(j)}\right) \text{dB} = -10\lg\left[\frac{G_t G_r \zeta^2}{(4\pi)^2 (s_{ij})^2}\right] \tag{8-7}$$

式中:G_t, G_r——分别表示发射器和接收器天线增益;
ζ——表示信号波长。

在实际应用场景中,特别是在城市地区,由于高层建筑和各种干扰信号的存在,通信信号的强度普遍减弱。信号衰减的程度与发射机和接收机之间的距离成正比。为了考虑这些因素,本节引入了一个阴影衰落模型,用于描述由于信息阻塞或干扰而导致的大尺度衰落行为。因此,修正的 $\beta(s_{ij})$ 可以被分为两个组成成分:一个确定性的几何部分 $\beta_1(s_{ij})$ 和一个随机分量 β_2,即:

$$\beta(s_{ij}) = \beta_1(s_{ij}) + \beta_2 \tag{8-8}$$

根据相关文献成果, $\beta(s_{ij})$ 中的确定性部分和随机部分可以分别表示为:

$$\beta_1(s_{ij}) = \eta 10\lg(s_{ij}) \text{dB}$$
$$f(\beta_2) = \frac{1}{\sqrt{2\pi}\sigma}\exp\left(-\frac{\beta_2^2}{2\sigma^2}\right) \tag{8-9}$$

式中:η——是路径损耗系数,其值取决于道路环境和交通条件,通常范围从2(自由空间)到5(城市地区);
β_1——是依赖于两个节点间距的平均信号衰减;
β_2——是随机部分,用一个对数正态阴影衰落模型来表示,是一个均值为0,方差为 σ 的标准正态概率分布。

式(8-9)仅描述了相对于距离的衰减效应。但是 Singh 等通过实际试验得知:两个移动节点之间的速度差也会影响信噪比和误码率。因此,在阴影衰弱模型(8-9)中加入两车的速度差因素,将式(8-9)的第一式进一步修正成:

$$\tilde{\beta}_1(s_{ij}) = \beta_1(s_{ij}) - v_m\left[1 - \exp\left(-\frac{|v_i - v_j|}{v_0}\right)\right] \tag{8-10}$$

式中:$|v_i - v_j|$——表示两车之间速度差的绝对值;
v_m——表示稳态状态下的车辆速度;
v_0——表示自由流下的期望速度。

因此,式(8-8)可改写为:

$$\beta(s_{ij}) = \tilde{\beta}_1(s_{ij}) + \beta_2 \tag{8-11}$$

注意,如果车辆 j 接收到车辆 i 的信息,则 $p_r(j)$ 的值大于或等于接收功率阈值 $p_{r,th}$,该情

况表明，车辆 j 与车辆 i 建立了无线连接；否则认为两车之间没有建立连接。同时，假设车队中所有车辆都是同质的，每辆车都有相同的传输功率和接收功率阈值。

对于给定的功率 p_t 和 $p_{r,th}$，如果两个相邻车辆之间的实际衰减小于给定的衰减阈值 β_{th}，则可以建立通信信道：

$$\beta(s_{ij}) \leq \beta_{th}$$
$$\beta_{th} = 10\lg \frac{p_t(i)}{p_{r,th}(j)} \text{dB} = \eta 10\lg(R) \text{dB} \tag{8-12}$$

式中：R——表示通信半径；

$p_{r,th}$——表示信息接收所需能力的最小阈值。

令 $\Lambda(i,j)$ 表示连续车辆之间存在连接的事件。如果相邻车辆之间的欧氏距离在通信范围内，$\Lambda(i,j)$ 的概率可被表示为：

$$\begin{aligned} P(\Lambda(i,j) \mid s(i,j)) &= P(\beta(s_{ij}) \leq \beta_{th}) \\ &= \int_{-\infty}^{\beta_{th}-\tilde{\beta}_1(s_{ij})} f_{\beta_2}(\beta_2) \mathrm{d}\beta_2 \\ &= \int_{-\infty}^{\beta_{th}-\tilde{\beta}_1(s_{ij})} \frac{1}{\sqrt{2\pi}\sigma} \exp\left(-\frac{\beta_2^2}{2\sigma^2}\right) \mathrm{d}\beta_2 \end{aligned} \tag{8-13}$$

令 $x = \beta_2/\sqrt{2}\sigma$，式（8-13）上限变成 $x = \dfrac{\beta_{th} - \tilde{\beta}_1(s_{ij})}{\sqrt{2}\sigma}$，因此，式（8-13）可以进一步写成：

$$\begin{aligned} P(\Lambda(i,j) \mid s(i,j)) &= \int_{-\infty}^{\frac{\beta_{th}-\tilde{\beta}_1(s_{ij})}{\sqrt{2}\sigma}} \frac{1}{\sqrt{\pi}} \exp(-x^2) \mathrm{d}x \\ &= \frac{1}{2} + \frac{1}{2}\mathrm{erf}\left(\frac{\beta_{th} - \tilde{\beta}_1(s_{ij})}{\sqrt{2}\sigma}\right) \end{aligned} \tag{8-14}$$

式中：$\mathrm{erf}(z) = \dfrac{2}{\sqrt{\pi}} \int_0^z \exp(-z^2) \mathrm{d}z$——表示误差方程。

8.3　基于病毒感染的威胁信息传播模型

本节通过对上述架构和模型分析，建立基于病毒感染的威胁信息传播模型。其中车辆之间可以通信的前提是两车之间的距离小于无线网络通信半径，威胁信息的传播具有单跳的特征，即信息有逐一向后传递的特征。根据式（8-14），车辆被威胁信息感染的概率并定义为：

$$\begin{aligned} \tilde{\lambda} &= \max\left\{1 - \frac{s_{ij}}{R}, 0\right\} \cdot p(i,j) \\ &= \max\left\{1 - \frac{s_{ij}}{R}, 0\right\} \left[\frac{1}{2} + \frac{1}{2}\mathrm{erf}\left(\frac{\beta_{th} - \beta_1(s_{ij})}{\sqrt{2}\sigma}\right)\right] \end{aligned} \tag{8-15}$$

根据网络层信息传播模型 SIR,即式(8-4),将威胁信息传播模型扩展为

$$\begin{cases} \dfrac{\mathrm{d}S(t)}{\mathrm{d}t} = -\tilde{\lambda}I(t)S(t) \\ \dfrac{\mathrm{d}I(t)}{\mathrm{d}t} = \tilde{\lambda}I(t)S(t) - \gamma I(t) \\ \dfrac{\mathrm{d}R(t)}{\mathrm{d}t} = \gamma I(t) \end{cases} \quad (8\text{-}16)$$

式中:$S(t) + I(t) + R(t) = N, \forall t > 0, N$ 为车辆数。

如果 $\gamma = 0$,则恢复率为 0,这意味着被感染的车辆将无法恢复。这将导致一段时间后所有车辆都将被感染。此时,式(8-16)可被简写为:

$$\begin{cases} \dfrac{\mathrm{d}S(t)}{\mathrm{d}t} = -\tilde{\lambda}I(t)S(t) \\ \dfrac{\mathrm{d}I(t)}{\mathrm{d}t} = \tilde{\lambda}I(t)S(t) \end{cases} \quad (8\text{-}17)$$

式中:$S + I = N$。

8.4 实验分析

8.4.1 场景设计

为直观阐释车辆队列与信息传播的交互过程,本节设计了两组实验:
(1)车辆队列物理参数的改变对威胁信息传播的影响实验。
(2)不同威胁信息的传播对车辆队列动力学行为的影响实验。

假设车队由 50 辆车组成,行驶在单向车道上,不考虑换道和超车行为,在初始时刻假设所有车辆以相同车速运行 $v_i(0) = 15\text{m/s}, i \in [1, N]$,每辆车的间距是 60m,最后一辆车置于位移坐标原点,仿真时长 500s,如图 8-3 所示。

图 8-3 车队信息传播示意图

考虑城市道路场景,相关参数设置参考 Treiber 等和 Nekovee 等的研究成果,见表 8-2。

仿真参数设置 表 8-2

参　　数	值	描　　述
N	50	仿真车辆总数
v	15m/s	初始时刻车辆速度
v_0	33.33m/s	最大车速
l	5m	车辆长度

续上表

参　数	值	描　述
T	1.6s	安全车头时距
s_0	2m	车辆静止时的最小间距
α_i	1m/s^2	最大加速度
b	2m/s^2	最大减速度
δ	4	加速度指数
γ	0.04	恢复率
η	6	路径损耗参数
σ	2dB^2	阴影衰落模型的方差

8.4.2　实验分析

实验1：车辆物理参数的改变对威胁信息传播的影响。

为了展示车辆动力学参数对信息传播的影响,也为了便于与后文带有攻击影响的车辆队列状态作对比,本节首先绘制了正常情况下的车辆队列的位移、速度、车间距离和加速度的变化曲线图。在给定的初始条件下,所有的车辆经过一系列反复运动,最终趋向平衡状态。可以计算出平衡状态下的车辆间距,即 $s^{eq}(v) = (s_0 + v^{eq}T)[1 - (v^{eq}/v_0)^{\delta}]^{-1/2} = 26.55$ m。

图 8-4 描述的是无攻击状态下车辆状态演化趋势,可以看出,位移、速度、车间距离和加速度的演化趋势都是趋于稳态的,所有曲线的变化趋势平滑。图 8-4 将作为一个参照基准,用于与后文中威胁信息传播下的车辆动力学行为进行对比。

图 8-5 描绘的是不同通信半径下的易感染车辆、感染车辆和恢复车辆的数量变化情况。图中蓝色实线表示易感染车辆的数量,红色点线表示已经被感染车辆的数量,绿色虚线表示已经被修复车辆的数量。通信半径从右到左逐渐增大(即 $R = 31$m→65m)。随着通信半径的增加,车辆被感染也越来越快。特别地,当 $R = 31$m 时,图中的蓝色实线是一条水平直线,其物理意义表示的是威胁信息无法传播给其他车辆。另外,如果通信范围足够大,如当 $R = 65$m,所有的车辆都将很快受到感染,感染过程为第一辆车释放威胁信息,导致第二辆车接收并被感染,然后第二辆车释放威胁信息感染第三辆车,依次类推,直到全部车辆被感染。绿色虚线表示累计修复车辆数,遵循先感染先修复的原则,伴随感染的过程,修复过程也在同时进行。

图 8-6 呈现了不同的初始车间距离对威胁信息传播的影响。通信半径设为 60m,初始车间距离范围设为 55~90m,不同的初始车间距离决定了不同的扰动程度。初始间隔范围越大,感染开始的时间越晚;反之,初始间隔范围越小,感染开始时间越早。

图 8-7 描述的是当引导车的速度不同时,威胁信息在车队中传播的趋势。引导车的速度从左到右逐渐从 5m/s 增加到 27m/s。随着前车速度的提高,感染时间相应延长。特别是当引导车速度为 27m/s 时,威胁信息无法发送到其他车辆。造成这种结果的原因包括两个方面：一是根据车辆跟驰模型公式可知,速度越大,其车间距离也就越大,车车通信的路径损耗变大,连通性也就越低;二是根据感染概率式(8-15),距离越远,感染的概率也就越小。

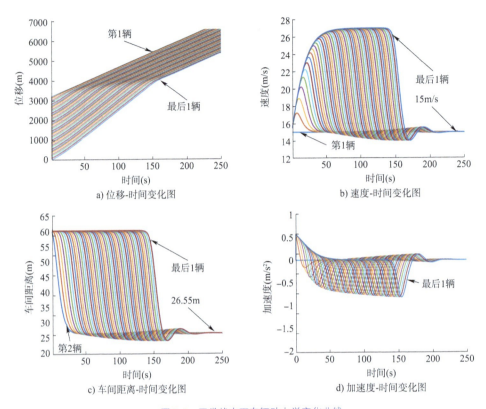

图 8-4 正常状态下车辆动力学变化曲线

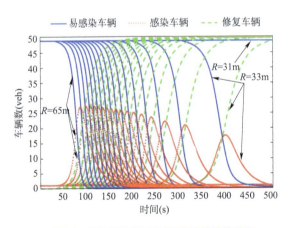

图 8-5 车辆通信半径对威胁信息传播的影响

通过对威胁信息在车辆队列之间感染传播方式的探讨,威胁信息的传播机理也更加清楚地展现出来,从而为建立智能网联汽车信息安全防护体系打下基础。被感染车辆类似于病毒携带者,如果其他车辆没有安全防护措施的话,威胁信息就会进一步传播,从而在空间上产生更大影响。借鉴对抗病毒传播理论,在汽车信息安全领域,也可以制造出一种信息安全"疫苗",能让其他车辆获得"免疫"能力。当然疫苗也有它的缺陷型,也即只能点对点地防护,例如一种疫苗一般只能对抗一种病毒,在面对其他病毒威胁时效果不大。

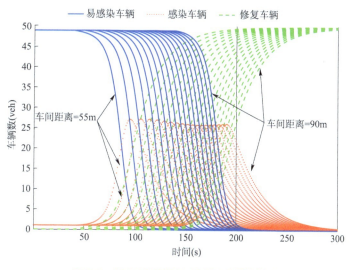

图 8-6　初始车间距离对威胁信息传播的影响

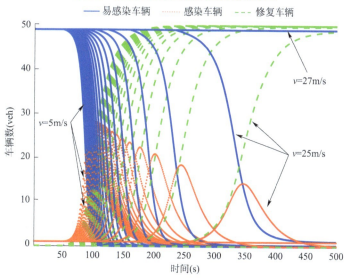

图 8-7　速度对威胁信息传播的影响

近些年随着计算机处理运算能力的增强以及网络攻击数据量的激增,深度学习技术也开始在智能网联汽车信息安全领域得以运用,有些学者还提出利用云端技术来防护新型网络攻击的方案,这种方案类似于国家与国家之间的公共卫生防护合作,当一种新型病毒出现时,各个国家通过信息共享来共同对抗病毒传播,这也是一种行之有效的方式。本章的主要目的是深入挖掘威胁信息在智能网联汽车间的传播机理、传播途径等,结合仿真实验清楚直观地将这种过程表现出来,从而为实际的安全防护技术落地奠定基础。

第9章
智能网联汽车信息安全控制技术

智能网联汽车能够实现安全驾驶的基础在于能够正确、及时获取到周围的环境信息,而威胁信息的存在类似于给眼睛传递了不正确的信息,以至于大脑输出了错误的结果,最终影响行驶安全。对于智能网联汽车的安全行驶而言,需要获取的信息有很多,例如周围车辆信息、路侧单元信息、周围行人信息等。但大部分情况下考虑的都是车辆之间如何保证安全行驶,保证车辆之间安全行驶的重要信息是动力学信息,因为动力学信息(速度、加速度、位移、转向角、航向等)是判断车辆行驶状态的重要信息来源,还可以通过当前时刻的动力学信息对未来一段时间的状态进行预测,所以车辆动力学信息的正确性和完整性对于智能网联汽车间的安全运行有着重大影响。

网络攻击问题的出现,使智能网联汽车和智能交通系统的发展出现阻碍,如何能够抑制或消除网络攻击给交通安全带来的不稳定因素是当务之急。以往的车辆队列控制策略是通过协调控制道路上的车辆,使之以较小的安全距离行驶,来降低能耗、提升交通通行效率。从是否使用通信技术的角度来看,车队控制策略主要包括自主式和协作式两类。前者指利用自身安装的传感器对周围环境进行感知,从而进行决策和控制;后者指利用通信技术,获取周围车辆的动力学信息,从而实现协同驾驶。

现有的大部分车辆控制策略未能考虑威胁信息攻击问题。在威胁信息攻击环境下,车辆的动力学信息如速度、位移和加速度都有可能被篡改,因此单纯的队列控制策略并不能保证车辆队列行为安全。严格意义来讲,车身控制模块(例如车门等)的信息篡改也会对人员生命安全和财产安全造成影响,但车辆动力学信息的防护更难以实施,所以下文主要以车辆动力学信息的防护进行阐述与分析。

9.1 车辆动力学模型

9.1.1 潜在的安全威胁

智能网联汽车通信系统可以分为感知层、网络层、应用层,本节主要研究网络层面的信息安全防护。网络层的主要任务是接收信息和发送数据,相邻车之前通过收发数据来了解相互的运动状态信息(例如前车是否在加速等)。车辆的内部网络和传感器可能会受到网络攻击,从而将错误信息传递给其他车辆或者本车定位信息出错,这对车辆的驾驶行为产生误导,异常的驾驶行为会影响区域内的交通情况,造成交通拥堵或者交通事故。例如针对 GPS 传感器和 CAN 总线的攻击示意图如图 9-1 所示。

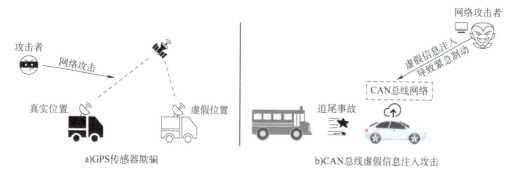

图 9-1 车载端网络攻击示意图

本节以数据篡改攻击为例,模拟威胁信息对智能网联车队的影响,在车辆通信交互过程中,传递的动力学信息主要包括速度 $v_n(t)$、位移 $x_n(t)$、加速度 $a_n(t)$,不失一般性,假设威胁信息攻击环境下,车辆的动力学信息发生的变化如下:

$$\begin{aligned}\tilde{v}_n(t) &= p \times v_n(t) \\ \tilde{a}_n(t) &= a_n(t) + A\sin(wt) \\ \tilde{x}_n(t) &= x_n(t) + q\end{aligned} \quad (9\text{-}1)$$

式中:$\tilde{v}_n(t)$——篡改后的速度;

$\tilde{a}_n(t)$——篡改后的加速度;

$\tilde{x}_n(t)$——篡改后的位移;

p——速度缩小或放大系数;

A、w——振幅和相位系数;

q——位移的变化量。

这些参数具有明确的物理意义,例如,当 $p>1$ 时,表示速度值被扩大,即速度被过大估计;当 $p<1$ 时,表示速度值被缩小,即速度被过低估计;$q>0$ 时,表示位移变大,即真实位移被过高估计;$q<0$ 时,表示位移变小,即真实位移被低估。特别的,当 $p=1, A=0, q=0$ 时,表示无威胁信息的攻击,也即车辆动力学信息值未被篡改,此时篡改信息等于原始信息。

9.1.2 跟驰模型

跟驰模型是交通流理论的重要组成部分,它描述的是微观驾驶行为变化,例如在单行道上前车运动状态发生变化后对后车的影响,以及后车应该采取的驾驶行为。

车辆跟驰模型最初是由 Reuschel 和 Pipes 提出的,之后延伸出一系列相关模型,包括 GHR(Gazis-Herman-Rothery)模型、安全距离模型、线性模型、优化速度模型(Optimal Velocity Model,简称 OVM)和 IDM 等。其中,IDM 因其能够简洁而精确地描述车辆及交通行为而被广泛应用。IDM 最初是由德国斯图加特大学 Treiber 等提出的,随后研究人员对此做了大量的改进和应用。例如,香港城市大学 Jia 等将经典 IDM 应用于描述自适应巡航控制(Adaptive Cruise Control,简称 ACC)系统,研究了基于物理层-网络层结构的车队之间的网络连通性问题;美国加利福尼亚大学 Milanes 和 Shladover 分别将传统 ACC 控制器模型、CACC 一致性控制模型和 IDM 应用于实车实验,分析了三种模型给车辆稳态造成的影响及其优缺点;克莱姆森大学 Malinauskas 将 IDM 用于 ACC 车辆控制模型,并且分析了车辆的驾驶行为;同济大学 Li 等改进了经典 IDM,用于描述联网协同车队的驾驶行为,并探究了稳态条件下交通行为。使用不同的跟驰模型得出的研究结果会存在不同程度的差异。

因此,本节用 IDM 来刻画车辆的驾驶状态。经典的 IDM 公式如下:

$$\dot{v}_n(t) = a\left[1 - \left(\frac{v_n}{v_0}\right)^4 - \left(\frac{s^*(v_n, \Delta v_n)}{s_n}\right)^2\right], s^*(v_n, \Delta v_n) = s_0 + v_n T + \frac{v_n \Delta v_n}{2\sqrt{ab}} \quad (9\text{-}2)$$

式中:$\dot{v}_n(t)$——车辆 n 的加速度;
a——车辆的最大加速度;
b——车辆的最大减速度;
v_0——最大速度;
Δv_n——车辆 n 与车辆 $n-1$ 之间的相对速度,即 $\Delta v_n = v_n - v_{n-1}$;
s^*——期望安全车间距离;
s_0——在车辆静止时最小车间距离;
s_n——车辆 n 与车辆 $n-1$ 之间的车间距离,即 $s_n = x_{n-1} - x_n - L$,其中 x_n 表示车辆 n 的位移,L 表示车辆长度;
T——安全车头时距。

为了求出加加速度(即急动度)关于时间的函数,对式(9-2)进行求导:

$$r_n(t) = a\left[-\frac{4v_n^3}{v_0^4} - 2\left(\frac{s^*}{s_n}\right)\frac{\left(\dot{v}_n T + \frac{1}{2\sqrt{ab}}(\dot{v}_n \Delta v_n + v_n(\dot{v}_n - \dot{v}_{n-1}))\right)s_n - s^*}{(s_n)^2}\right] \quad (9\text{-}3)$$

式中:$r_n(t)$——第 n 辆车的加速度;
$\dot{v}_n$——第 n 辆车的加速度。

从以上公式就可以看出,IDM 参数简洁,也已经被广泛应用到交通领域研究中。

9.1.3 考虑前车加速度的 IDM

由于经典 IDM 即式(9-2)中没有考虑前车加速度信息,为使模型能够用于同时校验速度、位移和加速度,借鉴 Shladover 等的研究工作,本节经典的 IDM 扩展成如下形式:

$$a_n(t+\tau) = a\left[1 - \left(\frac{v_n}{v_0}\right)^4 - \left(\frac{s^*(v_n, \Delta v_n)}{s_n}\right)^2\right] + \lambda a_{n-1}(t) \quad (9\text{-}4)$$

式中:λ——权值系数;
τ——为通信延迟。

从式(9-4)中可以看出,当网联车队达到稳定状态时,前车加速度为 0,上式退化为经典 IDM;当前车加速时,后车会考虑前车加速度大小不断调整加速度。

在下文的异常修复机制中,式(9-4)将用来计算下一时刻 IDM 校验链中的车辆动力学参数。但如果不进行修复,公式进一步转化为:

$$a_n(t+\tau) = a\left[1 - \left(\frac{\tilde{v}_n}{v_0}\right)^4 - \left(\frac{s^*(\tilde{v}_n, \Delta\tilde{v}_n)}{\tilde{s}_n}\right)^2\right] + \lambda \tilde{a}_{n-1}(t) \quad (9\text{-}5)$$

式中：$\tilde{s}_n$、$\tilde{v}_n$、$\Delta\tilde{v}_n$——受到篡改攻击后的车辆间距、当前车速和相对速度差；

$\tilde{a}_{n-1}(t)$——车辆 $n-1$ 发送给车辆 n 的加速度信息被篡改。

通过比较式(9-4)和式(9-5)，可以看出修复与不修复的区别。在无网络攻击下，式(9-4)与式(9-5)将得出相同的数值；只有在有威胁攻击时，两个公式计算的数值才会出现差异。

9.2 异常信息检测与修复机制

威胁信息可以通过篡改车辆的动力学信息进而影响车队的运行，具体攻击点主要为速度 $v_n(t)$、位移 $x_n(t)$、加速度 $a_n(t)$。基于此，本节提出了针对车辆动力学信息的异常信息检测与修复机制，具体为基于动力学参数阈值的异常信息检测与基于DNA双螺旋结构的双链修复机制。

9.2.1 基于动力学参数阈值的异常信息检测

在本节中，车辆通信方式采用单跳单播的方式，异常信息检测是根据IDM（式(9-2)）、扩展后的IDM（式(9-3)）以及基本运动学式(9-6)计算出本车的加速度、速度、位移阈值。然后判断本车通信系统中的动力学信息是否处于安全阈值。异常信息检测的工作流程如图9-2所示。

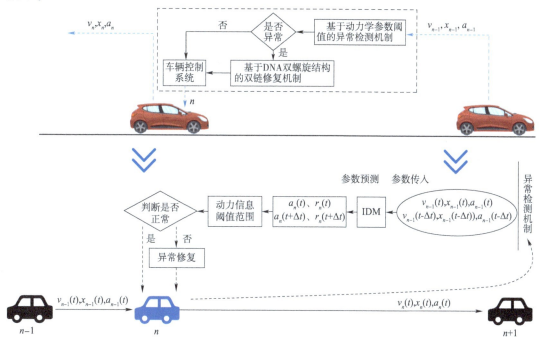

图9-2 异常信息检测机制流程图

阈值的计算是通过经典 IDM 和改进的 IDM 求出的。其思路为：假设当前时刻为 t，本车为车辆队列中的第 n 辆车（参考图9-2），通过 $t-\Delta t$ 时刻第 $n-1$ 车传来的动力学信息及本车信息可以计算出 $r_n(t)$，再通过 t 时刻第 $n-1$ 车传来的动力学信息及本车信息可以计算出 $r_n(t+\Delta t)$；同理也可计算出 $a_n(t)$ 和 $a_n(t+\Delta t)$；$v_n(t+\Delta t)$ 则通过基本的运动学方程求出，即如式(9-6)。

$$v_n(t+\Delta t) = v_n(t) + \dot{v}_n(t) \times \Delta t$$
$$x_n(t+\Delta t) = x_n(t) + v_n(t) \times \Delta t + 0.5 \times \dot{v}_n(t) \times (\Delta t)^2 \tag{9-6}$$

式中：$v_n(t+\Delta t)$——$t+\Delta t$ 时刻第 n 辆车的速度；

$x_n(t+\Delta t)$——$t+\Delta t$ 时刻第 n 辆车的位移；

$v_n(t)$——t 时刻第 n 辆车的速度；

$x_n(t)$——t 时刻第 n 辆车的速度；

Δt——时间间隔。

由牛顿第二定律可知，在 Δt 足够小的情况下，车辆在 $[t,t+\Delta t]$ 时间段内的动力学参数范围如式(9-7)。

之所以使用式(9-7)判断车辆在 $[t,t+\Delta t]$ 范围内速度、加速度、变加速度的最值，是因为在很短的 Δt 时间内，可以认为它们是单调变化的，也就是说在足够短的时间内，它们的数值不会产生跳跃式波动，那么区间端点值即为最值。

$$\begin{aligned}
v_n^{\min}(t) &= \min(v_n(t), v_n(t+\Delta t)) \\
v_n^{\max}(t) &= \max(v_n(t), v_n(t+\Delta t)) \\
a_n^{\min}(t) &= \min(a_n(t), a_n(t+\Delta t)) \\
a_n^{\max}(t) &= \max(a_n(t), a_n(t+\Delta t)) \\
r_n^{\min}(t) &= \min(r_n(t), r_n(t+\Delta t)) \\
r_n^{\max}(t) &= \max(r_n(t), r_n(t+\Delta t))
\end{aligned} \tag{9-7}$$

式中：$v_n^{\min}(t)$ 和 $v_n^{\max}(t)$——t 时刻第 n 辆车的最小速度和最大速度；

$a_n^{\min}(t)$ 和 $a_n^{\max}(t)$——t 时刻第 n 辆车的最小加速度和最大加速度；

$r_n^{\min}(t)$ 和 $r_n^{\max}(t)$——t 时刻第 n 辆车的最小急动度和最大急动度。

那么通过式(9-7)即可求出速度、加速度、变加速度在 $[t,t+\Delta t]$ 时间段内的最值。通过求出的最值再结合基本运动学方程即式(9-7)，可以得出最终的检测公式，即式(9-8)～式(9-10)。

①速度检测

$$a_n^{\min}(t)\Delta t - \zeta \leq v_n(t+\Delta t) - v_n(t) \leq a_n^{\max}(t)\Delta t + \zeta$$
$$0 \leq v_n(t+\Delta t) \leq v_0 \tag{9-8}$$

②位移检测

$$x_n(t+\Delta t) - x_n(t) \geq v_n^{\min}(t)\Delta t + 0.5 a_n^{\min}(t)\Delta t^2 - \xi$$
$$x_n(t+\Delta t) - x_n(t) \leq v_n^{\max}(t)\Delta t + 0.5 a_n^{\max}(t)\Delta t^2 + \xi \tag{9-9}$$

③加速度检测

$$r_n^{\min}(t)\Delta t - \zeta \leq a_n(t+\Delta t) - a_n(t) \leq r_n^{\max}(t)\Delta t + \zeta$$
$$b \leq a_n(t+\Delta t) \leq a \tag{9-10}$$

式中：v_0, a, b——车辆的最大速度、期望加速度值、期望减速度值；

ζ, ξ, ς——速度、位移和加速度的误差值,被用于界定参数合理性的范围。

误差值 ζ, ξ, ς 越大,参数合理性范围越大;反之,越小。特别地,当误差值为 0 时,表示最小参数合理性范围。可见,误差值的设定与异常信息检测的效果有一定关系。例如,当误差值设定较大时,可能会出现数据篡改后未被检测成功的情况;当误差值设定较小时,异常检测机制比较敏感,可能会出现检测出错现象,更多细节将在仿真实验部分进行阐述。

9.2.2 双链校对检测机制

在上一节异常信息检测机制讨论中,后车利用前车传来的信息进行预测计算,可以判断本车动力学信息是否处于正常范围内。异常信息的检测是为了判断动力学参数是否异常,而当检测出异常时,就需要采用双链校对检测机制对异常数据进行替换修复。异常信息检测机制的结果不同,双链修复机制做出的响应也不同。在攻击状态下和正常状态下异常信息修复机制的反应如图 9-3 所示。

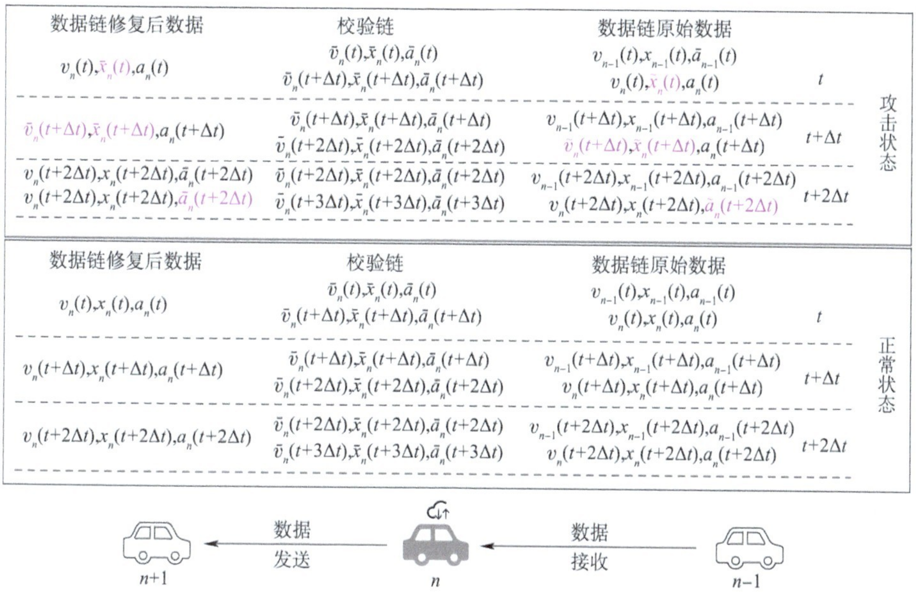

图 9-3 异常信息修复机制时刻图

双链校对检测机制的理论基础来源于 DNA 双螺旋结构中的错配修复系统。错配修复是 DNA 的一种损伤识别与修复系统,主要用于识别和修复在 DNA 复制和重组过程中可能出现的碱基错误插入、缺失、错误结合等问题。DNA 修复原理是依靠某些特定酶识别 DNA 损伤部位,通过碱基互补配对原则(即一条链上的碱基必须与另一条链上的碱基以相对应的方式存在,腺嘌呤对应胸腺嘧啶(A 对 T 或 T 对 A),鸟嘌呤对应胞嘧啶(C 对 G 或 G 对 C)形成碱基对),实现精准修复。鉴于 DNA 的修复理论,本节所提出的修复机制由两条平行数据链组成,包括校验链和数据链,其结构如图 9-4 所示。

双链校对检测机制是通过两条链上数据的对比与交互,保证由通信系统传输出去的动力学信息是正常的。为了便于阐释本节所提出的修复机制,采用 $k = \{(\bar{x}_n(t), \bar{v}_n(t), \bar{a}_n(t)) \mid n \in (1, 2, \cdots, N)\}$ 表示校验链,用 $u = \{(x_n(t), v_n(t), a_n(t)) \mid n \in (1, 2, \cdots, N)\}$ 表示数据链。如图 9-4 所示,左侧为校验链,右侧为通信数据链,校验链的数据用于校正数据链中的异常数据,在校验链中内置IDM,用于更新下一时刻数据,更为具体化的描绘可见图9-3。其具体工作机制如下。

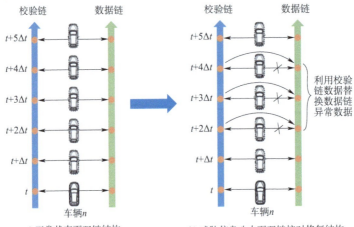

图9-4 双链校对检测机制结构

（1）在正常状态下,如图9-3和图9-4所示:t时刻时,数据链接收到前车的动力学信息$v_{n-1}(t)$,$x_{n-1}(t)$,$a_{n-1}(t)$,本车根据车载传感器测出的自身动力学信息$v_n(t)$,$x_n(t)$,$a_n(t)$;结合两者信息和式(9-2)可以计算出下一时刻的加速度信息$a_n(t+\Delta t)$。

（2）数据链将前车信息$v_{n-1}(t)$,$x_{n-1}(t)$,$a_{n-1}(t)$,本车信息$v_n(t)$,$x_n(t)$,$a_n(t)$和下一时刻加速度信息$a_n(t+\Delta t)$传入校验链中。校验链根据运动学和式(9-2)、式(9-6),可以分别预估出下一时刻前车动力学信息$\bar{v}_{n-1}(t+\Delta t)$,$\bar{x}_{n-1}(t+\Delta t)$,$\bar{a}_{n-1}(t+\Delta t)$以及本车动力学信息$\bar{v}_n(t+\Delta t)$,$\bar{x}_n(t+\Delta t)$,$\bar{a}_n(t+\Delta t)$;再次结合经典IDM公式可以计算出$t+2\Delta t$时刻的加速度$\bar{a}_n(t+2\Delta t)$,并将三者作为$t+\Delta t$时刻校验链存储的数据。在$t+\Delta t$时,数据链接收到前车信息$v_{n-1}(t+\Delta t)$,$x_{n-1}(t+\Delta t)$,$a_{n-1}(t+\Delta t)$,同时测量到本车信息$v_{n-1}(t+\Delta t)$,$x_{n-1}(t+\Delta t)$,$a_{n-1}(t+\Delta t)$,结合经典IDM公式可以计算出下一时刻的加速度$a_n(t+2\Delta t)$。

（3）数据链将三者信息传入校验链中并更新校验链中的数据。校验链此刻的数据与数据链数据一致,包括$t+\Delta t$时的前车信息和本车信息以及下一时刻的加速度信息。

（4）在$t+\Delta t$时刻时,校验链分别预估出$t+2\Delta t$的前车信息$\bar{v}_{n-1}(t+2\Delta t)$,$\bar{x}_{n-1}(t+2\Delta t)$,$\bar{a}_{n-1}(t+2\Delta t)$和本车信息$\bar{v}_n(t+2\Delta t)$,$\bar{x}_n(t+2\Delta t)$,$\bar{a}_n(t+2\Delta t)$以及$t+3\Delta t$的加速度信息$\bar{a}_{n-1}(t+3\Delta t)$,并将其存入$t+2\Delta t$时刻的校验链中。

在异常状态下,如图9-3和图9-4所示,在$t+2\Delta t$时,分三种情况。

（1）前车信息异常,本车信息正常。若前车传出的动力学信息被黑客篡改并发送给了本车,本车判断前车信息异常,则将校验链存储的预估的前车动力学信息$\bar{v}_{n-1}(t+2\Delta t)$,$\bar{x}_{n-1}(t+2\Delta t)$,$\bar{a}_{n-1}(t+2\Delta t)$发送给数据链。

（2）前车信息正常,本车信息异常。若本车传感器受到黑客干扰,经机制判断本车信息异常,则丢掉本车信息,将校验链存储的预估的信息$\bar{v}_n(t+2\Delta t)$,$\bar{x}_n(t+2\Delta t)$,$\bar{a}_n(t+2\Delta t)$发送给数据链。

（3）若前车及本车信息均为异常。则丢掉前车及本车信息,将校验链存储的预估的前车

动力学信息 $\bar{v}_{n-1}(t+2\Delta t), \bar{x}_{n-1}(t+2\Delta t), \bar{a}_{n-1}(t+2\Delta t)$ 及本车动力学信息 $\bar{v}_{n}(t+2\Delta t)$, $\bar{x}_{n}(t+2\Delta t), \bar{a}_{n}(t+2\Delta t)$ 发送给数据链。随后,校验链存储预估 $t+3\Delta t$ 时刻的信息即 $\bar{v}_{n-1}(t+3\Delta t), \bar{x}_{n-1}(t+3\Delta t), \bar{a}_{n-1}(t+3\Delta t)$ 和 $\bar{v}_{n}(t+3\Delta t), \bar{x}_{n}(t+3\Delta t), \bar{a}_{n}(t+3\Delta t)$。

异常状态下,数据链会接收来自校验链中的数据,直至攻击结束。攻击结束之后,校验链中的数据也将会接收到真实的前车及本车数据,用于更新预估的数据。

需要说明的是,如果车辆动力学信息中任何一个参数被篡改,异常检测机制结果都会表现为异常,并只对篡改的数据进行替换。例如,在图9-3的 $t+2\Delta t$ 时刻(粉色数据表明被篡改),车辆 n 的异常检测结果为异常,假设只有加速度被篡改,即 $\bar{a}_{n}(t+2\Delta t)$,而当前时刻校验链存储有根据上一时刻本车的动力学信息,结合运动学公式和经典 IDM 公式可以预估出 $t+2\Delta t$ 的动力学信息,即 $\bar{v}_{n}(t+2\Delta t), \bar{x}_{n}(t+2\Delta t), \bar{a}_{n}(t+2\Delta t)$,最终修复结果表现为数据链在 $t+2\Delta t$ 时刻本车的动力学信息为 $v_{n}(t+2\Delta t), x_{n}(t+2\Delta t), \bar{a}_{n}(t+2\Delta t)$。

综上可知,通过双链结构对同一时刻数据进行修正,能够避免错误的通信数据对车辆驾驶行为的影响,进而实现车辆驾驶行为的安全性和稳定性。

9.3 仿真实验

9.3.1 实验设计

为了验证上述机制的有效性,本节设计了仿真实验。实验环境及初始条件为:智能网联车队由 15 辆车组成,行驶在单车道上并且不考虑超车或者换道行为;初始状态下每辆车以速度 15m/s 并保持稳态车间距 18.89m 行驶,稳态车间距可由式(9-2)求出。车队在正常运行一段时间后会形成稳定的跟驰现象,稳定状态也即 $a_n(t)=0, \Delta v_n=0$,稳态下的车间距公式也可以得出:

$$s^e(v) = (s_0 + v^e T)\left[1 - \left(\frac{v^e}{v^0}\right)^4\right]^{-1/2} \tag{9-11}$$

式中:s^e、v^e——智能网联车队稳定状态下的车间距和速度。

实验中定义最后一辆车车尾坐标为原点,仿真时间间隔 $dt=0.1\mathrm{s}$,总仿真时长 $100\mathrm{s}$。参考现有文献,其他涉及的参数信息见表9-1。

仿真参数设定表　　表9-1

参　数	数　值	含　义
v_0	33.33m/s	最大车速
L	5m	车辆长度
T	1.1s	安全车头时距
s_0	2m	车辆静止时的最小间距
a	4m/s²	最大加速度
b	5m/s²	最大安全减速度
λ	0.3	权值系数

为了直观地看出此机制的效果，下面仅针对速度攻击时三种机制下的车辆行为变化进行模拟，即无检测机制、有检测机制和检测失效。

在式(9-1)中，威胁攻击对速度的篡改结果为 $\tilde{v}_n(t) = p \times v_n(t), p \geqslant 0$，也即篡改后速度可能会缩小(被低估，$p<1$)或放大(被高估，$p>1$)。在以下的实验中，本节将 p 分别设置为 0.95 和 1.3，攻击时间开始于 21s，终止于 30s，直接攻击对象为智能网联车队中的第 3 辆车。

9.3.2 无检测机制

在无检测机制下，速度信息被恶意篡改后智能网联车队运行的变化情况，包括低估速度 $p=0.95$ 和高估速度 $p=1.3$ 两种情况，如图 9-5 所示，可以看出，第 3 辆车的速度被篡改后，后方车辆的位移、速度、车间距离、加速度曲线都发生了明显的扰动。

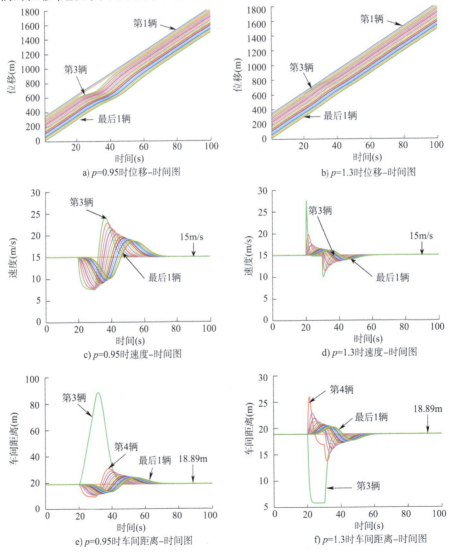

图 9-5

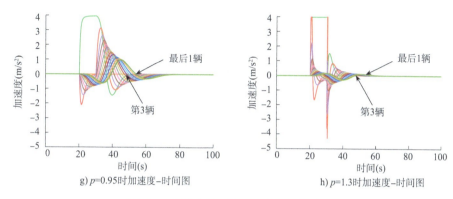

g) $p=0.95$时加速度-时间图 h) $p=1.3$时加速度-时间图

图9-5 无检测机制速度攻击下的车队运行状态

如图9-5a)、c)、e)、g)所示,在第21s时,第3辆车的速度被篡改导致突然减小,这就会引起第3辆车与其前车(也即第2辆车)的车间距离有增大的趋势,同时,第3辆车与其后车(也即第4辆车)的车间距离会逐渐减小,如果间距过小,第4辆车追尾的事故风险就会变大。以此类推,后方车辆的也会表现出相应的不稳定行为。在第30s(也即攻击结束时),车队逐渐恢复稳定状态。

同样的,如图9-5b)、d)、f)、h)所示,在第21s时,第3辆车传递给第4辆车的速度瞬间增大,这就会误导第4辆车进行加速以达到更小的跟驰间距,跟车间距越来越小就会使得追尾的风险变大,引起交通事故发生。在第30s攻击结束后,车队间距逐渐恢复正常,向稳定状态调整。

图9-5的仿真结果模拟了智能网联车队中的单个车辆受到网络攻击后的影响。在实际中,网络攻击者还可能会对车队中的多辆车进行同时攻击,进而造成更大的交通影响或者不法目的,所以这里补充针对智能网联车队中多个车辆进行网络攻击的仿真实验,以探究多辆车受到网络攻击后的交通状况变化。

9.3.3 有检测机制

在有检测机制的情况下,将异常信息检测机制中的速度误差项、位移误差项、加速度误差项ζ_v、ζ_s、ζ_a都设置为1,并代入检测机制式(9-6)~式(9-8),得出各参数的安全阈值范围。

需要指出的是,误差项的设置是为了更贴近实际状况。例如在路面不平或者某些天气(比如雨天时雷达识别效果变差)状况下,车速、加速度测量值可能并不准确,导致传感器数值与真实数值存在一定偏差,误差项可以弥补传感器等设备不能保证高精准性的不足。搭建仿真场景后,得出在有检测机制下针对速度攻击的结果,如图9-6所示。

图9-6表示在有检测机制下,第3辆车速度信息被篡改后车队的位移、速度、车间距离、加速度关于时间的图形,从图中可以看出,检测机制和修复机制的响应时间在足够短的情况下(毫秒级以上),网络攻击对自动驾驶队列的影响微乎其微。

与图9-5c)相比,图9-6b)在第21s受到网络攻击后第3辆车的速度并没有发生变化,是因为异常检测机制将$\tilde{v}_3(t=21s)=1.3\times v_3(t=21s)$判定为异常,并结合修复机制将$\tilde{v}_3(t=21s)$替换为$\bar{v}_3(t=21s)$,所以第4辆车接收到$\bar{v}_3(t=21s)$,驾驶行为不发生变化,整个车队继续稳定运行,修复机制的作用得以体现。

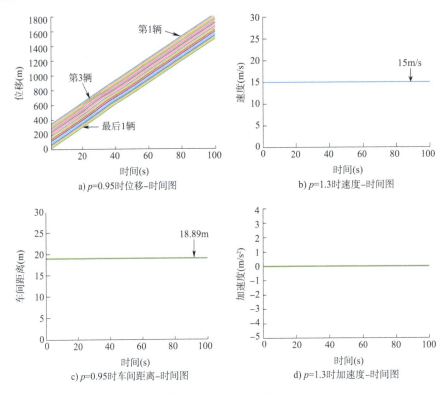

图 9-6 有检测机制速度攻击下的车队运行状态

9.3.4 检测机制失效

为了避免传感器等设备的细微测量误差导致的异常检测机制误检,本节在检测条件中添加了误差项来弥补这种不足。添加误差项的初衷是为了让检测机制更好地贴近实际情况,但这也引出了另一个问题,具体描述如下:当数据被篡改后波动范围较小,假如设定 $p = 0.95$,速度误差项、位移误差项、加速度误差项仍然设定为1,即 $\zeta = \xi = \zeta = 1$。

由于此时的篡改量较小,篡改后的值仍然处于异常检测机制的合理范围内,所以会出现不能检测到篡改攻击的情况,车队运行状态图形将会和图 9-5a)、c)、e)、g)左侧的仿真结果一致,也即车队会受到信息篡改攻击的影响,车队的稳定性受到干扰。

从上述仿真实验可以看出,本章设计的异常信息检测与双链修复机制能够很好地保障智能网联车队的运行稳定性,双链修复机制能够及时地将异常数据替换为合理数据。但是当面对一些篡改量比较小的攻击时,该机制未能成功识别,主要原因是误差项的设置使得检测区间存在一定的波动范围,当篡改量较小时,异常数据仍处于设置的安全阈值内。因此,误差项的设置对于整个异常信息检测机制的结果影响很大,但误差项的数值需要在多次实车测试中得出,仿真实验不能完全替代实际测试,因此误差项的设置使得检测机制对于较小的篡改不敏感,从而使得车队还是发生了扰动。但是本章并没有给出如何确定车辆行为的小幅度变化是由传感器等设备产生的还是恶意攻击引起的。这个问题恐怕需要结合大量的理论研究和实际测试才能给出答案,在此不再过多探讨。

附 录
常用缩略语

3DES(Triple Data Encryption Algorithm) 三重数据加密算法
3GPP(the 3rd Generation Partner Project) 第三代合作搭档工程
ACC(Adaptive Cruise Control) 自适应巡航控制
AES(Advanced Encryption Standard) 高级加密标准
ARP(Address Resolution Protocol) 地址解析协议
CA(Certificate Authority) 权威认证机构
CAN(Controller Area Network) 控制器局域网
CVE(Common Vulnerabilities and Exposures) 通用漏洞披露
CVSS(Common Vulnerability Scoring System) 通用漏洞评分系统
DBN(Deep Belief Network) 深度信念网络
DDoS(Distributed Denial of Service Attack) 分布式拒绝服务攻击
DES(Data Encryption Standard) 数据加密标准
DFD(Date Flow Diagram) 数据流程图
DNN(Deep Neural Network) 深度神经网络
DNS(Domain Name Server) 域名解析协议
DoS(Denial of Service) 拒绝服务攻击
DSRC(Dedicated Short-Range Communications) 专用短距离通信
ECC(Elliptic Curve Cryptography) 椭圆曲线密码学
ECU(Electronic Control Unit) 电子控制单元
EDPB(European Data Protection Board) 欧洲数据保护委员会
EVITA(E-Safety Vehicle Intrusion Protected Applications) 电子安全车辆入侵防护应用
GPRS(General Packet Radio Service) 通用分组无线服务
GPS(Global Positioning System) 全球定位系统
GSM(Global System for Mobile Communications) 全球移动通信系统
HMAC(Hash-based Message Authentication Code) 基于哈希算法的消息认证码
HMM(Hidden Markov Model) 隐马尔可夫模型
HU(Head Unit) 汽车音响
ICV(Intelligent and Connected Vehicle) 智能网联汽车

IDM（Intelligent Driver Model）	智能驾驶人模型
IDPS（Intrusion Detection and Prevention Service）	入侵检测和预防服务
IDS（Intrusion Detection System）	入侵检测系统
IEEE（Institute of Electrical and Electronics Engineers）	电气电子工程师协会
IETF（Internet Engineering Task Force）	互联网工程任务组
IMS（Intrusion Management System）	入侵管理系统
IPS（Intrusion Prevention System）	入侵预防系统
IPMS（Intrusion Detection & Prevention System）	入侵检测与防御系统
ITSEC（Information Technology Security Evaluation Criteria）	信息技术安全评估标准
IVI（In-Vehicle Infotainment）	车载娱乐信息
KSS（Keyless Start System）	无钥匙启动系统
LBS（Location Based Service）	基于位置的服务
LIN（Local Interconnect Network）	局域互联网
LSTM（Long Short-Term Memory）	长短期记忆神经网络
LTE（Long Term Evolution）	长期演进
MAC（Media Access Control）	媒体访问控制
MAC（Message Authentication Code）	消息认证码
MOST（Media Oriented System Transport）	面向媒体的系统传输
OBD（On-Board Diagnostics）	车载自诊断系统
OEM（Original Equipment Manufacturer）	原始设备生产商
OTA（Over-the-Air）	空中升级
OVM（Optimal Velocity Model）	优化速度模型
OWASP（Open Web Application Security Project）	开放式网页应用程序安全项目
POI（Point of Interest）	兴趣点
PKE（Passive Keyless Entry）	无钥匙进入
PKI（Public Key Infrastructure）	公钥基础设施
PSI（Population Stability Index）	稳定度指标
RFID（Radio Frequency Identification）	射频识别
RKE（Remote Keyless Entry）	遥控门禁
ROC（Receiver Operating Characteristic Curve）	接收者操作特征曲线
RSA（Rivest-Shamir-Adleman）	公开密钥密码体制
RSU（Road Side Unit）	路侧单元
SI（Susceptible-Infected）	易感染-感染模型
SIR（Susceptible-Infected-Removed）	易感染-感染-恢复模型
SIS（Susceptible-Infected-Susceptible）	易感染-感染-易感染模型
SIRS（Susceptible-Infected-Removed-Susceptible）	易感染-感染-恢复-易感染模型

SSL(Secure socket layer)	安全套接字协议
T-Box(Telematics Box)	车载通信终端
TCP/IP(Transmission Control Protocol/Internet Protocol)	传输控制协议/网际协议
TLS(Transport Layer Security)	安全传输层
TPMS(Tire Pressure Monitoring System)	轮胎压力监测系统
TSP(Telematics Service Provider)	远程服务提供商
UDP(User Data Protocol)	用户数据报协议
URL(Uniform Resource Locator)	统一资源定位器
USB(Universal Serial Bus)	通用串行总线
V2C(Vehicle to Cloud)	车-云通信
V2I(Vehicle to Infrastructure)	车-路通信
V2V(Vehicle to Vehicle)	车-车通信
V2X(Vehicle to Everything)	车用无线通信技术
VANETs(Vehicular Ad Hoc Networks)	车载自组网
WLAN(Wireless Local Area Networks)	无线局域网

参 考 文 献

[1] ALOQAILY M, OTOUM S RIDHAWI I A, et al. An Intrusion Detection System for Connected Vehicles in Smart Cities[J]. Ad Hoc Networks, 2019, 90: 101842.

[2] TAEIHAGH A, LIM H S M. Governing Autonomous Vehicles: Emerging Responses for Safety, Liability, Privacy, Cybersecurity, and Industry Risks[J]. Transport Reviews, 2019, 39(1): 103-128.

[3] LOUKAS G, KARAPISTOLI E, PANAOUSIS E, et al. A Taxonomy and Survey of Cyber-Physical Intrusion Detection Approaches for Vehicles[J]. Ad Hoc Networks, 2019, 84: 124-147.

[4] HUTZELMANN T, BANESCU S, PRETSCHNER A. A Comprehensive Attack and Defense Model for the Automotive Domain[J]. SAE International Journal of Transportation Cybersecurity and Privacy, 2019, 2(1): 1-16.

[5] CHOI W, JO H J, WOO S, et al. Identifying ECUs through Inimitable Characteristics of Signals in Controller Area Networks[J]. IEEE Transactions on Vehicular Technology, 2018, 67(6): 4757-4770.

[6] MÜTER M, ASAJ N. Entropy-based Anomaly Detection for In-Vehicle Networks[C]. IEEE Intelligent Vehicles Symposium (IV), Baden-Baden, Germany, 2011: 1110-1115.

[7] LIN X, SUN X, HO P, et al. GSIS: A Secure and Privacy-Preserving Protocol for Vehicular Communications[J]. IEEE Transactions on Vehicular Technology, 2007, 56(6): 3442-3456.

[8] ALNASSER A, SUN H, JIANG J. Cyber Security Challenges and Solutions for V2X Communications: A Survey[J]. Computer Networks, 2019, 151: 52-67.

[9] MEJRI M N, BEN-OTHMAN J. GDVAN: A New Greedy Behavior Attack Detection Algorithm for VANETs[J]. IEEE Transactions on Mobile Computing, 2017, 16(3): 759-771.

[10] PALOMAR E, DE FUENTES J M, GONZÁLEZ-TABLAS A I, et al. Hindering False Event Dissemination in VANETs with Proof-of-Work Mechanisms[J]. Transportation Research Part C: Emerging Technologies, 2012, 23: 85-97.

[11] IVANOV I, MAPLE C, WATSON T, et al. Cyber Security Standards and Issues in V2X Communications for Internet of Vehicles[C]. Proceedings of Living in the Internet of Things: Cybersecurity of the IoT, London, UK, 2018: 1-6.

[12] TANGADE S S, MANVI S S. A Survey on Attacks, Security and Trust Management Solutions in VANETs[C]. Fourth International Conference on Computing, Communications and Networking Technologies (ICCCNT), Tiruchengode, India, 2013: 1-6.

[13] VINH H L, CAVALLI A R. Security attacks and solutions in Vehicular Ad Hoc Networks: a survey[J]. International Journal on AdHoc Networking Systems (IJANS), 2014, 4(2): 1-20.

[14] AGARWAL P. Technical Review on Different Applications, Challenges and Security in VANET[J]. Journal of Multimedia Technology & Recent Advancements, 2018, 4(3): 21-30.

[15] AMOOZADEH M, DENG H, CHUAH C, et al. Platoon management with cooperative adaptive cruise control enabled by VANET[J]. Vehicular Communications, 2015, 2(2): 110-123.

[16] AIL A A. CPS Security: Vehicle Platooning System Identifying & Modelling Cyber-Attacks [D]. Newcastle, UK: Newcastle University, 2016.

[17] GHANAVATI M, CHAKRAVARTHY A, MENON P P. Analysis of Automotive Cyber-Attacks on Highways using Partial Differential Equation Models[J]. IEEE Transactions on Control of Network Systems, 2017, 5(4): 1775-1786.

[18] WANG Y, TIAN D, SHENG Z, et al. Connected Vehicle Systems: Communication, Data, and Control[M]. Boca Raton, FL, USA: CRC Press, 2017.

[19] SHLADOVER S E, DESOER C A, HEDRICK J K, et al. Automated vehicle control developments in the PATH program[J]. IEEE Transactions on Vehicular Technology, 1991, 40(1): 114-130.

[20] SANTINI S, SALVI A, VALENTE A S, et al. Platooning Maneuvers in Vehicular Networks: A Distributed and Consensus-Based Approach[J]. IEEE Transactions on Intelligent Vehicles, 2019, 4(1): 59-72.

[21] DI BERNARDO M, SALVI A, SANTINI S. Distributed consensus strategy for platooning of vehicles in the presence of time-varying heterogeneous communication delays[J]. IEEE Transactions on Intelligent Transportation Systems, 2015, 16(1): 102-112.

[22] ZHENG Y, LI S E, WANG J, et al. Stability and scalability of homogeneous vehicular platoon: Study on the influence of information flow topologies[J]. IEEE Transactions on Intelligent Transportation Systems, 2016, 17(1): 14-26.

[23] BIRON Z A, DEY S, PISU P. Real-Time Detection and Estimation of Denial of Service Attack in Connected Vehicle Systems[J]. IEEE Transactions on Intelligent Transportation Systems, 2018, 19(12): 3893-3902.

[24] NGODUY D. Platoon-based Macroscopic Model for Intelligent Traffic Flow[J]. Transportmetrica B: Transport Dynamics, 2013, 1(2): 153-169.

[25] REUSCHEL A. Vehicle Movements in a Platoon with Uniform Acceleration or Deceleration of the Lead Vehicle[J]. Zeitschrift des Oesterreichischen Ingenieur-und Architekten-Vereines, 1950, 95: 50-62.

[26] CHANDLER R E, HERMAN R, MONTROLL E W. Traffic dynamics: Studies in Car Following[J]. Operations Research, 1958, 6(2): 165-184.

[27] LEE J J, JONES J H. Traffic Dynamics: Visual Angle Car Following Models[J]. Traffic Engineering and Control, 1967, 8(8): 348-350.

[28] MCDONALD M, WU J, BRACKSTONE M. Development of a fuzzy logic based microscopic motorway simulation model[C]. Boston, Massachusetts: IEEE Conference on Intelligent Transportation System, 1997, 82-87.

[29] LI Y, ZHANG L, ZHENG H, et al. Nonlane-Discipline-Based Car-Following Model for Electric Vehicles in Transportation-Cyber-Physical Systems[J]. IEEE Transactions on Intelligent Transportation Systems, 2018, 19(1): 38-47.

[30] MILANES V, SHLADOVER S. Modeling cooperative and autonomous adaptive cruise control dynamic responses using experimental data[J]. Transportation Research Part C: Emerging Technologies, 2014, 48: 285-300.

[31] MONTEIL J, BILLOT R, SAU J, et al. Linear and Weakly Nonlinear Stability Analyses of Cooperative Car-Following Models[J]. IEEE Transactions on Intelligent Transportation Systems, 2014, 15(5): 2001-2013.

[32] WILSON R E, WARD J A. Car-following models: fifty years of linear stability analysis-a mathematical perspective[J]. Transportation Planning and Technology, 2011, 34(1): 3-18.

[33] LIU J, ZHANG S, SUN W, et al. In-vehicle network attacks and countermeasures: Challenges and future directions[J]. IEEE Network, 2017, 31(5): 50-58.

[34] MEJRI M N, BEN-OTHMAN J, HAMDI M. Survey on VANET security challenges and possible cryptographic solutions[J]. Vehicular Communications, 2014, 1(2): 53-66.

[35] RAHMAN M S, ABDEL-ATY M. Longitudinal safety evaluation of connected vehicles' platooning on expressways[J]. Accident Analysis & Prevention, 2018, 117: 381-391.

[36] BHOOPALAM A K, AGATZ N, ZUIDWIJK R. Planning of truck platoons: A literature review and directions for future research[J]. Transportation Research Part B: Methodological, 2018, 107: 212-228.

[37] LIU H, KAN X D, SHLADOVER S E, et al. Modeling impacts of Cooperative Adaptive Cruise Control on mixed traffic flow in multi-lane freeway facilities[J]. Transportation Research Part C: Emerging Technologies, 2018, 95: 261-279.

[38] DEY K C, YAN L, WANG X, et al. A review of communication, driver characteristics, and controls aspects of cooperative adaptive cruise control (CACC)[J]. IEEE Transactions on Intelligent Transportation Systems, 2016, 17(2): 491-509.

[39] ALAM N, BALAEI A T, DEMPSTER A G. A DSRC Doppler-based cooperative positioning enhancement for vehicular networks with GPS availability[J]. IEEE Transactions on Vehicular Technology, 2011, 60(9): 4462-4470.

[40] SAU J, MONTEIL J, BILLOT R, et al. The root locus method: application to linear stability analysis and design of cooperative car-following models[J]. Transportmetrica B: Transport Dynamics, 2014, 2(1): 60-82.

[41] ABBOUD K, ZHUANG W. Stochastic analysis of a single-hop communication link in vehicular ad hoc networks[J]. IEEE Transactions on Intelligent Transportation Systems, 2014, 15(5): 2297-2307.

[42] FENG Y, HU B, HAO H, et al. Design of Distributed Cyber-Physical Systems for Connected and Automated Vehicles with Implementing Methodologies[J]. IEEE Transactions on Industrial Informatics, 2018, 14(9): 4200-4211.

[43] JIA D, NGODUY D, VU H L. A multiclass microscopic model for heterogeneous platoon with vehicle-to-vehicle communication[J]. Transportmetrica B: Transport Dynamics, 2018, 7(1): 1-25.

[44] WILSON R E, BERG P, HOOPER S, et al. Many-neighbour interaction and non-locality in traffic models[J]. The European Physical Journal B-Condensed Matter and Complex Systems, 2004, 39(3): 397-408.

[45] HOOGENDOORN S, OSSEN S, SCHREUDER M. Empirics of multianticipative car-following behavior[J]. Journal of the Transportation Research Board, 2006, 1965: 112-120.

[46] RAJAMANI R, ZHU C. Semi-autonomous adaptive cruise control systems[J]. IEEE Transactions on Vehicular Technology, 2002, 51(5): 1186-1192.

[47] SWAROOP D, HEDRICK J K, CHOI S B. Direct adaptive longitudinal control of vehicle platoons[J]. IEEE Transactions on Vehicular Technology, 2001, 50(1): 150-161.

[48] SARKER A, SHEN H, RAHMAN M, et al. A review of sensing and communication, human factors, and controller aspects for information-aware connected and automated vehicles[J]. IEEE Transactions on Intelligent Transportation Systems, 2019, 21(1): 7-29.

[49] KESTING A, TREIBER M. Traffic Flow Dynamics: Data, Models and Simulation[M]. Berlin: Springer, 2013.

[50] LEE S, HEYDECKER B G, KIM J, et al. Stability analysis on a dynamical model of route choice in a connected vehicle environment[J]. Transportation Research Part C: Emerging Technologies, 2017, 94: 67-82.

[51] KHONDAKER B, KATTAN L. Variable speed limit: A microscopic analysis in a connected vehicle environment[J]. Transportation Research Part C: Emerging Technologies, 2015, 58: 146-159.

[52] ZHENG L, JIN P J, HUANG H. An anisotropic continuum model considering bi-directional information impact[J]. Transportation Research Part B: Methodological, 2015, 75: 36-57.

[53] BROCKMANN D, HELBING D. The Hidden Geometry of Complex, Network-Driven Contagion Phenomena[J]. Science, 2013, 342(6164): 1337-1342.

[54] STEPHENSON B, SIKDAR B. A quasi-species model for the propagation and containment of polymorphic worms[J]. IEEE Transactions on Computers, 2009, 58(9): 1289-1296.

[55] FOPPA I M. A Historical Introduction to Mathematical Modeling of Infectious Diseases[M]. London: Academic Press, 2016

[56] REGAN S M, KELLY T C, KOROBEINIKOV A, et al. Lyapunov functions for SIR and SIRS epidemic models[J]. Applied Mathematics Letters, 2010, 23(4): 446-448.

[57] ZHANG H, FU X. Spreading of epidemics on scale-free networks with nonlinear infectivity[J]. Nonlinear Analysis: Theory, Methods & Applications, 2009, 70(9): 3273-3278.

[58] WANG P, GONZÁLEZ M C, HIDALGO C A, et al. Understanding the spreading patterns of mobile phone viruses[J]. Science, 2009, 324(5930): 1071-1076.

[59] LI M, WU X, ZHANG Z, et al. A wireless charging facilities deployment problem considering optimal traffic delay and energy consumption on signalized arterial[J]. IEEE Transactions on Intelligent Transportation Systems, 2019,20(12):4427-4438.

[60] ROMUALDO P, CLAUDIO C, PIET V M, et al. Epidemic processes in complex networks[J]. Reviews of Modern Physics, 2015, 87(3): 925-979.

[61] GOWRI A, SIVANANDAN R. Evaluation of right-turn lanes at signalized intersection in non-lane-based heterogeneous traffic using microscopic simulation model[J]. Transportation Letters, 2015, 7(2): 61-72.

[62] FERDOWSI A, SAMAD A, WALID S, et al. Cyber-Physical Security and Safety of Autonomous Connected Vehicles: Optimal Control Meets Multi-Armed Bandit Learning[J]. IEEE Transactions on Communications, 2019, 67(10): 7228-7244.

[63] PAUL R, GARVEY P R, LANSDOWNE Z F. Risk matrix: an approach for identifying, assessing, and ranking program risks[J]. Air Force Journal of Logistics, 1998, 22(1): 18-21.

[64] RAYA M, PAPADIMITRATOS P, AAD I, et al. Eviction of Misbehaving and Faulty Nodes in Vehicular Networks[J]. IEEE Journal on Selected Areas in Communications, 2007, 25(8): 1557-1568.

[65] KITSAK M, GALLOS L K, HAVLIN S, et al. Identification of Influential Spreaders in Complex Networks[J]. Nature Physics, 2010, 6(11): 888-893.

[66] 于赫. 网联汽车信息安全问题及CAN总线异常检测技术研究[D]. 吉林:吉林大学, 2016.

[67] WANG P, WU X, HE X. Modeling and Analyzing Cyberattack Effects on Connected Automated Vehicular Platoons[J]. Transportation Research Part C: Emerging Technologies, 2020, 115: 102625.